PSICOLOGIA DO DESENVOLVIMENTO

FICHA CATALOGRÁFICA

(Preparada pelo Centro de Catalogação-na-fonte do
Sindicato Nacional dos Editores de Livros, RJ)

B471 p	Biaggio, Angela M. Brasil
	    Psicologia do Desenvolvimento. 24. ed. Petrópolis: Vozes, 2015, 344p. 21cm
	    Bibliografia.
	
	    3ª reimpressão, 2018.
	
	    ISBN 978-85-326-0632-7
	    1. Psicologia – Teorias, métodos, etc. 2. Psicologia do adolescente. 3. Psicologia infantil. 4. Psicologia genética. I. Título. II. Série.
	
	    CDD – 155.4901
	            155.5901
	            155.6901
	            155.7901
	            150.1
	    CDU – 159.9.01
	            159.922
	            159.922.7
	            159.922.8

75-0313

PSICOLOGIA DO DESENVOLVIMENTO

Angela M. Brasil Biaggio

EDITORA VOZES

Petrópolis

© 1975, Editora Vozes Ltda.
Rua Frei Luís, 100
25689-900 Petrópolis, RJ
www.vozes.com.br
Brasil

Diagramação: Sheilandre Desenv. Gráfico
Capa: Susana Callegari

ISBN 978-85-326-0632-7

Editado conforme o novo acordo ortográfico.

Este livro foi composto e impresso pela Editora Vozes Ltda.

Dedico este livro
a meus filhos
ANA CRISTINA e MAURÍCIO

Sumário

Prefácio

Ao me propor escrever esta obra, tive em vista a necessidade de um livro-texto, no nível universitário, de Psicologia do Desenvolvimento, atualizado, dentro de uma perspectiva moderna em Psicologia do Desenvolvimento, fundamentado em resultados de pesquisa e suficientemente eclético, que apresentasse ao aluno de graduação e pós-graduação em Psicologia ou em Educação uma visão das atuais correntes dominantes na Psicologia do Desenvolvimento.

Parece-me que, ao escolher material de leitura para seus alunos, o professor universitário de Psicologia do Desenvolvimento, naturalmente desejando escolher um livro acessível, em língua portuguesa, tem sido praticamente forçado a optar entre livros demasiadamente fáceis (mais apropriados para curso normal), ou livros já demasiadamente aprofundados e unilaterais (como obras de Skinner, Piaget, Freud). Acredito que este livro venha suprir a falta de um livro-texto, de nível de dificuldade intermediário entre esses dois extremos e que dê uma visão geral e eclética do campo da Psicologia do Desenvolvimento.

A Parte I, Introdução, apresenta uma perspectiva histórica da evolução da Psicologia do Desenvolvimento quanto a teorias e metodologia, culminando com o panorama atual deste campo da Psicologia.

Na Parte II se abordam as três teorias principais em Psicologia do Desenvolvimento: cognitiva (Piaget), behaviorista ou da aprendizagem social (Skinner, Bandura, Bijou) e psicanalítica-neopsicanalítica (Freud, Hartmann, Rappaport, Erik Erikson, Loevinger, Spitz, Bowlby).

Na Parte III foram focalizadas algumas áreas de pesquisa que se têm destacado como áreas de interesse para a Psicologia do Desenvolvimento: percepção, linguagem, agressão, dependência, desenvolvimento moral, identificação, aquisição do papel masculino ou feminino, motivação para a realização e "ligação afetiva" (*attachment*).

Em todo o livro, a ênfase é na compreensão das causas do desenvolvimento de comportamentos humanos nas áreas cognitiva, emocional e social, evitando-se uma apresentação estática e já em desuso de fases e comportamentos característicos a cada fase ou idade.

Esperamos que esta obra venha despertar ou aumentar o interesse dos leitores pelo conhecimento científico dos fatores que influenciam o desenvolvimento dos comportamentos humanos, estimulando a pesquisa sobre os vários aspectos do desenvolvimento.

Este livro procura expor não opiniões, porém fatos, e estes o leitor encontrará em abundância nos resultados das pesquisas mencionadas. Porém, no estado atual do conhecimento em Psicologia, em que encontramos teorias contraditórias e conflitantes, seria difícil escrever-se um livro sem se manifestarem tendenciosidades e preferências, e, neste caso, é preferível que o leitor saiba desde o início quais são essas tendenciosidades e preferências do autor. Neste sentido, a única opinião que a autora deseja transmitir é a de que a Psicologia é uma ciência natural e, como tal, só deve afirmar fatos observáveis através da pesquisa empírica e formular teorias coerentes com os requisitos da metodologia científica. O estudante bem fundamentado em metodologia científica deverá ser capaz de julgar, dentre as várias teorias explanadas, aquelas que mais se conformam com os requisitos científicos.

Quanto à importância do assunto tratado e sua relevância para a sociedade atual, parece bastante óbvio que uma compreensão dos fatores que influem sobre o desenvolvimento das crianças é essencial para a formação de uma nova geração que conduza os destinos do mundo para o bem e não para a destruição. Como diz Rheingold, renomada psicóloga do Desenvolvimento, presidente, em 1973, da Divisão de Psicologia do Desenvolvimento da American Psychological Association:

> A tarefa mais difícil do mundo, criar uma criança, é atualmente considerada por nossa sociedade como algo que dispensa qualquer treinamento. Agimos como se a capacidade de conceber e ter um filho automaticamente conferissem a uma mãe ou a um pai os conhecimentos sobre como criar um filho [...] Para ensinar uma criança a ler e escrever, requerem-se cursos especiais, prática de ensino e um diploma. Mas, como as coisas estão no momento, nós ainda conside-

ramos que para criar um ser humano não se precisa de treinamento nenhum [...].

[...] No Dicionário de Títulos Ocupacionais, a profissão de professora de maternal ou de atendente de crianças é categorizada no mesmo nível que um guardador de estacionamento de automóveis, quanto ao nível de interação com pessoas que a ocupação exige [...] (RHEINGOLD, 1973: 45).

Rheingold sugere que coloquemos o conhecimento que a Psicologia do Desenvolvimento vem e irá adquirindo sobre as causas do comportamento humano a serviço da finalidade de educar crianças. Pois elas serão os adultos que amanhã não quererão poluição ambiental, nem guerras, mas valorizarão a cooperação, a fraternidade e a chance de cada pessoa atingir seu potencial de desenvolvimento. É apenas através da formação das novas gerações que se poderão atingir esses objetivos. Aliás, deve-se salientar que a preocupação com a contribuição que a Psicologia poderá vir a dar para a solução de problemas sociais humanos é um tema central da Psicologia atual (SKINNER, 1957, 1971; BARON, 1971; BREWSTER SMITH, 1973). Esperamos que este livro contribua para conscientizar nossos psicólogos em formação da seriedade desse problema.

A nona edição desta obra, revista e atualizada, inclui novos enfoques à Psicologia do Desenvolvimento, especialmente no capítulo 1, onde são incluídas agora as correntes de processamento de informação, ecológica, dialética e sociobiológica. Nos demais capítulos são acrescentadas referências de pesquisas mais recentes, publicadas sobre os diversos tópicos, incluindo-se, sempre que foi possível localizar, pesquisas de autores brasileiros com sujeitos brasileiros.

Agradecimentos

Muitas pessoas contribuíram para que este livro se concretizasse. Em primeiro lugar, desejo consignar minha homenagem e reconhecimento a meus ex-professores, que tiveram um papel significativo no rumo que tomou minha concepção da Psicologia e minha carreira, salientando especialmente o Revmo. Pe. Antonius Benko, S.J., diretor do Instituto de Psicologia da Pontifícia Universidade Católica do Rio de Janeiro, na época em que fiz o curso de Formação de Psicólogos, e atual vice-reitor acadêmico desta universidade o Professor Julian C. Stanley, principal responsável por minha ida para os Estados Unidos a fim de realizar estudos no nível de pós-graduação e meu professor-orientador no programa de mestrado na Universidade de Wisconsin, Madison; Professor Robert E. Grinder, meu professor-orientador no programa de Ph.D. em Psicologia do Desenvolvimento na mesma universidade; Professor Herbert J. Klausmeier, diretor do Wisconsin Research and Development Center for Cognitive Learning, onde trabalhei como assistente de pesquisas enquanto estudante de mestrado. A todos os meus ex-professores que não cito nominalmente, pelos conhecimentos que transmitiram e pela orientação e exemplos que deram, aqui fica o meu reconhecimento.

Agradeço ao Professor James Condell, diretor do Departamento de Psicologia da Universidade de Moorhead State, Minnesota, e à direção dessa universidade, pela oportunidade que tive, durante os dois anos em que lá lecionei, de dedicar-me exclusivamente ao ensino da Psicologia do Desenvolvimento e a atividades de pesquisa nessa área, o que me permitiu um maior aprofundamento de meus conhecimentos sobre o assunto.

Os primeiros capítulos deste livro foram escritos enquanto lecionei na Pontifícia Universidade Católica de Porto Alegre. À direção dessa universidade, especialmente ao Prof. Ir. Pedro Finkler, diretor do Instituto de Psicologia, e ao Prof. Ir. Faustino João, diretor da Faculdade de Educação e coordenador dos cursos de pós-graduação, agradeço por me terem propiciado este trabalho.

Agradeço sobremaneira à direção da Pontifícia Universidade Católica do Rio de Janeiro, e de modo especial ao Professor Aroldo Rodrigues, diretor do Departamento de Psicologia da mesma, pelas excelentes condições de trabalho que aqui encontrei e que me permitiram realizar a maior parte do trabalho de preparação deste livro. Além disso, agradeço ao Professor Aroldo Rodrigues pelo encorajamento que me deu para realizar este trabalho e pela leitura e comentários valiosos sobre vários capítulos do manuscrito.

A meu esposo Professor Luís Isnard Biaggio agradeço profundamente a dupla colaboração que prestou, não só como companheiro de trabalho, opinando e dando sugestões a respeito do manuscrito, mas também, como esposo, apoiando-me e estimulando-me ao longo da realização desta obra.

Sou muito grata também pelas trocas de ideias estimulantes e pelas sugestões sobre vários aspectos do manuscrito às professoras Maria Helena Novaes Mira e Thereza Pontual de Lemos Mettel.

A todos os que um dia foram meus alunos cabe também a minha gratidão, pelo constante desafio de sua curiosidade e de suas indagações, que têm sido sempre para mim um estímulo constante ao aprofundamento de conhecimentos.

Pela dedicação eficiente na datilografia do manuscrito [sic], agradeço a Norma Ferreira Soares e Lourdes Campos de Menezes.

Registro aqui também meus agradecimentos aos seguintes autores e editoras que permitiram reprodução de material:

FRASER, C.; BELLUGI, U. & BROWN, R. (1963). "Control of Grammar in Imitation, Comprehension and Production". *Journal of Verbal Learning and Behavior* 2, p. 121-135. Academic Press [fig. 1]. • REESE, H.W. & LIPSITT, L.P. (1970). *Experimental Child Psychology* [fig. 11-3, p. 366].

MEILI-DWORETSKI. (1939). "Le test de Rorschach et l'évolution de la perception". *Archives de Psychologie* 27, p. 233-296 [figs. 1 e 2, p. 260].

INHELDER, B. & PIAGET, J. (1958). *The growth of logical thinking from childhood to adolescence.* Nova York: Basic Books [fig. 2, p. 47].

BALDWIN, A. (1967). *Theories of Child Development.* Nova York: John Wiley and Sons [figs. 8-3, p. 255; 8-6, p. 262; e 8-13, p. 278].

BANDURA, A. (1973). *Aggression*: A Social Learning Analysis. Englewood-Cliffs, Nova Jersey: Prentice-Hall (p. 54, fig. 1-1).

Revista Brasileira de Psicologia Aplicada. (1968). Partes de artigos da própria autora, publicados nos volumes 3, p. 9-22 [vol. 4, 1972, p. 7-40].

BOWER, T.G.R. (1966). "The visual world of infants". *Scientific American* 215, p. 80-92 [fig. p. 82].

ELKIND, D.; KOEGLER, R.R. & Go., E. (1964). "Studies in Perceptual Development: II. Part-whole perception". *Child Development* 35, p. 81-90 [fig. 1, itens 4 e 6, p. 84].

PRIMEIRA PARTE

Psicologia do Desenvolvimento: conceituação, evolução e metodologia

1

O conceito de desenvolvimento e o campo da Psicologia do Desenvolvimento; perspectiva histórica

Em qualquer discussão sobre Psicologia do Desenvolvimento impõe-se a tarefa difícil de definição. As fronteiras que delimitam o campo da Psicologia do Desenvolvimento são bastante vagas e fluidas, tendo sido frequentemente objeto de contestação (AUSUBEL, 1958; HARRIS, 1957; INHELDER, 1957; NASH, 1970; ZIEGLER, 1963). Embora a Psicologia do Desenvolvimento tenha sido frequentemente equacionada com a Psicologia da Criança, ou Psicologia Infantil, muitos especialistas em Desenvolvimento objetam a isso, como salienta Ziegler (1963), arguindo que o desenvolvimento não se restringe a determinadas faixas de idade e que devemos estudar o desenvolvimento de comportamentos no decorrer da vida do indivíduo.

Inicialmente, os estudiosos de Psicologia do Desenvolvimento parecem tê-la conceituado como o estudo de mudanças de comportamento que ocorrem em função do *tempo*. Mas o tempo, em si, não é uma variável psicológica. O que pode causar mudanças em comportamentos são os eventos que ocorrem durante determinado segmento de tempo. Da mesma forma, considerar que a essência da Psicologia do Desenvolvimento é o estudo de mudanças que ocorrem em função da *idade cronológica* não é adequado, pois ter dois anos de idade significa apenas que dois anos decorreram entre o nascimento e o momento atual, nada tendo sido, pois, acrescentado ao tipo de conceituação anterior. O tempo deve ser, para o psicólogo do desenvolvimento, apenas uma escala conveniente na qual são ordenados os comportamentos e assinaladas as mudanças. O que interessa à Psicologia do Desenvolvimento são as mudanças de comportamento que ocorrem não em função do tempo, mas em função de processos intraorganísmicos e de eventos ambientais que ocorrem dentro de determinada faixa de tempo. Podemos dizer então que o *objeto de estudo da Psicologia do Desenvolvimento atual consiste nos processos intraindividuais e ambientais que levam a mudanças de comportamento.* Assim conceituada, a Psicologia do Desenvolvimento torna-se uma divisão extremamente arbitrária da Psicologia, pois toda a Psicologia diz respeito à compreensão de processos de mudança de comportamentos. Vemos então que a Psicologia do Desenvolvimento abrange, ou incorpora, a Psicologia da Personalidade, a Psicologia da Aprendizagem, a Psicologia Social, a Psicopatologia, a Percepção, a Psicologia Fisiológica, e ainda ciências afins, como a Genética, a Antropologia e a Sociologia, entre outras. Por exemplo, quando se estuda o desenvolvimento da ansiedade, ou da motivação para o sucesso, está havendo uma superposição com a Psicologia da Personalidade. Toda a corrente dominante em Psicologia do Desenvolvimento, chamada Aprendizagem Social, representa uma aplicação de princípios derivados das teorias de aprendizagem pura, tais como condicionamento clássico (de Pavlov) e condicionamento operante (de Skinner), ao estudo do desenvolvimento de comportamentos humanos. Quando se estuda o papel da imitação na aquisição de comportamentos na criança, ou quando se estudam os efeitos da pressão social do grupo sobre o desenvolvimento de determinados comportamentos na criança ou no adolescente, estamos no campo da Psicologia Social. Quando estudamos distúrbios de comportamento, suas origens na infância e métodos de terapia visando remediá-los, estamos na área da Psicopatologia. A compreensão do desenvolvimento fisiológico, por exemplo, do funcionamento de glândulas endócrinas e seus efeitos sobre o comportamento, ou o estudo do efeito de drogas como o LSD ou a heroína sobre o comportamento, enveredamos pelo campo da Psicologia Fisiológica. O estudo do desenvolvimento da percepção a partir do recém-nascido leva-nos à área experimental de Percepção; o estudo da linguagem na criança não pode prescindir da Psicolinguística. Além de englobar quase todas as áreas da Psicologia, a Psicologia do Desenvolvimento está, como já vimos, vinculada a ciências afins, como a Biologia, a Genética, a Antropologia e a Sociologia, entre outras. Quanto à Biologia, é inquestionável o papel de fatores biológicos em comportamentos emocionais. Entre muitos outros podemos citar os estudos de Jones e Mussen (1958) sobre as relações entre precocidade da maturação física em adolescentes e o ajustamento psicológico. Quanto à Genética, uma das fascinantes linhas de pesquisa é a possibilidade de predisposição genética de comportamentos até então considerados de causação psicossocial (vejam-se os estudos sobre a possibilidade de relação entre agressividade psicopática e anomalias cromossômicas JARVIK, KLODIN & MATSUVAMA, 1973). A antropologia, com seus estudos de costumes de tribos primitivas, tem contribuído enormemente para a investigação de efeitos de diferentes técnicas de "criar crianças" e seus efeitos no comportamento das mesmas (WHITING & CHILD, 1953). Quanto à Sociologia, tem contribuído bastante para a compreensão de efeitos da sociedade global sobre o desenvolvimento, como por exemplo estudos relacionados a preconceitos raciais.

O que resta então de específico à Psicologia do Desenvolvimento? Em primeiro lugar, podemos dizer que ela se caracteriza pelo *interesse em mudanças de comportamento que ocorrem durante um longo período*, enquanto que outras áreas da Psicologia focalizam mudanças de comportamento geralmente a curto prazo. O psicólogo do desenvolvimento frequentemente se interessa por estágios e sequências ordenadas no desenvolvimento. Grande parte dos experimentos na área de aprendizagem estuda modificações nas respostas dos sujeitos em função de algumas tentativas, tudo se passando numa sessão experimental com duração talvez de uma hora. Porém, quando um psicólogo, como Piaget (1932) ou Kohlberg (1963), estuda os estágios de desenvolvimento da maturidade de julgamento moral, fala-se mais propriamente de um estudo de desenvolvimento. Isto não quer dizer que um estudo de desenvolvimento precise necessariamente envolver muito tempo. Os estudos de Bandura e seus colaboradores (1973), sobre imitação e reforçamento de comportamentos agressivos, embora estudos experimentais, de laboratório, e de curta duração, são também excelentes exemplos de estudos de Psicologia do Desenvolvimento, pois têm em vista a compreensão do desenvolvimento de comportamentos agressivos em crianças, comportamentos que podem se generalizar em um traço estável de agressividade.

O segundo ponto específico que caracteriza a Psicologia do Desenvolvimento é que ela tem focalizado mudanças de comportamento que ocorrem em períodos de transição rápida e de instabilidade, como a infância, a adolescência e, mais recentemente, a velhice. É fácil compreendermos como, no estudo do desenvolvimento da linguagem, por exemplo, as mudanças que ocorrem entre um e três anos de idade são muito mais interessantes, do ponto de vista da compreensão de fatores que atuam na aquisição e desenvolvimento da linguagem, do que as mudanças ocorridas entre 31 e 33 anos, por exemplo, outro período de duração absoluta de dois anos, tal como o primeiro (a não ser que o adulto estudado tenha se tornado afásico ou esteja aprendendo uma língua estrangeira ou qualquer outro fato fora da rotina!).

Embora muitos psicólogos do desenvolvimento (NAHS et al., 1970) recentemente tenham argumentado que o desenvolvimento deve ser estudado em todas as fases do ciclo vital, na prática a Psicologia do Desenvolvimento tem focalizado a infância e a adolescência, fato plenamente justificável, uma vez que quase todas as teorias de importância no campo, embora afirmando que o desenvolvimento se processa através de toda a vida, realmente não enquadram essa ideia convincentemente em suas teorias. Vemos assim que os estágios de desenvolvimento psicossexual postulados por Freud são completados na adolescência, quando é atingido o estágio mais amadurecido, o genital, além do qual Freud não fala em evolução. Piaget, também, apesar de afirmar que os processos que explicam as mudanças cognitivas (assimilação, acomodação, equilíbrio) atuam durante toda a vida, coloca como estágio mais avançado de desenvolvimento intelectual o de operações formais, tipicamente atingido cedo na adolescência.

A posição que enfatiza o desenvolvimento ao longo de toda a vida quer mudar a ênfase tradicional e focalizar a mudança ao longo de todo o ciclo da vida humana. Enfatiza que tais mudanças podem ter muitos pontos de partida diferentes e muitos pontos de chegada e podem levar a várias direções ao mesmo tempo. Embora a visão tradicional, com base na biologia, retrate a mudança como levando a uma única direção, em direção a um único ponto de chegada, em determinado período da vida, o enfoque da vida inteira não aceita essa concepção. A inteligência, por exemplo, tradicionalmente tem sido considerada como aumentando durante a infância e a adolescência, permanecendo estável na vida adulta, e "enferrujando" com a velhice. De acordo com essa nova perspectiva, a inteligência é um amálgama de muitas qualidades, algumas das quais aparecem cedo na vida e enfraquecem mais tarde, outras que aparecem mais fortemente na vida adulta média ou tardia, e pouco, se é que aparecem, durante a infância.

Os psicólogos que trabalham dentro deste enfoque compartilham com outros autores contemporâneos um comprometimento com a análise dos contextos sociais e históricos dentro dos quais os eventos psicológicos se desenrolam. Mas eles colocam especial ênfase nos efeitos de relações sociais, histórias individuais de vida, e mudança histórica no desenvolvimento psicossocial. Assim, em sua pesquisa, os autores dessa corrente realmente seguem determinada coorte ou grupo de idade, para avaliar o papel de eventos históricos no desenvolvimento. Em um estudo do desenvolvimento da personalidade do adolescente, 1.800 adolescentes de sexo masculino e feminino entre 12 e 17 anos de idade fizeram uma bateria de testes de personalidade em 1970, 1971, e novamente em 1972 (NESSELROADE & BALTES, 1974). Esses pesquisadores encontraram efeitos de coorte, tempo, idade e sexo em muitas dessas dimensões. Por exemplo, não apenas os escores de rendimento escolar de coortes caíram de 1979 para 1972, mas os que tinham 14 anos em 1972 tiraram notas mais baixas do que os que tinham 14 anos em 1970. Os pesquisadores especularam que "a mudança em traços de personalidade ocorreu de 1970 a 1972 por causa do contexto de socialização dos adolescentes que mudou nesse período" (p. 59). Paul Baltes, um dos coautores desse estudo, é considerado um dos maiores nomes dessa corrente.

De interesse para a compreensão das polêmicas em torno da definição da área de Psicologia do Desenvolvimento é o artigo de Spiker (1966) intitulado "O conceito de desenvolvimento: questões relevantes e irrelevantes". Entre as irrelevantes, Spiker discute:

a) *Preferências por determinadas orientações teóricas*

Tem-se argumentado que o psicólogo experimental acredita que o mesmo conjunto de princípios é suficiente para explicar o comportamento de ratos e de homens, ao passo que o psicólogo do desenvolvimento não o faz; que o psicólogo experimental evita conceitos finalistas e o psicólogo do desenvolvimento os aceita; que o psicólogo experimental recusa a postulação de estágios, ao passo que o psicólogo do desenvolvimento frequentemente os utiliza. Estas controvérsias deveriam ser irrelevantes, uma vez que no estado incipiente em que se encontra a Psicologia nenhuma teoria pode reclamar grande superioridade em relação à outra, e enquanto uma teoria atende aos requisitos mínimos de uma teoria científica, integra fenômenos estudados em seu âmbito e estimula novas pesquisas, ela é útil.

b) *Preferências por determinados métodos*

Uma diferença frequentemente citada é a de que a Psicologia do Desenvolvimento usa predominantemente a observação controlada, enquanto que o psicólogo teórico-experimental prefere o método experimental. Como veremos a seguir, a tendência atual na própria Psicologia do Desenvolvimento é a de utilizar o método experimental sempre que possível. Indubitavelmente o método experimental é superior, mas há situações em que o psicólogo do desenvolvimento não pode manipular as variáveis com que está lidando. Como, por exemplo, poderia ele manipular idade cronológica? Mas, como afirma Spiker, a situação não é muito diferente da do psicólogo experimental que manipula fome, ou sede, ou peso corporal de ratos. O que ambos podem fazer, no caso, é apenas esperar. É verdade que o psicólogo do desenvolvimento não poderia manipular idade cronológica e manter todas as outras variáveis constantes. Mas quem quereria fazer isso? Como já vimos, não se esperaria mudança alguma de comportamento, se todas as variáveis, menos idade, fossem constantes, pois o que pode causar mudança não é a simples passagem do tempo, mas o que acontece durante este período de tempo. Evidentemente o método experimental representa o ideal em ciência natural, mas vários autores importantes têm reclamado recentemente contra a profusão de pesquisas cujo rigor metodológico é impecável, mas que exatamente para possibilitar esse rigor metodológico estudaram problemas insignificantes, abandonando problemas importantes em razão da dificuldade de estudá-los com o rigor desejado. Como criticam Nash (1970), Devereux (1970), Bronfrenbrenner (1970), Spiker (1966), vemos então uma profusão de pesquisas publicadas, apresentando resultados estatisticamente insignificantes a respeito de problemas insignificantes. O rigor científico é procurado como um ideal, mas quando este é impossível o pesquisador poderá aceitar, *com a devida cautela*, métodos menos precisos. Por exemplo, em se tratando de problemas como privação de estimulação ambiental extrema, em que motivos éticos proíbem a experimentação com seres humanos, podemos considerar lícito tirar conclusões, ainda que menos seguras, baseadas em estudos de observação de fenômenos naturais ou estudos correlacionais.

c) *Preferências por aplicação*

Diz-se também que o psicólogo experimental se interessa pela pesquisa pura, visando conhecer as relações funcionais entre variáveis do comportamento, ao passo que o psicólogo do desenvolvimento se inclina para a pesquisa aplicada, que tem utilização imediata. Esta também é uma questão irrelevante, pois tanto o psicólogo experimental como o do desenvolvimento, em última instância, deverão beneficiar a sociedade. Aquilo que no momento parece o luxo de uma pesquisa pura poderá vir a ter uma aplicação não sonhada. A tendência atual parece ser a de enfatizar as aplicações do conhecimento científico em todos os ramos, para o bem da humanidade (BARON, 1971; SHERIFF, 1970).

Nash (1970), entre várias questões, discute se a Psicologia do Desenvolvimento deve ser uma Psicologia do Desenvolvimento como este se apresenta ou como este deveria ser. Por exemplo, ao constatar os déficits intelectuais de crianças criadas em orfanatos inadequados, deve o psicólogo do desenvolvimento apenas constatar o fato, ou interferir para que o desenvolvimento seja como deveria ser?

Todas estas são questões às quais os psicólogos especializados em Psicologia do Desenvolvimento deverão dedicar sua atenção.

Evolução do campo da psicologia do desenvolvimento

Analisando a evolução da área da Psicologia do Desenvolvimento, Ziegler (1963) nota as inter-relações entre *conteúdo, metodologia* e *teoria*, mostrando como o conteúdo estudado, ou o objeto de interesse de uma ciência ou de determinada área de uma ciência, de certa forma condiciona o tipo de metodologia usado, e esta, por sua vez, conduz a determinados tipos de conceitos teóricos

Podemos distinguir na evolução da Psicologia do Desenvolvimento três fases em que conteúdo, metodologia e teoria, entrelaçados em cada fase, todos evoluem no transcorrer das três fases. Este processo, esquematizado na Tabela 1, é discutido a seguir.

1ª fase: Abrange as décadas de 1920 e 1930, aproximadamente.

Conteúdos: Os conteúdos estudados nessa fase eram essencialmente concretos, como demonstra Bronfrenbrenner (1963) em uma análise de livros-textos representativos de três diferentes épocas. Bronfrenbrenner compara os livros de Murchison (1931), Carmichael (1946) e de Stevenson (1963), mostrando como pelos títulos dos capítulos se pode ver uma evolução no sentido do concreto para o abstrato.

TABELA 1

Evolução do campo da psicologia do desenvolvimento

FASE	CONTEÚDO	METODOLOGIA*	TEORIA
1ª fase 1920-1939	Concreto Murchison (1931)	Descritiva, normativa	Gesell – maturação
2ª fase 1940-1959	Intermediário Carmichael (1946)	Correlacional	Estudos funcionais
3ª fase 1960-	Abstrato Stevenson (1963) Reese e Lipsitt (1970)	Experimental	Aprendizagem social (Sears, Miller, Dollard, Mowrer, Bandura, Bijou)

Por exemplo, "Desenhos de crianças", "Brincadeiras, jogos e divertimentos de crianças", "Sonho de crianças". Alimentação, sono, eliminação, são títulos de capítulos de Murchison que ilustram a orientação con-

---

* Ao leitor não familiarizado com esta terminologia, recomenda-se a leitura do cap. 2, neste ponto.

creta dessa época. Mais especificamente, vemos que o conteúdo ou o objeto de interesse da Psicologia foram mudanças de comportamentos concretos, observadas com o aumento de idade.

Metodologia: Ao tipo de conteúdo descrito acima prestava-se o método descritivo, baseado em observação natural, isto é, uma descrição dos fenômenos, sem interferência do pesquisador no que estava ocorrendo. Isto conduziu a estudos normativos, isto é, ao estabelecimento de normas ou padrões daquilo que é típico para crianças de cada faixa de idade. As técnicas estatísticas usadas geralmente limitavam-se a técnicas da estatística descritiva, como o cálculo de medidas de tendência central (média, mediana, moda) e de medidas de variabilidade (desvio padrão). Como exemplo dessa metodologia vemos estudos sobre desenvolvimento de linguagem que consistiam essencialmente de dados normativos apresentando o número médio de palavras constantes do vocabulário de crianças de várias faixas de idade. Este tipo de estudo tem a utilidade de fornecer normas ou padrões com os quais se comparam casos individuais, a fim de determinar se uma criança está na média, acima ou abaixo da mesma, mas não contribuiu para uma compreensão dos mecanismos de aquisição da linguagem. O enfoque moderno no estudo da linguagem, como veremos no capítulo VII, é totalmente diferente, focalizando a investigação dos processos que entram na aquisição da linguagem.

Teoria: O tipo de conteúdo e de metodologia descritos acima não podiam praticamente deixar de gerar uma teoria meramente descritiva e não explanatória. É o que vemos com a teoria de Gesell, representativa dessa época da evolução da Psicologia do Desenvolvimento. O conceito central na teoria de Gesell – maturação – não passa de mero rótulo que sumariza e descreve observações, mas não explica as causas das mudanças nos comportamentos. Se, da observação de que uma criança tipicamente se senta aos seis meses, caminha aos doze, etc., usamos o conceito de maturação, estamos apenas constatando que houve um aumento das capacidades do organismo, mas não estamos tentando dizer nada a respeito dos fatores (internos ou ambientais) que geraram esse aumento. A concepção maturacionista frequentemente leva a atitudes pessimistas e à inércia. Se o indivíduo "amadurece", para que tentarmos propiciar-lhe um nível ideal de estimulação ambiental para que ocorra o desenvolvimento?

2ª fase: A segunda fase abrange as décadas de 1940 e 1950, aproximadamente.

Conteúdos: Os conteúdos tratados nessa época representaram um ponto intermediário entre o concreto da fase anterior e o abstrato da fase seguinte, como se vê pelo livro de Carmichael (1946): "A criança superdotada", "Debilidade mental" e "A Psicologia do Desenvolvimento de gêmeos".

Metodologia: Insatisfeitos com a mera descrição de fenômenos e obtenção de dados normativos, os psicólogos começaram a tentar chegar a estabelecer relações entre variáveis. Proliferaram então estudos sobre as relações entre inteligência e nível socioeconômico, ajustamento e nível socioeconômico (HOLLINGSHEAD & REDLICH, 1958), permissividade materna e ajustamento dos filhos (SEARS, MACCOBY & LEVIN, 1957), entre muitos outros. As técnicas estatísticas mais frequentemente usadas eram as medidas de associação, como coeficiente de correlação de Pearson, Qui quadrado, coeficiente Ø, etc.

Teoria: Quanto a conceitos teóricos, esta época é relativamente pobre, pois estudos funcionais do tipo mencionado acima tendem a fornecer um acervo de dados empíricos, mas dificilmente uma teoria que os integre. Não obstante, esta foi a época em que as teorias de Freud e de Piaget, embora não se enquadrando no tipo de metodologia da época, começaram a exercer influência na Psicologia do Desenvolvimento.

3ª fase: Abrange desde o início da década de 1960 aproximadamente, até a era atual.

Conteúdos: Os conteúdos, conforme analisa Bronfrenbrenner (1963), a partir do livro de Stevenson (1963) e conforme podemos acrescentar atualmente os de Reese e Lipsitt (1970), Spencer e Kass (1970), Nash (1970) e muitos outros livros recentes, são mais abstratos. Por exemplo, estes livros mencionados e a maior parte dos livros atuais contêm capítulos cujos temas são construtos abstratos como "agressão, ansiedade, pensamento, dependência, aprendizagem, etc.".

Metodologia: Nessa fase, a Psicologia do Desenvolvimento caracteriza-se pelo interesse em explicar as causas das mudanças de comportamento, ao invés de permanecer na mera descrição, ou na associação de variáveis, em que não se sabe qual delas a independente, qual a dependente, ou se ambas dependem de uma terceira. Predomina então o método experimental propriamente dito, utilizado em estudos de laboratório ou em situações naturais em que variáveis independentes são manipuladas, observando-se os efeitos em variáveis dependentes. As variáveis irrelevantes são controladas através da formação aleatória de grupos experimentais e de controle, ou diretamente controladas através da inclusão da análise de outros fatores, além dos manipulados. Há grupos experimentais e de controle, e todos os cuidados são tomados para que as medidas operacionais das variáveis sejam válidas e fidedignas. Técnicas estatísticas são utilizadas para comparações entre grupos.

Teoria: A teoria predominante nesta fase é a de aprendizagem social, rótulo amplo que inclui vários enfoques em que modelos de aprendizagem são aplicados para explicar o desenvolvimento dos comportamentos humanos. Predominam modelos neo-hullianos (Mowrer, Sears, Miller, Dollard) e skinnerianos (Bandura, Bijou et al.). De importância possivelmente tão grande quanto a corrente de aprendizagem social é a de Piaget, especialmente tendo-se em vista os trabalhos experimentais mais recentes de colaboradores de Piaget e de outros autores (capítulo 3), testando experimentalmente hipóteses derivadas das teorias de Piaget. Cabe notar aqui que Piaget é muitas vezes rotulado de maturacionista, no sentido de Gesell, mas isto não se justifica, pois, na teoria de Piaget, a chave para a progressão através de estágios é a estimulação ambiental.

Diversas tendências recentes têm surgido depois que Zigler e Bronfrenbrenner analisaram a evolução da Psicologia do Desenvolvimento. Clarke-Stewart, Friedman e Koch (1984) apontam como tendências para a década de 1980 o processamento de informação, a psicologia dialética, a psicologia ecológica e a sociobiologia. Como as teorias clássicas (Piaget, psicanalítica e aprendizagem social) são aprofundadas em capítulos a elas dedicados, exporemos aqui as linhas gerais dessas novas teorias, deixando as clássicas para os capítulos 3, 4 e 5.

Processamento de informação

Talvez a teoria mais importante dentre as emergentes seja a de processamento de informação. Essa perspectiva cresceu muito rapidamente desde o início da década de 1970. O processamento de informação chegou à Psicologia por intermédio da Linguística, das Ciências da Computação, e da Teoria de Comunicações. Da Linguística vieram questões intrigantes a respeito de como a gramática e a sintaxe são construídas e compreendidas e a respeito de como as pessoas entendem sentenças que nunca ouviram antes. Das Ciências da Computação veio o reconhecimento de que tanto o computador quanto o ser humano são manipuladores de símbolos. Da Teoria de Comunicações vieram as noções de codificação e capacidade dos canais. Os psicólogos aplicam princípios de processamento de informação quando estudam como o cérebro humano acrescenta e apaga conhecimentos, onde e como armazena e processa a informação, como a memória funciona, e sob que condições o cérebro recebe sinais claros ou confusos (SIEGLER, 1983).

É estudando o fluxo da informação que entra e sai da memória que os psicólogos do desenvolvimento têm aplicado a teoria de processamento da informação com mais frequência. Crianças menores e crianças mais velhas têm equipamento mental semelhante, ambas têm "computadores" que processam informação. Para lembrar coisas, as crianças de todas as idades focalizam a atenção no *input* (entrada) sensorial, percebem ou reconhecem padrões, e retêm e armazenam informação. Ao enviar coisas para a memória, as crianças devem primeiro retirar tudo o que podem das impressões sensoriais. Estas são mantidas na memória sensorial como imagens breves que a mente nota e passam para a memória a curto prazo. Na memória a curto prazo, que dura menos de um minuto, a maioria das impressões são usadas brevemente e depois são perdidas. A mente seleciona algumas impressões excepcionais para lembrar. Estas devem ser classificadas e legadas à informação que já está na memória a longo prazo, ou elas também serão perdidas. Algumas impressões vão diretamente para a memória a longo prazo, mas a maioria do que é retido deve ser preparado como se fosse para ser arquivado. O sistema de arquivo da memória a longo prazo põe a informação em armazenagem organizada, de forma que mais tarde possa ser encontrada.

O ponto de vista do processamento de informação reconhece que as crianças mais novas não pensam tão bem quanto as crianças mais velhas. Mas as limitações da criança menor não são atribuídas a diferenças em processos mentais. Enquanto Piaget explicou o desenvolvimento cognitivo como progresso ao longo de um conjunto de estágios, cada um com seus processos mentais e estratégias qualitativamente diferentes, a teoria de processamento de informação o vê como a acumulação de quantidades de conhecimento e expansão da memória.

Psicologia dialética

Outra visão teórica que começou relativamente há pouco a influenciar a Psicologia do Desenvolvimento no mundo ocidental é a visão dialética. A moderna análise dialética de eventos, sejam eles psicológicos, sociais, ou políticos por natureza, deriva-se dos teóricos do filósofo alemão Georg Hegel (1770-1831). Hegel propôs que um evento, ou tese, sempre produz uma reação oposta ou antítese. Na medida em que estas interagem, produzem um novo evento, uma síntese. Essencialmente, a visão dialética concebe o desenvolvimento humano – e especificamente processos como o desenvolvimento da comunicação, linguagem ou solução de problemas, processos como o desenvolvimento da comunicação, linguagem, ou solução de problemas – como um processo de mudança, de tese, antítese e síntese. A visão dialética focaliza mais o fluxo inevitável e a mudança no desenvolvimento humano de que os períodos de estabilidade ou equilíbrio. Também focaliza as origens sociais da aprendizagem ao invés de predisposições inatas ou biológicas. Originariamente rejeitada pelos psicólogos do mundo ocidental como sendo ideologicamente opressora, a visão dialética é agora considerada como um instrumento analítico útil.

Um dos psicólogos mais influentes da escola dialética foi Lev Semanovich Vygotsky (1896-1934). Importante na União Soviética logo depois da Revolução, Vygotsky afirmava que os seres humanos aprendem na medida em que interagem com outros. O conhecimento, acreditava ele, deriva-se da cultura humana. Assim como alguns psicólogos do desenvolvimento afirmavam que processos psicológicos do desenvolvimento avançados, tais como a lembrança, a percepção, a solução de problemas, ou a atenção emergiam em uma série de estágios universais, Vygotsky afirmava o oposto. O pensamento é determinado pelas pressuposições sociais e históricas daqueles que povoam o mundo da criança. Vygotsky não ignorava inteiramente as contribuições da natureza, ou predisposições biológicas, e acreditava que, antes de as crianças desenvolverem a fala, a maior parte de suas respostas derivam-se de dados básicos, biológicos. A cultura, disse ele, "não cria nada; ela simplesmente modifica o ambiente natural para se conformar aos objetivos humanos" (VYGOTSKY, 1979: 166).

Vygotsky escolheu estudar ações sociais para entender o comportamento individual. Ele não acreditava que as pessoas fossem meros recipientes passivos de conhecimento e insistia em que as crianças aprendem ativamente. As crianças são influenciadas por seus ambientes, acreditava ele, mesmo quando elas por sua vez influenciam aquele ambiente. Na dialética de Vygotsky, as crianças são afetadas e também os adultos e companheiros de seu ambiente. Especificamente, a criança se desenvolve cognitivamente à medida que se comunica com as figuras significativas com quem tem contato. O conhecimento que é compartilhado pelas pessoas no mundo da criança – conhecimento a respeito de como falar, resolver problemas, lembrar, ou prestar atenção – é transmitido à criança que está ativamente buscando esse conhecimento. Os adultos não ensinam conhecimento ou habilidades, mas gradualmente guiam a criança a funcionar de maneira independente. Para Vygotsky o desenvolvimento poderia ser descrito por meio da palavra russa *obuchnie*, que significa ensinar e aprender; as crianças se desenvolvem e são desenvolvidas.

O processo de aprender ou desenvolver funções psicológicas avançadas é um processo no qual as crianças inicialmente partilham com outros e depois internalizam as interações sociais, acreditava Vygotsky. As crianças primeiro são expostas à fala e às ações compartilhadas de outros. Elas são guiadas e reguladas por adultos ou crianças que tenham mais experiência na cultura. As crianças tomam então esse conhecimento e habilidades compartilhadas, especialmente a fala, enquanto aprendem a guiar e regular suas próprias ações. As crianças começam seu funcionamento a um nível social (interpsicológico) e partem para um nível independente (intrapsicológico) quando internalizam certas funções psicológicas.

Vygotsky acreditava que a distância entre esses dois níveis de funcionamento, que ele chamava de zona de desenvolvimento próximo, era a área dentro da qual a aprendizagem da criança se realiza. O nível real de funcionamento da criança é descrito pelos processos mentais que ele ou ela já pode regular, pelas situações em que ele ou ela pode agir de maneira independente e autônoma. O nível potencial de desenvolvimento dessa mesma criança é descrito pelas funções psicológicas que ele ou ela está começando a dominar. Neste nível de funcionamento potencial, a criança ainda precisa da ajuda de alguém. A zona de desenvolvimento próximo representa a área entre os níveis real e potencial de funcionamento, uma área de prontidão e sensibilidade. Quando um adulto faz exigências à criança, exigências um pouco além da capacidade da criança – talvez perguntando questões investigadoras ou problemas intrigantes – a criança tem que "se esticar" mentalmente para resolver ou fazer sentido do problema. A criança ativamente luta pela solução e eventualmente internaliza o caminho para a solução. Obviamente, se o adulto torna a tarefa fácil ou difícil demais, a criança não luta pela solução e não faz progresso. Uma criança ficará excitada se a professora lhe der problemas de adição ou subtração que estão bem na fronteira de sua compreensão, mas ficará decepcionada se os problemas forem simples ou avançados demais.

Um imigrante alemão no Canadá, Klaus Riegel (1925-1977), pôs sua própria marca na psicologia dialética. Tem-se sugerido (BIRREN, 1978) que Riegel, que cresceu na Alemanha nazista, estava reagindo a uma sociedade que exigia adesão rígida a verdades recebidas em sua crença de que contradições, fluxo e mudança estão no cerne do desenvolvimento humano. Riegel reagiu à rigidez de sua infância com um senso da injustiça que essa rigidez faz aos seres humanos. Foi com certa paixão que ele escreveria mais tarde:

> Eu rejeito [...] a preferência por equilíbrio ou estabilidade, ao invés de dirigir nossa atenção para a questão de como a tranquilidade da mente ou da situação social é alcançada, por exemplo, de como os problemas são resolvidos ou as respostas são encontradas. Pelo menos igual ênfase deveria ser devotada à questão de como os problemas são criados e as questões levantadas (RIEGEL, 1976: 689).

Riegel acreditava que no surgimento do trabalho muito influente de Piaget, as ciências do comportamento tinham adotado um modelo de equilíbrio para o desenvolvimento. Para um dialético como Riegel, todo desenvolvimento necessariamente evolui de um estado de desequilíbrio. Perturbação e desequilíbrio são inteiramente necessários. Estabilidade e calma – síntese – são meramente passos temporários no fluir turbulento do desenvolvimento humano. Riegel criticou a tendenciosidade de Piaget:

> Ele (Piaget) investiga como as crianças resolvem situações conflitivas, evidência contraditória, ou impressões chegam a questionar seus julgamentos anteriores, ou como criam seus próprios problemas (RIEGEL, 1976: 691).

Riegel acreditava que Piaget não foi suficientemente longe, que a extensão lógica das ideias de Piaget sobre cognição era a mente fechada. Ele propôs que há um estágio cognitivo para além da resolução de contradições. Nesse estágio, a mente humana não apenas tolera, mas manipula contradições e as elabora através de outras contradições. Este estágio dinâmico, para Riegel, é verdadeiramente dialético na medida em que encarna transformação evolutiva. Consistente com essa visão, ele insistiu que as crises não devem ser sempre interpretadas negativamente; uma crise pode também fornecer uma base positiva para o desenvolvimento individual e social.

Riegel queria que os estudiosos do comportamento humano estudassem as ações concretas de pessoas em situações sociais concretas. Da mesma forma que Vygotsky, ele enfatizou o social ao invés da base abstrata da vida humana. Riegel acreditava que diálogos entre duas pessoas, mãe e filho, por exemplo, forneciam protótipos para os psicólogos do desenvolvimento analisarem. Diálogos são grãos para o moinho do dialético, disse Riegel, porque eles existem no tempo e preenchem o vão entre dois seres humanos. Diálogos requerem que os participantes coordenem suas falas, para que não degenerem em meros monólogos alternados. À medida que as crianças se desenvolvem, seus diálogos com suas mães vão desde trocas de olhares, sons e expressões faciais até trocas de sinais compartilhados em particular, e finalmente para sinais – a própria linguagem que são compartilhados com os membros da sociedade. Em seu *Manifesto por uma Psicologia Dialética* (1976), Riegel lança dois princípios norteadores para a psicologia ocidental: o primeiro, "A psicologia dialética é comprometida com o estudo de ações e mudanças"; o segundo, "A psicologia dialética se preocupa com mudanças situacionais a curto prazo, bem como desenvolvimentos individuais e culturais a longo prazo".

Riegel terminou seu manifesto dialético incitando os psicólogos a rejeitarem a ênfase tradicional dos psicólogos do desenvolvimento na infância, a favor de uma ênfase na vida inteira. Sua recomendação tem recebido cada vez mais apoio nos últimos anos. Sob a tutela de autores como Baltes e Schaie (1973), a escola evolutiva do desenvolvimento ao longo de toda a vida apareceu decisivamente na década de 1970 e continua a influenciar os teóricos na década de 1980. Além dos psicólogos, esse enfoque tem afetado biólogos, economistas, sociólogos e outros (BALTES, 1978). O enfoque da vida inteira tenta, por seus métodos e ideologia, corrigir certas tendenciosidades da Psicologia do Desenvolvimento tradicional. Assim, por exemplo, a posição tradicional tem consistido em usar um modelo biológico de maturação para o desenvolvimento psicológico. Em tal modelo, ossos e músculos amadurecem em certo ritmo e numa certa direção – mais longos, maiores, mais pesados – junto com a cognição, a percepção, a memória, etc. A infância e a adolescência têm sido retratadas tradicionalmente como períodos de crescimento e desenvolvimento, a vida adulta como um período essencialmente estático de mudanças quantitativas e não qualitativas, e a velhice como um período de perda e declínio. O modelo tradicional de desenvolvimento infantil tem sido criticado por equacionar o desenvolvimento com ganhos ao invés de perdas, por encarar o desenvolvimento como acumulativo, e por pressupor que o desenvolvimento do indivíduo não é afetado pela época sócio-histórica em que ele cresce.

Enfoque ecológico

Em sua ênfase em estudar como as pessoas interagem dentro de seus ambientes e ao estudar as pessoas em todas as idades, o enfoque ecológico é primo-irmão das concepções dialéticas e "lifespan". Conforme proposta por Urie Bronfrenbrenner, da Universidade de Cornell, uma concepção ecológica do desenvolvimento humano consideraria como as pessoas se acomodam ao longo de suas vidas a ambientes em mudança, nos quais eles crescem e vivem. Bronfrenbrenner tem criticado o que ele percebe como estreiteza e artificialismo dos delineamentos de pesquisa tradicionais:

> A maior parte da Psicologia do Desenvolvimento tradicional é a ciência do estranho comportamento de crianças em situações

estranhas, interagindo com um adulto estranho, pelo período de tempo mais breve possível (BRONFRENBRENNER, 1977: 513).

Embora ele não queira dispensar o rigor do experimento tradicional de laboratório em favor apenas da imediatez e relevância da observação natural de sujeitos, Bronfrenbrenner quer adaptar as virtudes de cada um a um novo enfoque: "a ecologia do desenvolvimento humano".

Central à ecologia do desenvolvimento humano é o exame de "sistemas multipessoais de interação não limitados a um único ambiente, que leva em conta aspectos do ambiente para além da situação imediata que contém o sujeito" (p. 514). Bronfrenbrenner acredita que o desenvolvimento humano é melhor esclarecido quando os psicólogos sistematicamente comparam pelo menos dois sistemas ambientais com os quais o ser humano em crescimento se adapta e se acomoda. "Sistemas", além disso, existem simultaneamente em vários níveis. Um microssistema é composto de uma rede de ligações entre uma pessoa e o ambiente imediato, como a escola ou um escritório. Um mesossistema é composto da rede de ligações entre os principais ambientes em que a pessoa vive. Por exemplo, o mesossistema de uma americana de 12 anos poderia incluir ligações entre família, escola, igreja e acampamento. Finalmente, um macrossistema é composto não por ambientes impingidos diretamente sobre a pessoa, mas de ambientes amplos, gerais, institucionais na cultura da pessoa, tais como os sistemas legal, político, social, educacional e econômico. Os macrossistemas são importantes em análises do desenvolvimento da criança:

> (Eles são) transmissores de informação e ideologia que, tanto explícita como implicitamente, dotem de significado e motivação determinadas agências, redes sociais, papéis, atividades, e suas inter-relações. Que lugar ou prioridade as crianças e os responsáveis por seu cuidado têm em tais macrossistemas, é de especial importância na determinação de como uma criança e seus responsáveis são tratados e interagem uns com os outros em diferentes tipos de ambientes (p. 515).

Bronfrenbrenner propôs que os especialistas em desenvolvimento analisem as estruturas ambientais como sistemas independentes. Consistente com seu enfoque sistêmico, ele propôs que o experimento ecológico:

1) Permita os efeitos recíprocos entre variáveis. O experimento tradicional examina o efeito de A sobre B; o modelo ecológico examina também o efeito de B sobre A.

2) Reconheça todo o sistema social que opera dentro do ambiente de pesquisa, não apenas todos os participantes presentes, mas também o experimentador.

3) Avalie sistemas grandes (aqueles que incluem mais de duas pessoas) e todos os seus subsistemas. Por exemplo, uma investigação da interação mãe-criança poderia explicar também a interação da mãe com o pai e a interação do pai com a criança.

4) Reconheça como o ambiente físico pode indiretamente afetar os processos sociais dentro do ambiente.

5) Reconheça os efeitos combinados de, e a interação entre ambientes.

Na concepção ecológica os resultados mais importantes de qualquer pesquisa são provavelmente as interações. Enquanto que no experimento clássico se tem a isolar uma única variável de comportamento e "controlar" todas as outras variáveis, o delineamento da pesquisa ecológica irá "controlar deixando dentro" tantas variáveis relevantes quanto for possível ou prático. Assim como o ecológico nas ciências naturais, que investiga a vida e os tempos dos golfinhos estudando todas as criaturas do mar, bem como os barqueiros e pescadores humanos e poluidores das águas que afetam o mundo do golfinho, o ecológico nas ciências do comportamento examina muitos fatores diferentes, ou sistemas, no ambiente humano. Por exemplo, Bronfrenbrenner sugere que o psicólogo que estuda a socialização das crianças poderia, como é tradicional, controlar a classe social das crianças que estuda. Mas o planejamento da pesquisa também poderia incluir estrutura da família e tipo de cuidado infantil (por ex.: em casa ou na creche). Um enfoque ecológico tenderia a mostrar padrões complexos de interação entre crianças e vários de seus ambientes.

Sociobiologia

Os psicólogos do desenvolvimento, de todas as orientações, estão interessados na relação entre biologia e comportamento, mas essa tendência não tomou feição tão controversa em lugar nenhum quanto na sociobiologia. Essencialmente, os sociobiólogos propõem que o comportamento social tem uma base genética – uma mudança radical no velho debate natureza *versus* cultura. Teóricos como Edward Wilson, da Universidade de Harvard, um entomólogo, e Robert Trivers, um biólogo, têm teorizado que o comportamento humano é o produto da evolução e, além disso, que o comportamento que melhora as chances de sobrevivência será passado geneticamente para a geração seguinte.

> A sociobiologia emergiu do reconhecimento de que o comportamento, mesmo o comportamento social complexo, tem evoluído, e é adaptativo. Sua importância deriva do reconhecimento de que a evolução tem muito a dizer a respeito do comportamento; é a linha subjacente que unifica todas as coisas vivas, não apenas em termos de relação genealógica, e portanto da unidade última, mas também como o mecanismo primário ao qual toda a vida está sujeita. Se usada corretamente, a teoria de evolução é um instrumento preditivo e analítico de enorme poder. A força da sociobiologia se deriva de seu fundamento nas universidades da biologia evolutiva. Sua promessa para o estudo do comportamento está na esperança de um bom paradigma (BARASH, 1977: 8).

Os sociobiólogos têm tentado resolver, entre outras coisas, o quebra-cabeças que deixou perplexo mesmo a Darwin: Por que alguns indivíduos ajudam outros, com grande risco pessoal, se a sobrevivência dos mais aptos predispõe cada indivíduo a lutar egoisticamente por sua própria vantagem reprodutiva? A resposta do sociobiólogo é que o comportamento de ajuda realmente promove a sobrevivência genética, mas de outros membros da espécie do altruísta. Assim, a formiga e o soldado que morrem para proteger seu território efetivamente promovem a sobrevivência dos membros de sua espécie que, é claro, compartilham seus gens (irmãos, irmãs, etc.).

Além de fornecer esta explicação do altruísmo, os sociobiólogos têm oferecido análise de várias outras qualidades humanas. Eles sugerem, por exemplo, que as pessoas que se recusam a ajudar outras e as pessoas que tomam sem dar nada em retorno não são selecionadas; que se a seleção natural tornou os homens bons de roubar, também os fez bons em detectar o roubo; que a evolução humana favoreceu o autoengano porque as pessoas que podem mentir a si mesmas, bem como aos outros, são realmente mentirosas convincentes.

Alguns dos psicólogos do desenvolvimento acharam a perspectiva sociobiológica útil para se entender questões importantes a respeito do desenvolvimento infantil, tais como porque há diferenças entre os sexos, como os grupos sociais infantis são organizados em hierarquias de dominância, quais as bases para a ligação entre pais e filhos, e como e quanto os pais investem seu tempo e energia em cuidar dos filhos (comparando o investimento dos pais nos filhos *versus* nas filhas e em filhos biológicos *versus* adotivos).

O campo dos sociobiólogos está dividido em facções internas; alguns como Freedman (1979), da Universidade de Chicago, um psicólogo do desenvolvimento que advoga um enfoque sociobiológico, acreditam que o foco adequado é em grupos ao invés de indivíduos ou gens individuais que Wilson e Trivers discutem. Mas as divisões internas não são tão graves como o debate apaixonado entre crentes e não crentes. Para seus críticos, a sociobiologia é perigosa, um credo político que se mascara em roupagem científica. Os críticos acreditam que a sociobiologia é uma nova variedade de darwinismo social, o ramo do darwinismo que tentava atribuir (no século XIX) traços raciais e herança genética. Seus críticos mostram que a sociobiologia pode ser usada para justificar o racismo ou a dominância masculina como "natural". Para eles, é um instrumento político pelo qual os poderosos podem justificar-se e impedir a mudança social. A utilidade da sociobiologia para a compreensão do desenvolvimento humano ainda é uma questão aberta.

Em resumo, as perspectivas que descrevemos são muito diferentes umas das outras e muito diferentes das teorias mais tradicionais de desenvolvimento. De muitas maneiras, elas parecem estar mudando o tom da Psicologia do Desenvolvimento. As mudanças que esses enfoques – processamento de informação, dialética, sociobiologia e ecologia – trazem para o estudo do desenvolvimento humano durante a década de 1980 irá por sua vez moldar o trabalho das gerações futuras de psicólogos do desenvolvimento.

Análises críticas dos três enfoques teóricos clássicos têm surgido, distinguindo-se já na década de 1970 o livro de Langer (1969) que cognominou o modelo de aprendizagem como o "espelho mecânico", e o cognitivista de "lâmpada orgânica", embora se posicione a favor deste. A dimensão atividade-passividade, tábula rasa *versus* construtivismo perpassa obviamente sua análise.

Mais recentemente, Sullivan (1985), em seu livro *Psicologia crítica*, também rotula o modelo behaviorista de aprendizagem social de "metáfora mecânica" e o cognitivista de "metáfora orgânica", propondo sua "metáfora pessoal", que é um misto de dialética com fenomenologia, criticando nesta última a ênfase no individualismo subjetivista, enfatizando a díade, a relação "eu-tu", bem como uma perspectiva emancipatória fundamentada em grande parte no trabalho dos filósofos da Escola de Frankfurt (Adorno, Horkheimer, Marcuse, Habermas)*.

---

* Para uma boa introdução ao assunto cf. Giroux, 1986, cap. 1, e Freitag, 1986.

2

Metodologia científica aplicada à Psicologia do Desenvolvimento

Sendo a Psicologia do Desenvolvimento uma área da Psicologia, está sujeita aos mesmos métodos que esta, embora haja algumas técnicas específicas mais usadas, ou que se prestam mais à natureza do trabalho da Psicologia do Desenvolvimento, como veremos posteriormente.

Cabe, então, uma revisão dos princípios em que se baseia a Psicologia científica.

Em primeiro lugar, a Psicologia é uma ciência *empírica*. Isto significa que ela se baseia em observação e experimentação, e não em opiniões ou crenças.

Toda ciência empírica tem como problemas centrais o problema da *mensuração* e o da *definição*:

Mensuração: Costumamos dar mais valor àquelas ciências que atingiram mensurações mais precisas, como, por exemplo, a física. Os fenômenos estudados em Psicologia, como, por exemplo, a inteligência, são muito mais difíceis de se medir do que os objetos com que a física lida. Os psicólogos usam vários métodos para atingir uma mensuração, o mais preciso possível, entre os quais, os diversos testes psicológicos. O problema de mensuração por si só constitui uma importante área da Psicologia, a Psicometria, que estuda, entre outros problemas, o da validade e fidedignidade das medidas psicológicas.

Definição: O problema de definição é essencial à clareza em ciência. Muitos conceitos usados em Psicologia não têm uma definição clara, por exemplo, ansiedade, inteligência, motivação, etc., pois não são dados diretamente observáveis; porém, inferidos a partir de comportamentos. São o que chamamos construtos. O que se faz em ciência é definir os conceitos relacionando-os com algo observável. Esses conceitos com que lidamos em Psicologia são *variáveis*. Uma variável é alguma coisa que varia. Idealmente deve ser alguma coisa que pode ser medida e varie quantitativamente. Por exemplo, altitude é uma variável; a quantidade de luz necessária para tornar um objeto visível é uma variável. Muitas vezes, porém, uma variável pode ser apenas a presença ou ausência de uma condição. Por exemplo, se estamos observando diferenças de comportamento em sujeitos cujo comportamento anterior é elogiado ou não elogiado, o elogio constitui uma variável, no caso, dicotômica.

A maneira recomendada em Psicologia para definir variáveis em termos de dados observáveis é o uso de *definições operacionais* (BRIDGMAN, 1927). Uma definição operacional é aquela em que a variável ou o conceito é definido em termos de operações observáveis e mensuráveis. Assim, uma definição operacional de ansiedade seria o escore obtido em um determinado teste que se propõe medir ansiedade. Outro tipo de definição operacional consiste em especificar-se a manipulação experimental feita para se obter o construto. Por exemplo, num experimento, o pesquisador manipula a ansiedade de um grupo experimental dizendo que os sujeitos serão submetidos a um choque elétrico de alta voltagem. Neste caso, a ansiedade pode ser definida operacionalmente, especificando-se as operações usadas para manipulá-la.

Métodos de pesquisa na psicologia científica

Há três métodos básicos usados em Psicologia: descritivo, correlacional e experimental. O método *descritivo* consiste na observação de fenômenos e registro das ocorrências. O grau de precisão dessas observações varia desde a observação causal à observação mais controlada, que pode ser feita em ambiente natural ou em laboratório. Na Psicologia do Desenvolvimento é muito comum o uso do espelho de visão unilateral para observação de comportamento de crianças, sem que estas saibam que estão sendo observadas. A técnica de amostragem de comportamento (*time sampling*) é também muito utilizada, consistindo na observação levada a efeito durante vários intervalos de pouca duração, ao invés de uma observação maciça durante um longo período de tempo apenas. O método descritivo já foi muito usado em Psicologia do Desenvolvimento, conforme vimos no capítulo 1. Ainda é usado em estudos exploratórios, isto é, quando determinado fenômeno pouco conhecido começa a despertar interesse, estudos exploratórios fornecem pistas que levam à formulação de hipóteses que vão ser testadas através de estudos correlacionais, ou, de preferência, experimentais.

Método correlacional: Consiste na verificação da covariação de dois fenômenos, isto é, se "variam junto". Por exemplo, estudos relacionando punição materna e agressividade infantil, ou inteligência e ansiedade.

A dificuldade fundamental do método correlacional é que ele não permite inferências de causa e efeito. Tudo o que podemos saber quando obtemos um coeficiente de correlação alto e estatisticamente significante* é que os dois fenômenos, A e B, variam junto, ou estão relacionados. Mas, assim como A pode causar B, B pode causar A, ou ambos podem depender de um terceiro fator, C. Por exemplo, se encontramos uma correlação alta entre punição materna e agressividade infantil, não podemos inferir com segurança aquilo que nos pareça talvez mais lógico, que punição gera agressividade. Os dados fornecem tanta evidência para esta afirmação quanto para a inferência de que a agressividade da criança leva a mãe a usar mais punição, ou, ainda, que nenhuma dessas inferências está correta, mas que as duas variáveis, punição e agressividade, seriam função de uma terceira, como, por exemplo, nível socioeconômico baixo, que geraria agressividade na criança, e uso da punição por parte da mãe. Estes são exemplos hipotéticos, pois até hoje não temos conclusões claras sobre o assunto, justamente em razão de a evidência ser dada por estudos correlacionais e não por estudos experimentais sobre o problema.

Método experimental: A essência do método experimental consiste no seguinte:

1) O experimentador varia (manipula) algum fator.

2) O experimentador mantém as outras condições constantes.

---

* Estatisticamente significante significa que só poderia ser atribuível ao acaso com uma probabilidade muito pequena. O nível de significância geralmente aceito em Psicologia é 0,01 ou 0,05, indicando que a relação ou efeito obtido tem uma probabilidade de 1 em 100, ou 5 em 100, respectivamente, de ser devido ao acaso e não aos fatores estudados.

3) O experimentador verifica o efeito da variação sobre o fenômeno que está observando.

É muito importante ter-se em mente que, sempre que os requisitos acima são atendidos, temos um experimento propriamente dito, que pode ser feito tanto em laboratório como em ambiente natural. Quando um experimentador, estudando problemas de psicologia social, aplica um tratamento que consiste de instruções verbais a um grupo de sujeitos reunidos em sua sala de aula, e um tratamento diferente a outro grupo equivalente, mantendo todas as outras condições constantes, ele está realizando um experimento, não sendo essencial, portanto, o uso do laboratório, de aparelhos elétricos e de avental branco para a realização de um experimento, como erroneamente acreditam muitos leigos.

No método experimental distinguimos entre *variáveis independentes* e *dependentes*. Uma variável *independente* é uma condição estabelecida pelo experimentador, por exemplo, um estímulo apresentado, uma droga administrada, a intensidade de uma punição, etc. Ela é o fator que o experimentador manipula. A variável *dependente* é o comportamento do sujeito. É chamada de dependente porque seu valor depende do valor da variável independente.

Em todo experimento deve haver pelo menos uma variável independente. No exemplo acima mencionado, se estamos interessados no efeito de elogio sobre a habilidade do sujeito em uma tarefa motora, o elogio é a variável independente, e o desempenho do sujeito na tarefa motora é a variável dependente.

Em um experimento pode-se estudar o efeito de mais de uma variável independente. Pode-se também verificar efeitos em mais de uma variável dependente.

Outra característica muito importante do método experimental é o *controle*. Todo experimento deve idealmente ter além do grupo experimental em que é aplicado um tratamento experimental (por exemplo, elogio), um grupo de controle em que nada é aplicado (nenhum elogio). A maneira mais comum de controlar fatores irrelevantes ao problema que está sendo estudado é a aplicação da estatística. Usando-se um número razoavelmetne grande de sujeitos, a distribuição aleatória dos mesmos pelos grupos experimentais e de controle assegura a formação de grupos equivalentes. Isto é, se distribuirmos cem sujeitos por dois grupos, aleatoriamente, é óbvio que nem todos os mais inteligentes ficam num grupo e todos os menos inteligentes no outro, nem todos os ricos em um grupo e todos os pobres no outro, e assim por diante, mas é natural que os grupos tenham composição equivalente quanto a estas e todas as outras variáveis irrelevantes. Pode-se então concluir que diferenças no desempenho são atribuíveis à variável independente manipulada.

Outra técnica muito importante é o uso do *sujeito como seu próprio controle*, fazendo-se observações repetidas da variável dependente no mesmo sujeito. Isto muitas vezes não é adequado em situações em que a prática poderia obscurecer os resultados. Uma variante deste método é a técnica de *linha-base* (SIDMAN, 1960), preferida pela corrente skinneriana em Psicologia. Neste método o sujeito recebe primeiro um treinamento até que se obtenha um nível estável de desempenho. Introduz-se então a variável independente, observam-se e registram-se as mudanças na linha-base, podendo estas ser atribuídas ao efeito da variável independente.

O método experimental é fora de dúvida o mais seguro, permitindo com muito menor probabilidade de erro chegarmos a inferências de causa e efeito.

A limitação mais comumente apontada é a artificialidade da situação experimental, especialmente se é uma situação de laboratório, que pode não ser generalizável para a vida real.

Teoria

Teorias são conjuntos de leis organizadas de maneira lógica e coerente e que servem para integrar um conjunto de dados.

Os ingredientes básicos de uma teoria são os dados empíricos, observáveis. A partir desses dados, formulam-se *hipóteses*, que são intuições ou "palpites" que o cientista tem a respeito da relação entre duas ou mais variáveis. As hipóteses são testadas através de pesquisas empíricas, geralmente experimentais, que as confirmam ou não. Quando uma hipótese foi repetidamente testada em vários contextos, de forma que se acumulou um acervo de evidência a seu favor, ela tem o *status* de *lei*. E o conjunto de leis, como vimos acima, forma uma *teoria*. Este é o processo de construção de teoria do tipo *indutivo*, isto é, a partir das observações empíricas, chega-se à formulação de princípios gerais. No tipo inverso de construção de teoria, o *dedutivo*, as hipóteses são formuladas de acordo com postulados de uma concepção teórica. As hipóteses devem ser consequências lógicas dos postulados em que se baseia a teoria, e virão a ser testadas empiricamente pelo mesmo processo descrito acima.

Em Filosofia da Ciência são discutidos vários critérios para uma teoria ser julgada científica. Marx (1963) considera como critérios essenciais:

1) A *especificidade operacional dos construtos,* isto é, na medida em que a teoria fornece definições operacionais satisfatórias dos conceitos com que lida.

2) O *grau de controle das observações*, isto é, o rigor e precisão com que são feitas as observações dos dados empíricos em que se apoia a teoria.

3) A *testabilidade ou falsificabilidade das hipóteses*, isto é, a possibilidade de se testar cientificamente uma hipótese, de forma que seja possível provar que ela é falsa, se for o caso. Há certas teorias em Psicologia em que as hipóteses são tão vagas, referindo-se a construtos não operacionalizados, de forma que é impossível provar que a hipótese é falsa, da mesma forma que é difícil obter-se evidência em seu favor.

Outras características também geralmente consideradas na avaliação de uma teoria, embora não tão essenciais, são:

4) A *parcimônia*, ou seja, o grau de simplicidade nas explicações: é o princípio de que a explicação mais simples é a melhor; este critério nem sempre se aplica, pois para certos fenômenos é possível que uma explicação mais complexa seja mais adequada.

5) A *fertilidade* da teoria para gerar pesquisas empíricas nela baseadas; as diversas teorias de aprendizagem, teoria de dissonância cognitiva em Psicologia Social são exemplos de teorias que têm gerado grande número de pesquisas empíricas.

Em Psicologia do Desenvolvimento temos teorias menos satisfatórias do que outras áreas da Psicologia, como Aprendizagem, devido a problemas peculiares de dificuldade do objeto de trabalho. A falha da Psicologia do Desenvolvimento em apresentar teorias mais adequadas também pode ser atribuída, em parte, às circunstâncias da evolução dessa área da Psicologia. A Psicologia do Desenvolvimento inicialmente se desenvolveu não tanto nos meios acadêmicos dos departamentos de Psicologia das grandes universidades norte-americanas, onde surgiram os grandes sistemas teóricos da Psicologia, mas em institutos para o estudo do Desenvolvimento Infantil, como o Gesell Institute, Minnesota Child Development Institute, Berkeley Institute of Human Development, Iowa Welfare Research Station, institutos estes que funcionavam paralelamente aos departamentos de Psicologia, mas não como parte destes. Enquanto que nos departamentos de Psicologia a preocupação grande era com a pesquisa teórica e os experimentos de laboratórios, nos institutos, o foco estava nos aspectos aplicados, de modo que a Psicologia do Desenvolvimento foi acumulando uma grande quantidade de dados sem uma boa teoria que os integrasse.

Ao ler os capítulos 3, 4 e 5, referentes às três principais teorias (cognitiva, psicanalítica e aprendizagem social) que têm dominado a Psicologia do Desenvolvimento, o leitor deverá fazê-lo com atitude crítica, tendo em mente os critérios acima expostos, para avaliação de uma teoria.

Dificuldades específicas à Psicologia do Desenvolvimento

Mussen (1960) cita como principais dificuldades os problemas oriundos de características infantis, problemas oriundos da dificuldade do estudo de mudança, e problemas éticos.

Características infantis: Uma das dificuldades centrais é a de comunicação. Com crianças pequenas nem sempre a situação experimental pode ser estruturada em termos verbais, mas ao mesmo tempo não se aplicam os métodos verbais, comumente aplicados na experimentação com animais. Precisa-se então inventar novos métodos, tanto para a apresentação de estímulos como para registro das respostas. Essa diferença entre crianças e adultos é apenas o caso extremo do problema de diferenças entre vários níveis de idade. Por exemplo, sabemos que testes de inteligência aplicados na mesma criança em épocas diferentes geralmente apresentam resultados diferentes. Este problema, que tem sido explicado em termos da ação do ambiente provocando mudanças na inteligência, pode ter outra explicação, como sugere Bailey (1933), ou seja, o fato de que itens de testes de inteligência medem habilidades diferentes em cada nível de idade. Os testes para bebês e crianças muito novas geralmente usam respostas motoras como indicadoras de inteligência, ao passo que os itens para crianças mais velhas usam respostas verbais. Este problema pode ocorrer não só com inteligência, mas também com outras variáveis estudadas em Psicologia do Desenvolvimento.

Dificuldade do estudo de mudança: Uma técnica muito usada em Psicologia do Desenvolvimento, a fim de estudar mudanças de comportamento que ocorrem durante um longo período de tempo, é o estudo *longitudinal*, em que as mesmas crianças são estudadas em várias épocas, durante um período de vários anos. O problema técnico mais sério neste caso é a impossibilidade de controle do ambiente da criança em um período longo. Os estudos longitudinais começaram a ser usados na época em que o foco do interesse residia nos processos de maturação, esperando-se que certas tendências de desenvolvimento se manifestassem apesar de variações ambientais. Mas com a orientação mais recente que enfatiza os efeitos de fatores ambientais sobre o desenvolvimento, o método longitudinal apresenta dificuldade de controle dos fatores ambientais irrelevantes ao objeto da pesquisa. Uma alternativa adotada em Psicologia do Desenvolvimento é o método *transversal*, que consiste no estudo de vários grupos de crianças, cada um formado por sujeitos de um determinado nível de idade, por exemplo, dois anos, quatro anos, seis anos, oito anos, etc. Dessa forma, pode-se estudar tendências de desenvolvimento de certos comportamentos, estudando as crianças ao mesmo tempo; porém o fato de que os grupos etários são diferentes introduz uma fonte de variação indesejável.

Problemas éticos: Há em Psicologia a noção de que as crianças são mais vulneráveis do que os adultos, isto é, as situações frustradoras e de tensão emocional podem ter efeitos duradouros indesejáveis, ao passo que no adulto o efeito seria temporário e menos pronunciado. Embora não haja evidência empírica clara sobre isto, o psicólogo deve agir com cautela, evitando submeter crianças a esse tipo de situação devido ao possível risco. Além de possivelmente mais vulneráveis, as crianças não são agentes livres. Numa pesquisa sobre efeitos de choque elétrico, pode-se pedir o consentimento do sujeito adulto e ele tem a liberdade de recusar participar, ou pelo menos este é um princípio ético aceito pela Associação Americana de Psicologia (1973) e que deverá ser seguido. Já as crianças não têm a liberdade nem o conhecimento para decidir livremente e em geral não são consultadas. As escolas são fontes de sujeitos de pesquisa para os psicólogos, e uma vez que a direção da escola e os pais estejam de acordo, as crianças representam o que chamamos sujeitos cativos, isto é, não têm liberdade de decidir sobre sua participação. O pesquisador deve pedir o consentimento dos responsáveis pelas crianças, pais ou professores. Assim como a ética de pesquisa em geral recomenda que o sujeito (adulto) não seja enganado quanto à natureza da pesquisa, também os pais ou professores devem ter conhecimento, mesmo que do ponto de vista da pesquisa isto não seja muito desejável. Quando a "ingenuidade" do sujeito é absolutamente essencial à pesquisa, o pesquisador deve, depois de terminado o experimento, explicar ao sujeito alguma coisa sobre a natureza da pesquisa *debriefing*. E, em se tratando de crianças, usar, como é óbvio, uma linguagem acessível a elas.

De qualquer forma, o pesquisador não pode submeter crianças a manipulações experimentais que possam vir a lhes causar prejuízo emocional, mesmo que temporário. Impossibilitado assim de manipular fatores importantíssimos como ausência longa dos pais, privação, etc., o psicólogo do desenvolvimento tem de se contentar em estudar fenômenos na medida em que ocorrem na natureza, ainda que a metodologia seja muito menos precisa. Recusar-se a estudar problemas importantes pela impossibilidade de manipular as variáveis não seria correto, pois o psicólogo estaria impossibilitado de estudar e sugerir soluções para problemas vitais.

Salientamos que os conceitos acima se coadunam com uma visão tradicional de ciência que considera a Psicologia como tendo lugar entre as ciências da natureza, embora o ser humano seja "natureza mais complexa".

Esta posição tem sido questionada desde o impacto da obra *A natureza das revoluções científicas*, de autoria de Thomas Kuhn (1962). Surge assim todo um questionamento da utilização do método experimental, bem como da qualificação de variáveis na psicologia. Proliferam métodos qualitativos, intuitivos, fenomenológicos, participantes, e outros, ressuscitando mesmo enfoques teóricos já considerados desatualizados pelos defensores de uma ciência psicológica, bem como metodologias menos rigorosas, oriundas de outras áreas das ciências humanas. Para uma discussão mais detalhada dessa problemática sugere-se a leitura do artigo de Manicas e Secord (1983) "Implicações para a psicologia de uma nova filosofia da ciência". Esta problemática, extremamente complexa, e de âmbito da filosofia da ciência, não é discutida aqui, mas para que a posição da autora fique clara recomenda-se também a leitura do artigo intitulado "Em defesa da experimentação: Recorrendo a Piaget..." (BIAGGIO, 1985) em que argumento por analogia que, tendo o método experimental a mesma estrutura do pensamento formal conforme conceituado por Piaget, e sendo este o mais elevado tipo de pensamento a que o ser humano atinge, seria também o método experimental superior às metodologias qualitativas, mais baseadas na intuição e na percepção, e portanto estruturalmente análogas a um estágio mais primitivo de desenvolvimento cognitivo, o chamado por Piaget de pré-operacional. Essas ideias poderão ficar mais claras após a leitura do capítulo 3 que trata da teoria de Piaget.

SEGUNDA PARTE

Principais teorias na Psicologia do Desenvolvimento

3

A teoria de desenvolvimento intelectual de Piaget

Piaget é, fora de dúvida, um dos grandes nomes da Psicologia do Desenvolvimento atual, não apenas na Europa e países em que a Psicologia é mais influenciada pela orientação europeia, como também nos Estados Unidos, onde, embora um pouco tardiamente, a contribuição de Piaget ao estudo do desenvolvimento intelectual da criança tem sido extremamente valorizada. Embora Piaget venha escrevendo desde a década de 1920, podemos dizer que seu trabalho só foi valorizado nos Estados Unidos a partir de 1960, enquanto que, no Brasil, Piaget já era bem conhecido por psicólogos e educadores pelo menos duas décadas antes. Podemos atribuir o desconhecimento de Piaget por parte dos psicólogos americanos a dois fatores: a) o isolamento da Psicologia americana (mais positivista, naturalista e experimentalista) com relação à Psicologia europeia (mais filosófica, humanística e clínica); b) a falta de rigor metodológico inerente ao método clínico utilizado por Piaget. Reconhecendo, porém, o valor das ideias de Piaget, os psicólogos experimentais americanos ultimamente têm realizado muitas pesquisas, em que a metodologia científica é empregada com todo o rigor possível, e as intuições ou hipóteses de Piaget são testadas experimentalmente. Neste capítulo apresentamos um breve resumo das ideias centrais da teoria de Piaget, bem como uma resenha das principais pesquisas experimentais nela inspiradas.

Dados biográficos

Jean Piaget nasceu na pequena cidade universitária de Neuchâtel, na Suíça, a 9 de agosto de 1896. Seu pai era um historiador especializado em Literatura Medieval e sua mãe é descrita como uma mulher inteligente e dinâmica. Desde menino Piaget demonstrou interesse na natureza, especialmente na observação de pássaros, peixes e outros animais em seu ambiente natural. Já aos 11 anos teve seu primeiro artigo publicado em uma revista de História Natural, artigo esse em que descrevia, com grande detalhe e riqueza de observação, uma andorinha albina vista em um parque. Enquanto aluno de escola secundária trabalhava ajudando o diretor do Museu de História Natural de Neuchâtel, na classificação da coleção de Zoologia do museu. Nesta época, começou a estudar moluscos, e dos 15 aos 18 anos publicou vários artigos sobre estes. Um de seus trabalhos, publicado aos 15 anos, resultou em lhe ser oferecido o cargo importante de curador da coleção de moluscos do Museu de História Natural de Genebra, o que ele não pôde aceitar, pois ainda não havia terminado o secundário. Aparentemente, sua idade era desconhecida por parte das autoridades que fizeram a oferta, na base do mérito de uma publicação sobre moluscos.

Sob influência de seu padrinho Samuel Cornut, um acadêmico suíço, Piaget, ainda na adolescência, começou a ler sobre Filosofia (especialmente a obra de Bergson), Lógica e Religião. O contato com estas disciplinas levou-o a interessar-se especialmente por Epistemologia, ramo da filosofia relacionado com o estudo do conhecimento. Piaget, com uma formação sólida nas Ciências Naturais, especialmente Biologia, e na Filosofia, sentia que nem uma nem a outra poderiam dar uma solução ao problema do conhecimento humano, e chegou à conclusão de que a Psicologia viria a fornecer a ponte necessária entre a Biologia e a Epistemologia.

Piaget completou sua educação formal em Biologia, obtendo o bacharelado em Ciências Naturais na Universidade de Neuchâtel em 1916, e dois anos mais tarde, aos 21 anos, obteve o grau de doutor em Filosofia, apresentando tese sobre os moluscos da região de Valais na Suíça. É interessante notar que apesar de considerado um dos maiores psicólogos do Desenvolvimento, Piaget é um biólogo por formação e um epistemólogo por interesse. Piaget mesmo diz que chegou a estudar crianças apenas como um meio para o estudo do problema do conhecimento.

Depois de completar o doutorado, Piaget partiu para explorar a Psicologia em Zurique, onde trabalhou em dois laboratórios e na clínica psiquiátrica de Bleuler, tomando contato então com as ideias de Freud e Jung. Posteriormente passou dois anos na Sorbonne, em Paris, onde veio a trabalhar com Binet, o autor (juntamente com Simon) do primeiro teste de inteligência. Piaget, que aparentemente achava este tipo de trabalho entediante e monótono, consistindo na tabulação de número de respostas corretas que as crianças de várias idades davam a questões padronizadas, veio a interessar-se pelas respostas erradas, verificando que havia grande consistência quanto ao tipo de respostas erradas que crianças do mesmo nível de idade davam. Isto lhe deu a ideia central de sua teoria, a de que a inteligência de crianças mais novas é qualitativamente diferente das mais velhas, e não quantitativamente, ou seja, não é uma questão de maior ou menor número de itens respondidos corretamente, porém, a maneira de pensar é diferente. Piaget rejeitou então os testes padronizados de inteligência, preferindo o método clínico, mais flexível. Aplicando o método clínico de Freud, Bleuler e outros ao estudo da inteligência, Piaget fez uma síntese original destas duas linhas de trabalho. Além disso, estudando extensivamente Lógica, ocorrera a Piaget que a Lógica abstrata era muito relevante ao estudo do pensamento infantil. Verificou, por exemplo, que crianças antes de aproximadamente 11 anos de idade eram incapazes de executar certas operações lógicas e que as operações lógicas da dedução pareciam adequar-se a certas estruturas mentais em crianças mais velhas. Partiu então para a tarefa de verificar a relação entre o pensamento e a lógica. Em 1921 Edouard Claparède, então diretor do Instituto Jean-Jacques Rousseau, ofereceu-lhe a posição de diretor de Pesquisa no Instituto. Piaget aceitou a oferta, que lhe possibilitou realizar muitos estudos sobre a inteligência de crianças, e entre 1923 e 1932 ele publicou seus cinco primeiros livros sobre o assunto: *Le langage et la pensée chez l'enfant* (1923); *Le jugement et le raisonnement chez l'enfant* (1924); *La représentation du monde chez l'enfant* (1926); *La causalité physique chez l'enfant* (1927); *Le jugement moral chez l'enfant* (1932). Estes livros tiveram grande repercussão, embora Piaget os considerasse preliminares. Daí por diante sua produção científica e atividades profissionais tiveram ainda maior impulso. Publicou *La naissance de l'intelligence chez l'enfant* (1936) e *La construction du réel chez l'enfant* (1936), livros esses baseados nas observações que juntamente com a esposa (sua ex-aluna) fez de seus três filhos, durante os dois primeiros anos de vida. As experiências por que Piaget passou foram-no levando a modificar suas técnicas de pesquisa e a abrir novas áreas para pesquisa e experimentação. Junto com duas importantes colaboradoras, Barbel Inhelder e Alina Szeminska, começou a explorar a compreensão que a criança tem de certas noções científicas e, em 1941, publicou *Le développement des quantités physiques chez l'enfant*, em que estuda como a criança gradualmente chega a conservar invariâncias, isto é, à compreensão de que quando atributos irrelevantes de uma substância, tais como sua forma, são alterados a quantidade não se altera. Este fenômeno de "conservação" tem recebido enorme destaque por parte dos psicólogos experimentais norte-americanos, ingleses, noruegueses. Seguiram-se *La genèse du nombre chez l'enfant* (1941) e *Classes, relations et nombres* (1942). Por sugestão de Einstein, Piaget passou a investigar a compreensão da criança quanto aos fenômenos de tempo e velocidade, e publicou em 1946: *Le développement de la notion du temps chez l'enfant* (a) e *Les notions de mouvement et de vitesse chez l'enfant* (b). No mesmo ano publicou *La formation du symbole chez l'enfant*, contendo observações de seus próprios filhos no período de dois a quatro anos. Em 1947 Piaget publicou *La psychologie de l'intelligence*, que é uma coleção de conferências que Piaget fez em 1942, no Collège de France, em Paris. Em colaboração com Inhelder e Szeminska, publicou em 1948 *La représentation de l'espace chez l'enfant* e *La géométrie spontanée de l'enfant*.

De 1920 a 1950 Piaget havia se dedicado ao trabalho experimental com crianças, numa tentativa de entender a evolução da inteligência humana que era o problema que se havia originariamente proposto. Finalmente, em 1950, publicou estudos aplicando esses resultados da pesquisa psicológica à Epistemologia, em uma série de três volumes intitulados *Introduction à l'épistémologie génétique*. A seguir, Piaget voltou-se para o estudo dos conceitos de chance e probabilidade e, em 1951, publicou, com Inhelder, *La Genèse de l'idée du hasard chez l'enfant*. Em 1952 Piaget foi nomeado professor de Psicologia Genética na Universidade de Paris (Sorbonne), onde permaneceu até 1962. No mesmo tempo continuava a lecionar na Universidade de Genebra e a dirigir o Instituto Jean-Jacques Rousseau. Também prosseguiu suas pesquisas sobre percepção e pensamento lógico e publicou em 1952 um livro intitulado *Essai sur les transformations des opérations logiques*, onde estuda proposições lógicas e estruturas lógicas como o "grupo" e o "reticulado", que usa como modelo do pensamento do adolescente e do adulto. Em 1955 Piaget e Inhelder publicaram *De la logique de l'enfant à la logique de l'adolescent*. Em 1956 foi criado o Centro de Epistemologia Genética da Universidade de Genebra, com o objetivo de conjugar cientistas de várias especialidades – biólogos, matemáticos, psicólogos, que teriam um enfoque interdisciplinar aos problemas da inteligência. Os resultados desses estudos são publicados na série de monografias intitulada *Estudos de Epistemologia Genética*. As publicações mais recentes de Piaget são: *La genèse des structures logiques élémentaires* (1964); *Six études de Psychologie* (1964); *Etudes sociologiques* (1965); *La psychologie de l'enfant* (1966); *L'image mentale chez l'enfant*, com Inhelder (1966); *Biologie et connaissance* (1967); *Mémoire et intelligence* (1968).

Esta biografia literária (baseada em GINSBURG & OPPER, 1969) de Piaget, acima apresentada, nos permite ver, mesmo através do mero exame dos títulos dos livros, a evolução dos interesses de Piaget, que continua ativamente produzindo e escrevendo, apesar de estar com mais de 75 anos de idade. Note-se que citamos aqui os principais livros, omitindo alguns que são menos relacionados à Psicologia do Desenvolvimento, bem como artigos em revistas profissionais. Flavell cita ao todo 136 referências de Piaget, em 1963.

Conceitos centrais na teoria de Piaget

Um dos aspectos criticados na teoria de Piaget é a ausência de definições operacionais para os conceitos que usa em sua teoria. Assim é que o leitor precisa abstrair através de páginas, ou melhor, de livros e livros, o significado exato de certos conceitos teóricos. Como no caso de qualquer cientista, a natureza da teoria é influenciada pelas concepções prévias que o teórico traz consigo. No caso de Piaget, todo o trabalho é influenciado por concepções advindas da Biologia, da Lógica e da Epistemologia. Vejamos então, preliminarmente, quais as linhas gerais e quais as ênfases de sua concepção da inteligência.

Em primeiro lugar, Piaget rejeita o enfoque psicométrico, ou seja, o enfoque de QI, de mensuração de diferenças individuais por meio de testes padronizados, que era praticamente o único, e, assim mesmo, um enfoque pioneiro, na época em que Piaget iniciou seus trabalhos sobre a inteligência. Em uma de suas primeiras formulações sobre a inteligência, Piaget a define como "um caso particular de adaptação biológica". Outra definição afirma que a inteligência "é a forma de equilíbrio para a qual tendem todas as estruturas (cognitivas)" (PIAGET, 1936a: 34). O termo equilíbrio, oriundo da física, implica um ajustamento harmonioso entre pelo menos dois fatores: as "ações mentais" (ou estruturas cognitivas) da pessoa e o ambiente. Ainda como função da formação biológica, Piaget enfatiza o aspecto evolutivo da inteligência, ou seja, como é que a criança gradualmente atinge estruturas cognitivas cada vez mais eficientes. Outra definição enfatiza que a inteligência é um sistema de operações vivas e atuantes (PIAGET, 1947: 7). Isto evidencia que Piaget atribui um papel ativo à pessoa, o que ela faz sobre o mundo. A realidade deve ser construída pela atividade da criança, ao invés de o conhecimento ser adquirido por um recipiente passivo como implica a concepção behaviorista norte-americana.

A maior parte dos estudiosos de Piaget consideram para finalidades de sistematização que podemos distinguir três aspectos fundamentais na teoria de Piaget, a saber: *conteúdo, estrutura* e *função*.

Conteúdo: Refere-se aos dados comportamentais, ou seja, aquilo em que o indivíduo está pensando, seus interesses, ou como ele resolve um problema. Os conteúdos são manifestos e sugerem diferenças na maneira de pensar. Em seus primeiros trabalhos, Piaget focalizou conteúdos do pensamento infantil. Perguntando à criança, por exemplo, "o que faz as nuvens se moverem" e perguntas semelhantes, analisava o conteúdo das respostas comparando-as com as dos adultos.

No entanto, este aspecto de conteúdo é menos importante na concepção de Piaget e serve apenas como dado a partir do qual se inferem processos subjacentes de pensamento. Para Piaget, o interesse principal sempre foi a investigação teórica e experimental do desenvolvimento qualitativo de *estruturas* intelectuais.

Estrutura: Este é um conceito nitidamente de caráter biológico. O desenvolvimento da inteligência é afetado por fatores biológicos, um dos quais é a transmissão hereditária de estruturas físicas, como o sistema nervoso próprio da espécie. Outro tipo de estrutura hereditária seriam as reações comportamentais automáticas, isto é, os reflexos, como o de sucção, o de preensão e outros.

As pesquisas de Piaget demonstram, porém, que no ser humano, após os primeiros dias de vida, os reflexos são modelados pela experiência ambiental e dão lugar a um novo tipo de mecanismo – a estrutura psicológica, que não é diretamente hereditária.

No processo de interação com o ambiente, a criança gradualmente desenvolve *estruturas* psicológicas. Uma estrutura é composta de uma série de *esquemas* integrados. Vejamos então o conceito de *esquema*. É um padrão de comportamento ou uma ação que se manifesta com ordem e coerência e que descreve um tipo regular de ação que a criança aplica a vários objetos. Piaget fala do "esquema de sucção", por exemplo, mas os esquemas mais evoluídos envolvem mais do que um reflexo, eles envolvem um tipo de ação que, além do reflexo, contém elementos de experiência ambiental. Assim é que o esquema de "chupar dedo" envolve mais do que o reflexo de sucção, uma vez que existe a tendência natural no bebê à sucção, quando um objeto toca nos lábios, porém não há uma tendência inata de levar a mão à boca, esta já envolve elementos de experiência ambiental.

Na criança mais velha os esquemas são bem mais complexos, como as "operações de classificação" que a criança entre 7 e 11 anos é capaz de fazer quando lhe damos continhas de madeira vermelhas e azuis e lhe fazemos perguntas a respeito de classes e subclasses como, por exemplo: "há mais continhas de madeira ou continhas vermelhas"? A classificação é composta de uma série de atividades intelectuais (esquemas) que constituem uma estrutura psicológica. Todo o trabalho de delineamento da evolução do pensamento da criança em estágios (sensório-motor, pré-operacional, operações e operações formais) representa a tentativa que Piaget faz de estudar o desenvolvimento qualitativo das estruturas psicológicas subjacentes ao pensamento. Piaget usa, como veremos posteriormente, modelos lógicos e matemáticos que tipificam as estruturas psicológicas do pensamento.

Função: Outro aspecto importante da teoria de Piaget é o conceito de *função*.

Piaget afirma que todas as espécies herdam duas tendências básicas ou "funções invariantes": *adaptação* e *organização*.

Organização: Refere-se à tendência de todas as espécies de sistematizar e organizar seus processos em sistemas coerentes, que podem ser físicos ou psicológicos. Entre os físicos temos como exemplo o aparelho circulatório, ou o digestivo, onde há uma organização das estruturas menores em uma hierarquia. No plano psicológico, vemos que o bebê inicialmente tem os esquemas isolados de "olhar" e o de "preensão", mas não os integra. Gradualmente aprende a combiná-los de forma a "estender a mão para segurar o objeto que ele vê".

Adaptação: Todos os organismos têm a tendência a se adaptar ao ambiente (outra noção nitidamente biológica).

A adaptação envolve um equilíbrio entre dois processos complementares: *acomodação* e *assimilação*.

A acomodação refere-se a mudanças que o organismo faz em suas estruturas a fim de poder lidar com estímulos ambientais. Na acomodação o organismo se transforma para poder lidar com o ambiente. A assimilação refere-se ao processo em que não o organismo, mas o objeto é que é transformado e se torna parte do organismo.

Tomemos um exemplo biológico, o processo de digestão. Quando a pessoa come alguma coisa, os músculos do aparelho digestivo precisam se modificar: contraem-se, expandem-se, liberam certos ácidos, para poder lidar com o alimento (acomodação). Este depois é transformado em parte do organismo, é assimilado.

Piaget transporta esse modelo para o plano psicológico: diante de um estímulo diferente, ou radicalmente novo, a criança modifica suas estruturas e esquemas (acomodação), depois assimila objetos semelhantes àqueles para os quais ela já tem um esquema, praticando com eles.

Vejamos alguns exemplos, primeiro com esquemas bem simples e primitivos e depois com esquemas mais complexos:

Um bebê possui o esquema de sucção; e não só o seio, ou o bico da mamadeira, mas qualquer objeto ou brinquedo é levado à boca. Não há modificação no esquema (sucção), mas todos os objetos servem para exercitá-lo. No entanto, quando a criança passa a receber alimento com a colher, vemos que inicialmente o bebê tenta usar o esquema de sucção que aplicava à mamadeira. Como este não serve, o bebê modifica seu esquema, seus movimentos bucais, para se adaptar à alimentação com a colher. É um exemplo de acomodação.

Outro exemplo: a criança que anda de velocípede, ao passar para uma bicicleta, precisa acomodar-se, modificar seus esquemas, ou movimentos; no entanto, se ela já tem prática de andar de bicicleta, facilmente andará na bicicleta de um coleguinha, bastando para isso o processo de assimilação.

Num plano ainda mais complexo, vemos que ao aluno de línguas, que já estudou português, francês, basta certa assimilação para passar a estudar o italiano, mas se ele resolve mudar de opção para o curso de matemática, física ou engenharia, precisa de novas estruturas para saber como estudar tais matérias, precisa acomodar-se.

Piaget diz que a atividade intelectual visa sempre um estado de equilíbrio. No entanto, uma vez que já houve a acomodação, e o novo esquema já foi muito exercitado, assimilando vários objetos, há também um estado de desequilíbrio, exemplificado pelo tédio da criança em relação a um brinquedo com que já está muito familiarizada. A tendência então é a de procurar novos estímulos aos quais vai se acomodar e o processo continua sempre neste círculo.

Metodologia

O método utilizado por Piaget tem sido o método clínico, isto é, o estudo detalhado, flexível, de poucos casos, durante longos períodos de tempo, utilizando a observação natural.

Nos primeiros trabalhos, Piaget utilizou a observação de seus três filhos e as entrevistas verbais com crianças. Concluindo depois que as entrevistas verbais podiam não fornecer dados exatos sobre o pensamento concreto da criança, Piaget mais recentemente passou a utilizar o método clínico modificado, em que dá à criança objetos concretos para manipular durante a entrevista. À medida que estudarmos os vários estágios de desenvolvimento intelectual, ficará mais claro o tipo de metodologia usada por Piaget. A ausência de quantificação das variáveis e de informações estatísticas mínimas, tais como o número de casos estudados, muito contribuem para a descrença com que eram olhados até recentemente os trabalhos de Piaget no meio da Psicologia como ciência natural. Nos trabalhos mais recentes de Piaget e seus colaboradores, já há mais conformidade aos rigores da metodologia de pesquisa. Ao mesmo tempo, os psicólogos mais rigoristas, reconhecendo o valor das intuições teóricas de Piaget, têm deixado de lado as exigências de rigorismo metodológico.

Os estágios de desenvolvimento cognitivo

Passemos agora ao estudo dos estágios de evolução intelectual, que constituem o cerne da contribuição de Piaget. É importante também lembrar que as idades atribuídas ao aparecimento dos estágios não são rígidas e que há grande variação individual nas idades.

Em linhas gerais, Piaget esquematiza o desenvolvimento intelectual assim:

I – Estágio sensório-motor (0 a 2 anos).

II – Estágio pré-operacional (2 a 6 anos).

III – Estágio de operações concretas (7 a 11 anos).

IV – Estágio de operações formais (12 anos em diante).

Note-se também que em alguns de seus trabalhos Piaget fala apenas em três estágios principais englobando o pré-operacional como um subestágio do estágio de operações concretas.

I – ESTÁGIO SENSÓRIO-MOTOR (0 a 2 anos). Como o nome indica, neste estágio inicial não há ainda capacidade de abstração, e a atividade intelectual é de natureza sensorial e motora. A criança percebe o ambiente e age sobre ele.

O mais importante da contribuição dos estudos de Piaget sobre essa fase consiste na ênfase à importância dessas atividades como fundamento de toda a atividade intelectual superior futura. O trabalho de Piaget contribui para desmistificar a noção de que o brinquedo teria uma função puramente socioemocional e que a atividade intelectual só começa aos sete anos.

É importante notar aqui também que, pelo fato de Piaget falar em estágios de desenvolvimento, muitos lhe atribuem erroneamente uma posição maturacionista. Piaget enfatiza a importância da estimulação ambiental como essencial à progressão intelectual de estágio para estágio. O reconhecimento por parte de psicólogos da importância de que o bebê desde os primeiros dias de vida receba estimulação visual, auditiva, tátil, que ele tenha uma variedade de objetos para manipular, de possibilidades para se locomover, etc., pode ser atribuído à influência de Piaget, que considera essa estimulação essencial ao desenvolvimento da inteligência. Isto resultou na prática numa mudança de atitudes em relação à maneira de lidar com os bebês, da qual o uso dos móbiles no quarto de bebê é um protótipo. Psicólogos e pediatras esclarecidos não mais recomendam que o bebê fique num quarto em penumbra, quieto, sem estimulação. Psicólogos, como J. McV. Hunt (1961), que fornecem a fundamentação teórica para os estudos da "privação cultural" e afirmam que o déficit de QI de crianças de classe social muito baixa (por exemplo, os negros norte-americanos) pode ser atribuído à falta de estimulação ambiental nos primeiros anos de vida, também têm em Piaget um dos apoios para suas ideias.

Por outro lado, enfatizando o papel de maturação de estruturas cognitivas, Piaget acredita que há um limite para a atuação do ambiente. Sua posição é portanto mais a de um interacionista do que de um maturacionista ou ambientalista.

Piaget subdivide o estágio sensório-motor em seis subestágios:

1) Reflexo (0 a 1 mês): Aqui a criança limita-se a exercitar seu equipamento reflexo, por exemplo, o reflexo de sucção.

Piaget descreve:

> Durante o 2º dia, Laurent novamente começa a fazer movimentos de sucção entre as refeições [...] Seus lábios abrem e fecham como para receber o leite, mas sem ter um objeto. Este comportamento torna-se subsequentemente mais repetido (PIAGET, 1936a: 25-26).

Piaget explica esse fenômeno como um tipo de *assimilação funcional*, isto é, no exercício de um esquema, pelo prazer de exercitá-lo.

2) Reação circular primária: Esta noção indica que, quando um comportamento da criança casualmente a leva a um resultado interessante, a criança tende a repeti-lo.

Por exemplo: se colocamos a mão do bebê em seu rosto, ele pode aplicar o esquema de orientação utilizado quando o bico de mamadeira ou do seio toca em seu rosto. Orienta-se em direção a ele, para sugar. Faz isso com a mão. A experiência é agradável, uma vez que o esquema de sucção tende a ser exercitado. O bebê então acomoda seus movimentos no sentido de repetidamente levar a mão à boca. Este é um exemplo de reação circular primária.

Nesta fase a criança começa a demonstrar curiosidade e imitação. As primeiras noções da realidade começam a ser elaboradas, tais como as de espaço, tempo, causalidade e permanência do objeto. Este último, bastante estudado por Piaget, refere-se ao fato de que, no início, para o bebê só aquilo que ele está percebendo no momento realmente existe, ou seja, o bebê ainda não "conserva" o objeto quando este sai de seu campo perceptivo; quando um objeto é retirado, ele simplesmente não olha mais e se engaja em outras atividades. Piaget conclui que é evidente que um objeto cessa de existir para o bebê quando este perde contato visual com ele, mesmo quando esse objeto é a mãe.

Embora Piaget não tenha discutido isso explicitamente, parece ser implicação clara de sua teoria que as primeiras experiências de afastamento da mãe nos dois ou três primeiros meses de vida não podem ter as consequências drásticas atribuídas por psicanalistas como Melanie Klein e outros.

O ponto de vista de Piaget se coaduna com o de outros autores a respeito da idade com que as crianças revelam "ansiedade de separação" e "ansiedade em relação a estranhos" (BOWLBY, 1960).

3) Reações circulares secundárias: Enquanto que a reação primária é centralizada no próprio corpo (por exemplo, levar o polegar à boca), a reação circular secundária já envolve objetos externos. A criança começa a manipular objetos.

Por exemplo, se por um movimento acidental a criança sacode um objeto pendurado em seu berço, tende a repeti-lo, para ver novamente o objeto mover-se.

O bebê começa então as adaptações intencionais, já aprende a recapturar objetos escondidos.

4) Coordenação de esquemas secundários: Comecemos com trechos de observações de Piaget a respeito do subestágio 4:

> Com 0;6 (0). Apresento a Laurent uma caixa de fósforos, estendendo minha mão lateralmente para fazer um obstáculo a sua preensão. Laurent tenta passar por cima da minha mão, ou pelo lado, mas sem tentar deslocá-la.
>
> Eu impeço sua passagem, ele acaba chorando e sacudindo as mãos. Mesmas reações aos 0;6 (8), 0;6 (10), 0;6 (21).

Finalmente, com 0;7 (13) Laurent reage de maneira bastante diferente. Apresento uma caixa de fósforos acima da minha mão, mas atrás dela, de forma que ele não pode alcançá-la sem afastar o obstáculo. Mas Laurent, depois de tentar ignorá-lo, de repente tenta bater na minha mão como se para removê-la ou abaixá-la. Deixo-o fazer isso e ele segue a caixa. Recomeço a barrar sua passagem, mas usando uma tela suficientemente frouxa para deixar marcar seus dedos. Laurent tenta alcançar a caixa e, aborrecido com o obstáculo, imediatamente bate nele, baixando-o até conseguir o objetivo [...]

Além disso, nota-se que o ato intermediário servindo como um meio (remover o obstáculo) é tomado de empréstimo, de um esquema familiar, o de bater. Recordamos que de 0;4 (7) e principalmente de 0;4 (19) ele tem o hábito de bater em objetos pendurados a fim de balançá-los [...] Agora, Laurent usa esse esquema não mais como um fim em si mesmo, mas como um meio [...] (PIAGET, 1936a: 217-218).

No estágio 4, a criança já encontra objetos escondidos; porém, se o objeto é escondido primeiro sob uma almofada e depois sob outra, ela persiste em procurá-lo sob a primeira (é o chamado erro AB – o objeto estaria em A e não estaria em B). Este fenômeno tem sido bastante estudado experimentalmente como veremos depois (LE COMTE & GRATCH, 1972; EVANS & GRATCH, 1972).

Analisemos agora os processos em relação ao subestágio 3. Primeiramente, no subestágio 3, o bebê acidentalmente descobre um objetivo e só então passa a tentar atingi-lo; aqui o objetivo está presente desde o início. Em segundo lugar, quando o obstáculo aparece, o bebê precisa demonstrar originalidade. Já não basta redescobrir a maneira de produzir um resultado (como fazer balançar um brinquedo pendurado no berço), mas precisa inventar novos meios para obter a caixa de fósforos. Ele tenta utilizar esquemas antigos (bater), o que Piaget chama de *assimilação generalizadora*.

A originalidade de criança consiste em combinar esquemas antigos para obter os resultados e não em inventar novos esquemas.

5) Reações circulares terciárias (12-19 meses): Neste ponto a criança começa a experimentar ativamente novos comportamentos.

Por exemplo, ela joga ativamente miolo de pão no chão de várias alturas e observa os resultados.

Ela também já é capaz de imitar ações inteiramente novas, enquanto que no estágio anterior só era capaz de imitar quando o comportamento do modelo já existia em seu repertório.

Alguns exemplos de Piaget, ilustrativos desse estágio, são reproduzidos abaixo.

> Com 0;10 (10) [...] Laurent manipula um pequeno pedaço de pão. Agora, ao contrário do que ocorria nos dias anteriores, ele não presta atenção ao fato de deixar cair, mas observa com grande interesse o pedacinho de pão em movimento.
>
> Com 0;10 (11) Laurent está deitado de costas [...] Ele segura em sucessão: um cisne de celuloide, uma caixa, etc., estica seu braço e deixa-os cair. Ele distintamente varia as posições da queda. Às vezes ele estica o braço verticalmente, às vezes o mantém oblíquo, em frente ou atrás de seus olhos, etc.
>
> Quando o objeto cai em uma nova posição (por exemplo, no travesseiro), ele o deixa cair duas ou três vezes mais no mesmo lugar, como para estudar a relação espacial, aí ele modifica a situação. Em um dado momento, o cisne cai perto de sua boca; agora ele não o suga (embora este objeto geralmente sirva para esta finalidade), mas deixa cair três vezes mais enquanto faz apenas o gesto de abrir a boca (PIAGET, 1936a: 268-269).

6) Início do simbolismo (18 meses a 2 anos): Este subestágio, que representa uma transição para o estágio pré-operacional, traz grande realização do início da linguagem. O bebê, que nos estágios anteriores já chegava ao progresso de inventar novos meios para lidar com o ambiente, porém, estava sempre restrito aos dados da experiência, começa agora a usar símbolos mentais e palavras para se referir aos objetos ausentes. Já possui os rudimentos do pensamento. Piaget descreve como ele brinca com Lucienne, agora com 1 ano e 4 meses. Piaget esconde uma corrente dentro de uma caixa de fósforos.

> Ponho a corrente na caixa e reduzo a abertura para 3mm. Lucienne não sabe como se faz para abrir e fechar a caixa e não me viu preparar para o experimento. Ela possui apenas dois esquemas precedentes: virar a caixa para deixar cair o que está

dentro e enfiar os dedos na abertura da caixa. É este último que ela tenta primeiro: põe os dedos e tenta apanhar a corrente, mas não consegue. Segue-se uma pausa, durante a qual Lucienne manifesta uma reação curiosa [...].

Ela olha a abertura com muita atenção; e então por várias vezes abre e fecha a boca, a princípio um pouquinho e depois cada vez mais.

(Então) [...] Lucienne põe seu dedo na abertura, e ao invés de tentar alcançar a corrente como fizera antes, ela puxa, como se quisesse aumentar a abertura. Ela consegue e apanha a corrente (PIAGET, 1936: 337-338).

Vemos aqui exemplificado o início do simbolismo. A generalização do esquema antigo (abrir e fechar a boca) e o novo (abrir e fechar a caixa) fica bem patente e pode-se "adivinhar" que a criança "pensou".

II – ESTÁGIO PRÉ-OPERACIONAL (2 a 6 anos) – Compreende o período que vai desde o fim do subestágio 6 do período sensório-motor (mais ou menos 2 anos) até o início das operações concretas (mais ou menos 6 a 7 anos).

Piaget estudou muito mais as fases finais desse período do que as iniciais, talvez por considerar a idade de 6 a 7 anos como sendo de transição notável, pois é a época da aquisição das operações lógicas.

O principal progresso desse período em relação ao sensório-motor é o desenvolvimento da capacidade simbólica. Nesta fase a criança já não depende unicamente de suas sensações de seus movimentos, mas já distingue um *significador* (imagem, palavra ou símbolo) daquilo que ele significa (o objeto ausente), o *significado*. (É interessante notar aqui que alguns autores verificaram que crianças bilíngues têm maior facilidade de chegar a essa noção por terem desde cedo a experiência de que um objeto chama-se de determinada forma em uma língua, mas de outra forma na outra língua. A criança bilíngue assim parece adquirir mais cedo a distinção entre significador e significado, ou seja, entre o objeto e a palavra que o designa).

O período pré-operacional é também a época em que há uma verdadeira explosão linguística. Lenneberg (1967b) situa essa "explosão" entre 24 e 30 meses. A criança, que aos 2 anos possuía um vocabulário de aproximadamente 270 palavras, por volta de 3 anos já possui um vocabulário de cerca de 1.000 palavras que ela fala; e provavelmente compreende outras 2.000 ou 3.000 palavras e já forma sentenças bastante complexas.

Características do pensamento pré-operacional

1) Egocentrismo: Em seus trabalhos mais antigos, Piaget estudou extensivamente essa característica do pensamento infantil, conceitualizando-a como uma *incapacidade de se colocar do ponto de vista de outrem*. Em pequenas tarefas, tais como aquela em que a criança deve dizer como o experimentador, sentado do lado oposto da mesa, vê uma "paisagem", a criança demonstra essa incapacidade. Por exemplo, se colocamos sobre a mesa uma casa, uma árvore e uma igreja de brinquedo, arranjadas como no diagrama abaixo (fig. 1), e perguntamos à criança: "Qual dos três está mais perto de você?" a criança pré-operacional responde corretamente: árvore", porém se perguntamos: "Qual dos três, a casa, a árvore, ou a igreja, está mais perto de mim (o experimentador)?", a criança também responde: a "árvore", revelando essa incapacidade de se colocar do ponto de vista dos outros.

Verificamos também que se perguntamos a uma criança pré-operacional de uma família de dois filhos de sexo masculino: "Quantos irmãos você tem?", ela responde corretamente: "Um". Mas se prosseguimos: "E o seu irmão, quantos irmãos ele tem?" ela geralmente responde: "Nenhum", demonstrando aqui novamente a incapacidade de se colocar no lugar dos outros.

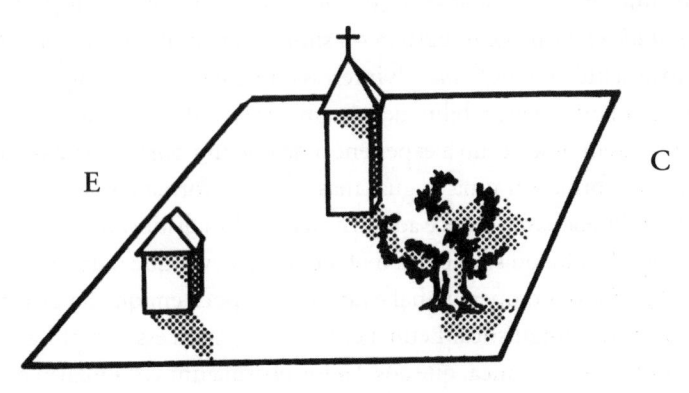

Fig. 1. Material para verificação de egocentrismo.

2) *Centralização e descentralização*: Piaget diz que a criança pré-operacional caracteriza-se por "centralização", isto é, focaliza apenas uma dimensão do estímulo (ou atributo), centralizando-se nela e sendo incapaz de levar em conta mais de uma dimensão ao mesmo tempo. Por exemplo, uma das tarefas usadas por Piaget consiste em dar à criança duas bolas de massa plástica feitas da mesma quantidade de massa. Depois, transforma-se, à vista das crianças, uma das bolas em uma forma alongada, a "linguiça", e pergunta-se à criança qual das duas, a "bola" ou a "linguiça", contém mais massa. As crianças pré-operacionais geralmente erram, dizendo que a "linguiça" contém mais massa ("porque é mais comprida") ou que a "linguiça" contém menos massa (porque é mais "fininha"), demonstrando assim a incapacidade de levar em conta os dois fatores (comprimento e largura) ao mesmo tempo. Já a criança mais velha, no período seguinte (operações concretas), resolve corretamente esse problema, e explica: "a mesma coisa, porque é mais comprida, *mas* é mais estreita". Vemos assim que a criança pré-operacional "centraliza" e, na fase de operações concretas, já é capaz de "descentralizar".

3) *Estados e transformações*: O pensamento pré-operacional é estático e rígido. A criança fixa impressões de estados momentâneos, mas não consegue juntar uma totalidade de condições sucessivas em um todo coerente e integrado em que leve em conta as transformações que unificam essas partes isoladas.

Piaget ilustra essa dificuldade da criança pré-operacional com um experimento (FLAVELL, 1963: 247), em que se vê a dificuldade da criança em reconhecer a representação gráfica dos vários estágios sucessivos da queda de uma vareta, da posição vertical para a horizontal (fig. 2).

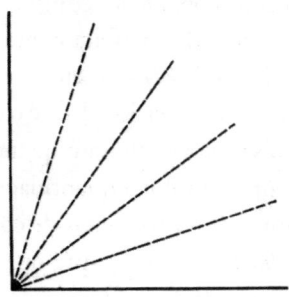

Fig. 2. Estágios sucessivos na queda de uma vareta.

Na observação diária, vemos que a criança pré-operacional tem dificuldade em reconhecer que o *vapor* que sai de uma panela de água fervendo é uma *transformação da água* que ali estava, ou que o *cubo de gelo* é a mesma água que colocamos no congelador.

4) *Desequilíbrio*: O período pré-operacional é um estágio em que há um desequilíbrio, e as acomodações predominam marcadamente sobre as assimilações. Parece que a maioria dos estímulos com que se defronta exige da criança mudanças radicais em suas maneiras de lidar com o mundo. É por isso que a criança nessa fase diz tanta coisa que nos parece diferente do pensamento adulto, ilógico ou que nos fazem mesmo achar graça.

5) *Irreversibilidade*: A característica mais distintiva do pensamento pré-operacional segundo Piaget parece ser a *irreversibilidade*. Este conceito, bastante complexo, refere-se à incapacidade da criança de entender que certos fenômenos são reversíveis, isto é, que, quando fazemos uma transformação, podemos também desfazê-la e reinstaurar o estado original. Por exemplo, se fervermos a água, podemos transformá-la em vapor; da mesma forma, esfriando-se o vapor, este volta à forma original líquida.

É esta característica de irreversibilidade que explica a dificuldade da criança pré-operacional nos problemas de "conservação" como o descrito acima (conservação de massa), no problema da "bola" e da "linguiça". Vemos que a criança mais velha, a de operações concretas, resolve o problema corretamente e explica assim frequentemente: "É a mesma quantidade, porque a gente pode amassar de novo a 'linguiça' e fazer dela outra vez uma bola e então se vê que não mudou a quantidade". Nitidamente vemos que a criança na fase de operações concretas já possui *reversibilidade*. A criança só pode compreender as noções de soma e subtração ou de multiplicação e divisão como operações complementares quando possui reversibilidade. Ela deve entender perfeitamente então que se $3 + 4 = 7$, por exemplo, então $3 = 7 - 4$, $7 = 4 + 3$, etc.

Um dos conceitos ligados à reversibilidade é o de *invariância*. Refere-se à noção de que certas coisas não se alteram quando mudamos o valor de atributos irrelevantes, por exemplo, a quantidade de massa não se altera quando mudamos a forma (nos problemas de conservação).

6) *Raciocínio transdutivo*: A criança pré-operacional usa um tipo de raciocínio que Piaget chama de "transdutivo", isto é, ela chega a conclusões partindo do *particular* e chegando ao *particular*, enquanto que o

adolescente ou o adulto usam o raciocínio *dedutivo* (do geral para o particular) ou o *indutivo* (do particular para o geral).

Vejamos um exemplo de raciocínio transdutivo em que a criança chega a conclusões logicamente incorretas. Piaget relata em uma de suas observações sobre seus filhos que Jacqueline costuma ver seu pai aquecer água para fazer a barba. Conclui que sempre que alguém aquece água, necessariamente vai fazer a barba.

Outras características:

Piaget, principalmente em seus trabalhos mais antigos, discute ainda outras estruturas típicas do pensamento pré-operacional: o *realismo*, que é uma atitude exageradamente concreta, em que, por exemplo, os sonhos, nomes, pensamentos são percebidos como entidades tangíveis; o *animismo*, atribuição de vida a seres inanimados, como a lua, o sol; o *antropomorfismo*, atribuição de características humanas a seres não humanos (animais que falam). A este respeito, perguntamo-nos se as estórias para crianças não reforçam esse tipo de pensamento na criança. Como se desenvolveriam intelectualmente crianças que não fossem expostas a estórias que contêm elementos irreais, tais como fadas, bruxas, animais falantes, etc.?

Vemos assim que o período pré-operacional é definido em termos negativos, isto é, através de tarefas que a criança ainda não resolve. É definido pela incapacidade da criança de pensar em termos de operações. Por esta razão, é praticamente impossível discutir-se o período pré-operacional sem contrastá-lo com o de operações concretas. Piaget mesmo, bem como alguns autores que escreveram sobre sua obra, ora apresentam o estágio pré-operacional como um subperíodo do estágio de operações concretas, ora como um período distinto. Assim, o leitor já pode perceber que a criança no período concreto que apresentaremos a seguir é aquela que não mais comete os tipos de erros descritos acima, próprios do período pré-operacional.

III – ESTÁGIO DE OPERAÇÕES CONCRETAS (7 a 11 anos) – Este é um período que se caracteriza por um tipo de pensamento que demonstra que a criança já possui uma organização assimilativa rica e integrada, funcionando em equilíbrio com um mecanismo de acomodação. Ela já parece ter a seu comando um sistema cognitivo coerente e integrado com o qual organiza e manipula o mundo. Nos estágios mais primitivos, como o sensório-motor e o pré-operacional, Piaget fala muito da atratividade intelectual em termos de ações, em que a criança *atua* sobre os objetos. De início, as ações são externas, por exemplo, levar o dedo à boca, e gradualmente se interiorizam dando lugar ao pensamento que para Piaget é *ação internalizada*. Por exemplo, no subestágio 6, Jacqueline já soluciona como obter uma corrente guardada numa caixa de fósforos, abrindo a caixa. Antes de fazê-lo, porém, faz movimentos de abrir e fechar a boca, como se estivesse muito concretamente pensando em aplicar o esquema de abrir e fechar ao novo problema. Quando a criança, por volta de 6 ou 7 anos em média, atinge o estágio de operações concretas, estes sistemas de ação, cada vez mais internos e móveis, reúnem-se em todos mais integrados e coerentes, com propriedades estruturais. Piaget passa a falar então, não mais de ações, mas de operações. Daí o uso dos termos "pré-operacional", "operações concretas" e "operações formais". No período pré-operacional, a criança já possui ações que servem como representações em vários graus de internalização. Elas são, porém, intuições, expressões cognitivas esporádicas e isoladas, que não constituem estruturas organizadas. As operações, portanto, são típicas da criança mais velha e do adolescente.

Uma operação é definida como qualquer ato representacional que é parte de um conjunto de atos inter-relacionados. Piaget descreve grande variedade dessas operações: operações lógicas de adição, subtração, multiplicação, divisão; correspondência de termos, classificação, operações infralógicas envolvendo quantidade, mensuração, tempo, espaço, e mesmo operações que dizem respeito a sistemas de valores e interação interpessoal. Podemos tomar como regra geral que todas as ações implicadas nos símbolos matemáticos comuns, como $+ - \times \div = < >$, pertencem ao domínio das operações intelectuais.

Piaget introduz então, a esta altura, as estruturas lógico-matemáticas, como modelos das estruturas cognitivas. Estas estruturas lógico-matemáticas são *os grupos, os reticulados* e os *agrupamentos*. Como este aspecto da teoria de Piaget tem tido bastante repercussão no campo de educação, especialmente no ensino de Matemática Moderna nas escolas de 1º grau (DIENES, 1970; AEBLI, 1958; FURTH, 1971; KOTHE, 1968), achamos importante apresentar aqui noções gerais sobre as estruturas lógico-matemáticas utilizadas por Piaget como modelos das estruturas cognitivas-típicas do período concreto.

Um grupo é uma estrutura abstrata, ou um sistema, que possui certas propriedades definitivas. Diz-se que um sistema constitui um grupo se consistir de um conjunto de elementos, e se as seguintes propriedades forem verdadeiras:

1) *Composição*: O produto que resulta da combinação de qualquer elemento, por meio de uma operação definida, é também um elemento do grupo. Assim, se A e B representam quaisquer dos elementos e "o" representa operação, temos que A o B = C, C é também um elemento do grupo.

2) *Associatividade*: (A o B) o C = A o (B o C). Isto é, combinar C com o resultado de combinar B com A leva ao mesmo resultado que combinar A com o resultado da combinação de B com C.

3) *Identidade*: Um conjunto de elementos contém um e apenas um elemento, chamado o elemento identidade, que, combinado com qualquer outro elemento do grupo, o deixa inalterado. Se arbitrariamente chamamos o elemento identidade de X, temos A o X = A, B o X = B, etc.

4) *Reversibilidade*: Para cada elemento do grupo há um e apenas um elemento, chamado *inverso*, que, quando combinado com aquele elemento, dá o elemento *identidade*. Se representamos o inverso por A', temos: A o A' = X, B o B' = X, etc.

Um exemplo de grupo seria o conjunto de números inteiros positivos e negativos, sob a operação de adição. Por exemplo, qualquer número inteiro somado a outro número inteiro dá outro número que também será inteiro (composição); é verdadeiro que 2 + (3 + 4) = (2 + 3) + 4 (associatividade); há apenas um elemento identidade, o *zero*, de forma que 0 + 2 = 2, 0 + 3 = 3, etc. (identidade); e há apenas um inverso para cada número: 2 + (-2) = 0; 3 + (-3) = 0 (*reversibilidade*).

O *agrupamento* é uma estrutura criada por Piaget e seus colaboradores. É basicamente uma estrutura híbrida, oriunda de duas estruturas bem conhecidas dos lógicos e matemáticos: o grupo, descrito acima, e o reticulado.

O reticulado é mais fácil de se compreender do que o grupo, pois está mais obviamente associado com as atividades mentais da criança, uma vez que se refere à classificação. A criança de 7 a 11 anos se preocupa muito em classificar objetos do mundo que a cerca. Uma criança de 3 anos pode conhecer bem a palavra "cachorros". Somente mais tarde porém irá aprender as palavras *poodle*, "perdigueiro" e "dálmata", e entender que são subdivisões ou subconjuntos da classe de cachorros. Mais tarde ainda, ela terá que aprender que cachorros, gatos, cavalos, porcos e vacas são todos mamíferos, e que pássaros e gafanhotos, embora sejam animais, não são mamíferos. Uma classificação de animais que comporte todo esse conhecimento teria uma estrutura assim:

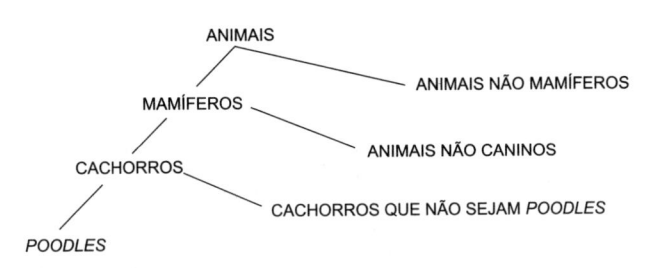

Fig. 3ss. Elementos de reticulados e semirreticulados.

Nós temos aqui elementos de um reticulado que é definido por possuir um limite superior mínimo e um limite inferior máximo, para cada par de classes. Ou seja, para cada par de classes há sempre uma outra classe superior que inclui ambas as classes. Por exemplo, se tomamos o par: "não mamíferos" e *poodles*, há a classe de "animais" que inclui ambas. Para o par "cachorros" e "cachorros que não são *poodles* há a classe de "mamíferos" que inclui ambos. A classe de mamíferos, nesse último exemplo, é o limite superior mínimo.

O exemplo acima também poderia ser representado da seguinte forma:

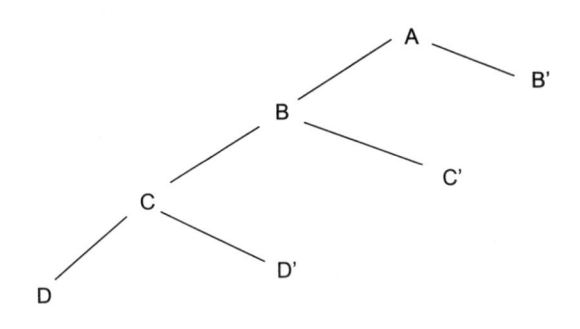

Descrevemos C como o limite superior mínimo de D e D' porque C é a menor classe que inclui D e D'. Da mesma maneira, B é o limite superior mínimo de C e C'; e A é o limite superior mínimo de B e B'. Com relação a nosso exemplo, podemos dizer que *poodles* e "cachorros que não *poodles*" têm como limite superior mínimo a classe de "cachorros". Da mesma forma, "mamíferos" é o limite superior mínimo de "cachorros" e "animais não caninos".

Agora, vamos perguntar-nos que criaturas são ao mesmo tempo *poodles* e "cachorros"? A resposta, é claro, é *poodles*. Podemos dizer então que *poodles* é o limite inferior máximo das classes *poodles* e "cachorros". Ou na linguagem simbólica, B é o limite inferior máximo de A e B; C é o limite inferior máximo de B e C; e D é o limite inferior máximo de C e D.

Podemos então definir o reticulado como uma estrutura cujos elementos estão relacionados de tal forma que quaisquer dois deles têm um limite inferior máximo e um limite superior mínimo.

No entanto, de acordo com Boyle (1969), no sentido estrito, o exemplo acima é apenas um semirreticulado, isto é, uma estrutura que requer um limite superior mínimo, mas não um limite inferior máximo. Vejamos, pois, o exemplo seguinte:

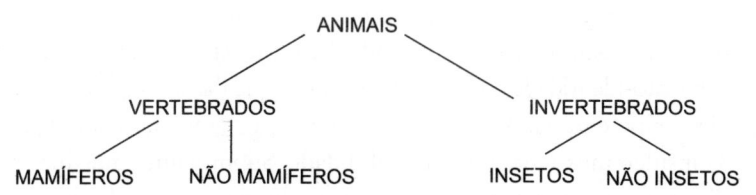

Este exemplo pode ser representado formalmente assim:

Neste esquema, do qual o primeiro exemplo faz parte, cada dois elementos têm um limite superior mínimo. Por exemplo, o limite superior mínimo de G e H' é E (a menor classe que compreender mamíferos e insetos é "animais": ou poder-se-ia dizer que animais é a menor classe que compreende tanto os mamíferos quanto os insetos). Mas não é o caso de cada dois elementos terem um limite inferior máximo. Por exemplo, não há limite inferior máximo para F e H porque não há nenhuma criatura que seja ao mesmo tempo vertebrado e inseto. Os reticulados como tais só existem no campo do simbolismo abstrato, por exemplo nas tabelas de verdade da lógica e só aparecem, portanto, no período de operações formais. O período de operações concretas caracteriza-se portanto por semirreticulados.

Examinemos novamente a noção de limite superior mínimo com relação a nosso primeiro exemplo. Suponhamos que alguém fizesse uma lista de todos os diferentes tipos de cachorro no mundo e nos pedisse para acrescentar a essa classe a de *poodles*. Nós veríamos imediatamente que essa operação seria desnecessária e ilegítima, porque a classe de "cachorros" (C, em nosso exemplo) inclui a classe de *poodles* (D), bem como a de cachorros que não são *poodles* (D), portanto, C + D = C.

Nós obteríamos um resultado semelhante somando *poodles* e "mamíferos" (B + D = B), cachorros e animais (A + C = A) e assim por diante. Assim, nós nos damos conta de que cada classe está representando o papel de um elemento-identidade com relação às classes que lhe são supraordenadas. Este é um tipo especial de identidade que Piaget chama de "reabsorção".

Consideremos agora outra possibilidade. Suponhamos que duas pessoas listassem independentemente todos os diferentes tipos de chachorro no mundo. Se nós tivéssemos essas duas listas para obter um total, veríamos novamente que a tarefa não teria sentido, pois qualquer que fosse o número de listas, o número total de tipos de cachorro permaneceria o mesmo. Ou seja, C + C = C. Assim, toda classe representa o papel de elemento identidade com relação a si mesma. Isto é outro tipo de identidade que Piaget chama de *tautologia*. A tautologia é nitidamente diferente da interação que ocorre nos grupos. Em um grupo, C + C seria igual a 2 C.

Segundo Piaget, os nove agrupamentos que servem de modelo ao pensamento concreto são apenas semirreticulados. Vejamos quais são essas estruturas ou agrupamentos:

A. *Agrupamento preliminar de igualdade*: É a estrutura que permite à criança a compreensão de que se A = B e B = C, então A = C.

Agrupamento I – Adição primária de classes: Este é o agrupamento mais estudado por Piaget, e já abordado acima, quando definimos o semirreticulado. É o necessário para que a criança execute tarefas de classificação, do tipo das classificações usadas em Biologia, Geografia, Política, etc., como por exemplo na fig. 4.

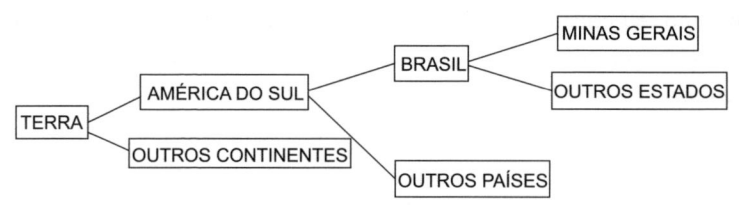

Fig. 4. Exemplo de aplicação de Adição primária de classes.

Estas são tarefas em que vemos a dificuldade da criança pré-operacional em solucioná-las.

Podemos representar esse agrupamento de maneira simbólica da seguinte maneira:

A + A' = B

B + B' = C

C + C' = D, e assim por diante, até chegarmos à classe mais ampla.

Agrupamento II – Adição secundária de classes: Enquanto que o agrupamento I lida com as relações de inclusão de uma classe em outra classe superordenada que a contém, o agrupamento II lida com relações entre divisões alternativas da mesma classe, isto é, podemos dividir a classe de animais mamíferos em cachorros e não cachorros ou em gatos e não gatos, e a classe maior não se altera. A criança deve entender que $A_1 + A'_1 = B$ (cachorros + não cachorros = mamíferos e $A_2 + A'_2 = B$ (gatos + não gatos = mamíferos).

Há ainda outras relações implícitas que a criança deve entender, por exemplo, a classe de gatos é incluída na classe de "não cachorros" (A'1). Da mesma forma, a classe de cachorros está incluída na classe de "não gatos" (A'_2). Há mais "não cachorros" do que gatos, porque todos os gatos são "não cachorros" e há outros animais que não são cachorros nem gatos. Da mesma forma, há mais não gatos do que cachorros.

Agrupamento III – Multiplicação biunívoca de classes: Os dois primeiros agrupamentos referem-se à adição de classes; o terceiro e o quarto referem-se à multiplicação de classes.

A multiplicação de classes ocorre quando os elementos de um conjunto são classificados tendo-se duas propriedades ou atributos como critério, por exemplo, a cor e a forma. Assim é que a criança deve entender classificações de objetos como na figura abaixo (fig. 5).

	Vermelho (A)	Não vermelho (A')
Quadrado (B)	Vermelho e quadrado (AB)	Não vermelho e quadrado (A'B)
Não quadrado (B')	Vermelho e não quadrado (AB')	Não vermelho e não quadrado (A'B')

Fig. 5. Exemplo de multiplicação biunívoca de classes
(adaptado de BALDWIN, 1967: 255).

(Para o leitor familiarizado com a Estatística Inferencial aplicada à Psicologia e à Educação, talvez facilite lembrar que este é o tipo de tabela que aparece nos testes estatísticos de associação para variáveis dicotômicas, como o teste de qui quadrado.)

Vemos também que essa estrutura está subjacente ao comportamento cognitivo da criança que acerta um problema de conservação e explica que "a linguiça" é mais estreita do que a "bola", mas em compensação é mais longa. Ela possui a noção de que podemos classificar os objetos levando em conta os dois atributos, comprimento e largura, como vemos na fig. 6, e que a classe AB conteria mais massa que todas as outras, que a classe A'B' conteria menos massa que todas as outras e que as classes A'B e AB' conteriam a mesma quantidade de massa, de valor intermediário às classes AB e A'B'.

	CURTOS	LONGOS
Estreitos	Curtos e estreitos	Longos e estreitos
Largos	Largos e curtos	Largos e longos

Fig. 6. Aplicação do Agrupamento 3 a problemas de conservação de massa.

Agrupamento IV – Multiplicação counívoca de classes: A diferença entre os agrupamentos III e IV consiste em que no III a multiplicação vermelho *versus* não vermelho por quadrado *versus* não quadrado leva a uma divisão contendo todas as quatro classes, isto é, encontramos objetos vermelhos e quadrados, vermelhos e não quadrados, não vermelhos e quadrados e não vermelhos e não quadrados.

Há, porém, uma variedade de casos em que a multiplicação de dois atributos não resulta em todas as quatro classes. Por exemplo, se multiplicamos gatos *versus* não gatos por cachorros *versus* não cachorros, uma das quatro classes é vazia, pois não há animais que sejam ao mesmo tempo gato e cachorro. Segundo Piaget, este agrupamento é uma necessidade lógica no conjunto de agrupamentos e completa o agrupamento III.

Agrupamento V – Adição de relações assimétricas: Refere-se à compreensão da noção de transitividade:
Se A > B e B > C, então A > C.
É importante na formação de conceitos numéricos, em problemas de seriação (em que a criança deve ordenar objetos do menor para o maior e vice-versa), na compreensão de relações de parentesco, por exemplo, filhos são mais jovens que seus pais, pais são mais novos que os avós, etc.

Agrupamento VI – Adição de relações simétricas: Representa uma necessidade lógica do agrupamento V e permite à criança a solução de problemas do tipo: "Se A é irmão de B e B é irmão de C, então A é irmão de C".

Agrupamento VII – Multiplicação biunívoca de relações: Este agrupamento é importante porque descreve os tipos de relações que encontramos quando ordenamos objetos assimetricamente, levando em conta dois atributos ao mesmo tempo. Por exemplo, a figura abaixo ilustra este tipo de relação em que os objetos são ordenados do maior para o menor, levando-se em conta tanto a altura como a largura (fig. 7).

Fig. 7. Multiplicação biunívoca de relações (adaptada de BALDWIN, 1967: 261).

Piaget testa essa habilidade na criança com o problema das bonecas e suas sombrinhas, em que são dadas bonecas de várias alturas e sombrinhas (ou varetas), de várias alturas, porém variando menos entre si do que as bonecas. A criança deve pôr as bonecas em ordem de altura e deve dar a cada boneca a sua sombrinha.

Agrupamento VIII – Multiplicação counívoca de relações: Este agrupamento VIII é uma extensão lógica do agrupamento VII, assim como o agrupamento IV é uma extensão lógica do III. Refere-se à multiplicação de séries assimétricas e permite a resolução de problemas do tipo: "Se A é pai de B e B é irmão de C, então A é pai de C". Outro exemplo: "Se A é o pai de B e B é primo de C, então A é tio de C".

As estruturas lógico-matemáticas descritas acima estão subjacentes à solução de problemas de que são capazes as crianças da fase de operações concretas.

Alguns desses problemas já foram mencionados de passagem para ilustrar conceitos da teoria de Piaget ou para ilustrar os agrupamentos. Vejamos agora várias outras tarefas utilizadas por Piaget e seus colaboradores, bem como por grande número de investigadores que têm realizado pesquisas independentes, testando hipóteses derivadas da teoria de Piaget.

Conservação de quantidades descontínuas, como por exemplo conservação de número. Mostramos à criança duas séries de objetos, como na figura abaixo (fig. 8), e a criança facilmente concorda que as duas fileiras são iguais,

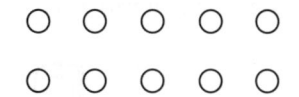

Fig. 8. Arranjo para problemas de conservação de número (1ª etapa).

ou contêm o mesmo número de objetos. No entanto, se alteramos o arranjo espacial para a forma abaixo (fig. 9), a criança pré-operacional não con-

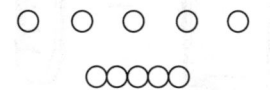

Fig. 9. Arranjo para problemas de conservação de número (2ª etapa).

serva o número, diz que agora a fileira superior contém mais objetos, deixando-se dominar pela percepção intuitiva.

Conservação de quantidades contínuas, como os problemas de conservação de massa, de peso, de quantidades líquidas. Estes são os problemas mais conhecidos dentre os utilizados por Piaget. Já descrevemos anteriormente o problema de conservação de quantidade ou massa, no caso da "bola" de massa plástica que é transformada em "linguiça".

O mesmo problema pode ser estudado com relação a quantidades líquidas, mostrando-se à criança dois copos de formato igual, cheios de água até o mesmo nível, e a criança facilmente concorda que ambos contêm a mesma quantidade de água. Pode-se tornar o problema mais atraente para a criança formulando o problema como: "Este é o seu copo de limonada e este é o meu. Quem tem mais limonada?" Despeja-se então o conteúdo de um dos copos, à vista da criança, para um copo de formato mais alto e mais estreito do que os dois copos iniciais e pergunta-se: "E agora, temos a mesma quantidade, você tem mais, ou eu tenho mais?" A criança pré-operacional costuma errar, afirmando que um dos dois tem mais, seja o copo alto estreito ("porque é mais alto") ou o copo largo e baixo ("porque é mais largo"). Estes erros ilustram as estruturas de centralização e irreversibilidade. A criança ainda não conserva as invariâncias (fig. 10).

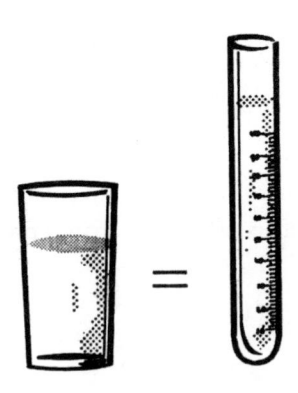

Fig. 10. Conservação de líquidos.

O problema de conservação de peso é estudado de maneira análoga à de conservação de massa, usando-se geralmente a "bola" e a "linguiça" de massa plástica e perguntando-se qual dos dois é mais pesado.

Problemas de seriação: Um tipo de problema de seriação já foi descrito anteriormente para ilustrar o agrupamento VII, que foi o problema de colocar as bonecas em ordem, da mais alta para a mais baixa, e encontrar para cada boneca a sua sombrinha. Em linhas gerais, qualquer problema em que se pede à criança para ordenar objetos, por exemplo, varinhas de madeira, é um problema de seriação. Crianças pré-operacionais já acertam simples problemas de seriação, mas só as concretas acertam os problemas de seriação interpolada, isto é, aqueles em que, depois de ordenar uma série de varinhas, a criança deve encaixar ou interpolar outro conjunto de varinhas cuja altura também varia, com valores intermediários aos do outro conjunto. Também só na fase de operações concretas a criança soluciona corretamente o problema das bonecas e suas sombrinhas. A transitividade é a estrutura cognitiva necessária à solução desses problemas.

Estimativa da linha de nível de líquidos: A tarefa consiste em pedir à criança que complete num desenho como estaria a linha de nível de líquidos, quando inclinamos a garrafa em vários ângulos. A figura abaixo mostra a tarefa, a solução dada tipicamente por crianças pré-operacionais e

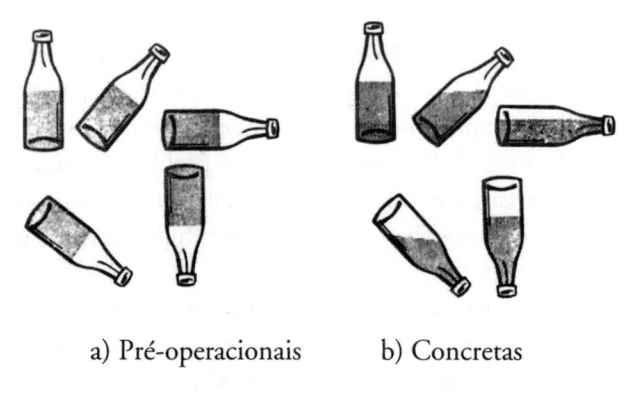

a) Pré-operacionais   b) Concretas

Fig. 11. Conservação da linha horizontal de nível dos líquidos.

a dada por crianças concretas. Vemos que a criança concreta conserva a horizontalidade, baseando-se mais em princípios lógicos do que em fatores perceptivos intuitivos.

Problemas de inclusão de classe: Por não ter ainda as estruturas descritas no agrupamento I, principalmente, a criança pré-operacional não consegue resolver problemas de inclusão de classe. Ela não compreende noções como as de que uma subclasse nunca pode conter mais elementos do que a classe maior a que ela pertence.

Um dos problemas que podemos dar à criança é o das continhas de madeira, podendo ser, por exemplo, três vermelhas e sete azuis. Se perguntamos à criança pré-operacional se há mais continhas azuis ou vermelhas, ela acerta, pois está lidando com classes do mesmo nível de inclusão. Porém, se lidamos com comparação de classes com subclasses, perguntando por exemplo: "Há mais continhas de madeira ou continhas vermelhas?", a criança pré-operacional não sabe responder corretamente. Na vida escolar, notamos, como exemplo da ausência dessa estrutura, a dificuldade que as crianças pré-operacionais têm em compreender relações entre país, estado, cidade.

Estes são apenas alguns exemplos do tipo de problema idealizado por Piaget para verificar se a criança já atingiu a fase de operações concretas. O leitor interessado poderá encontrar inúmeros outros exemplos na obra original de Piaget.

IV – ESTÁGIO DE OPERAÇÕES FORMAIS (12 anos em diante) – No estágio anterior, de operações concretas, a criança é capaz de entender relações que lhe são apresentadas concretamente, ao passo que no estágio de operações formais ela já é capaz de resolver problemas a respeito de todas as relações possíveis entre eventos. O adolescente, nessa fase, já é capaz de pensar em termos abstratos de formular hipóteses e testá-las sistematicamente.

Ele é capaz de pensar em termos de possibilidades. Isto se reflete na compreensão de noções científicas, e para Piaget o adolescente quando atinge o estágio de operações formais já tem todos os elementos necessários para utilizar o método experimental da ciência. Reflete-se também nas preocupações do adolescente com problemas abstratos de valores, ideologias, preocupações com o futuro.

Vejamos agora as estruturas lógico-matemáticas que Piaget propõe como modelo do pensamento formal. Vimos anteriormente que os agrupamentos do estágio de operações concretas permitem à criança a multiplicação de características de objetos, chegando a uma matriz do tipo apresentado na figura 12.

No período de operações formais, o indivíduo já é capaz de pensar em termos de tal matriz, tendo como elementos das classes não mais objetos concretos, porém proposições verbais; por exemplo, uma proposição poderia ser: "Um cão é maior que um gato". Isto é verdadeiro em alguns casos, mas não em outros. Assim, a classe A representaria casos em que a afirmação é verdadeira e a classe A' representaria casos em que a afirmação: "Um cão é maior que um gato" é falsa. Quando estamos lidando com proposições verbais, é usual chamarmos de p a afirmação verdadeira

	OBJETOS VERMELHOS (A)	OBJETOS NÃO VERMELHOS (A')
Objetos redondos (B)	AB	A'B
Objetos não redondos (B')	AB'	A'B'

Fig. 12. Multiplicação biunívoca de classes (adaptado de BALDWIN, 1967: 255).

e $\bar{p}$ a afirmação falsa. Da mesma forma, q seria outra afirmação que pode ser às vezes verdadeira (q) e às vezes falsa ($\bar{q}$), por exemplo: "Um cão tem o pelo mais curto que um gato". Multiplicando-se as proposições como o fizemos para os objetos vermelhos e não vermelhos, redondos e não redondos, podemos obter uma "tabela da verdade" para p e q, da seguinte forma (fig. 13):

	p	$\bar{p}$
q	+	+
$\bar{q}$	+	+

Fig. 13. Tabela da verdade para casos em que ocorrem as quatro combinações (pq. $\bar{p}\,\bar{q}$, $\bar{p}q$ e p$\bar{q}$).

Os sinais de + indicam que há casos nas quatro classes: podemos encontrar alguns cães que sejam maiores do que alguns gatos e tenham o pelo mais curto do que o de alguns gatos (pq); podemos encontrar alguns cães que sejam maiores do que alguns gatos e não tenham o pelo mais curto (p̄q); podemos encontrar cães que não sejam maiores do que alguns gatos e tenham o pelo mais curto do que alguns gatos (pq̄) e podemos encontrar cães que não sejam maiores do que alguns gatos e não tenham o pelo mais curto do que alguns gatos (p̄q̄).

Há porém outras formas que uma "tabela da verdade" pode tomar. Por exemplo, se a afirmação p é sempre verdadeira e q nunca é verdadeira, a tabela tomará a forma (fig. 14):

	p	p̄
q	0	0
q̄	+	0

Fig. 14. Tabela da verdade para casos em que p é sempre verdadeiro
e q nunca é verdadeiro.

Os zeros indicam que não há casos da combinação considerada. O sinal + indica que há casos daquela combinação.

Outra possibilidade ainda é a de p ser às vezes verdadeiro, q ser às vezes verdadeiro, um ou o outro ser sempre verdadeiro, mas nunca os dois poderem ser verdadeiros ao mesmo tempo (fig. 15):

	p	p̄
q	0	+
q̄	+	0

Fig. 15. Tabela da verdade para casos em que ocorre pq e p̄ q̄ apenas.

Há 16 possibilidades diferentes, chamadas as 16 combinações binárias, que podem ser obtidas em "tabelas da verdade" e sumarizam as relações lógicas. Estas 16 combinações, apresentadas na figura 16, formam um reticulado completo, pois para cada par de elementos há um limite superior mínimo e um limite inferior máximo.

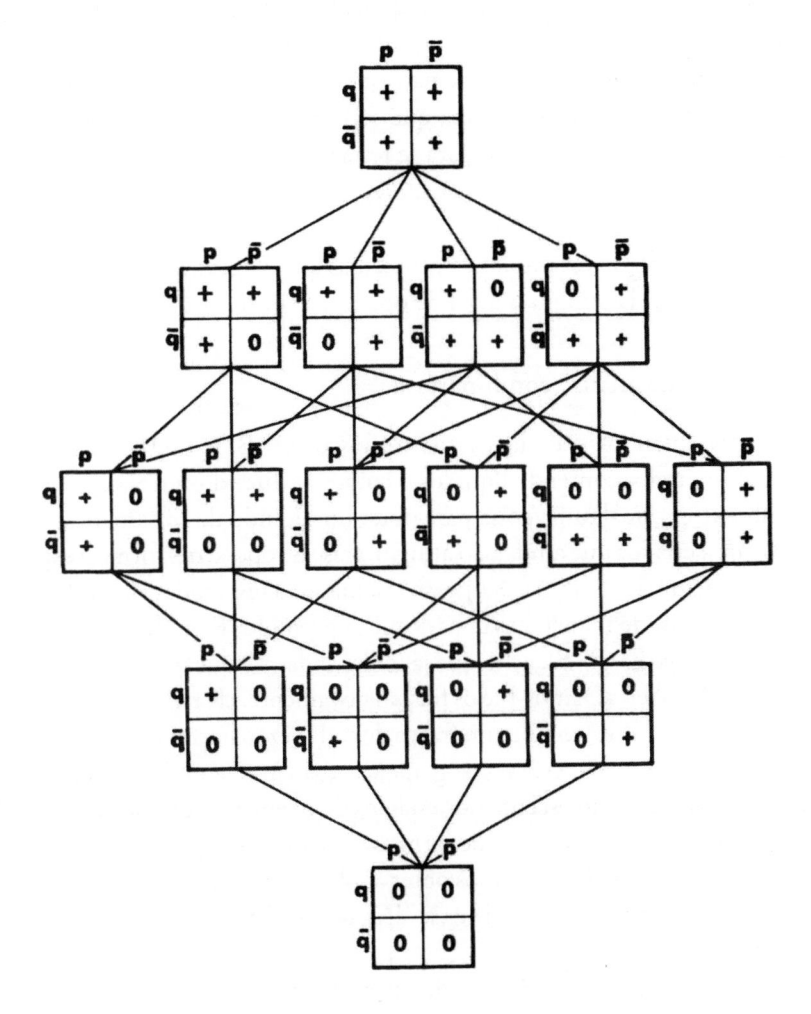

Fig. 16. Tabela da verdade para as 16 combinações binárias
(adaptado de BALDWIN, 1967: 278).

A importância dessa estrutura é que ela permite o teste da validade de qualquer relação entre duas afirmações. Suponhamos, por exemplo, a hipótese: Quando as bananas estão amarelas elas estão maduras. Aqui p afirma: "as bananas estão amarelas" e q afirma: "as bananas estão maduras". A hipótese é do tipo p e implica q. Devemos encontrar casos de bananas que são amarelas e maduras (pq), de bananas que não estão amarelas, mas estão maduras ($\bar{p}$q), por exemplo, as pretas; podemos encontrar bananas que não estão amarelas e não estão maduras ($\bar{p}\bar{q}$), mas não devemos encontrar nenhuma banana que seja amarela e não esteja madura (p$\bar{q}$), pois este é o caso crítico para se testar a validade da hipótese.

Piaget considera então que o adolescente neste estágio já é capaz de ter este tipo de raciocínio formal.

Vejamos alguns exemplos de problemas que Piaget utiliza para verificar se a criança já atingiu o nível de operações formais.

Problemas de análise combinatória

Apresentando-se à criança quatro frascos (A, B, C e D) e mais um quinto (g), todos contendo líquidos incolores, e dizendo-se a ela que deve combinar g com alguma coisa para obter um líquido de cor amarela, vemos que a criança que ainda não atingiu a fase de operações formais experimenta algumas combinações possíveis, mas não testa todas as combinações possíveis, de maneira sistemática. Por exemplo, Ren (7;1) tenta 4 + g, 2 + g, 1 + ge3 + g. "Eu acho que já tenho todas. O que mais eu poderia ter feito? Não sei". Damos-lhe os frascos novamente, ele repete as mesmas combinações. "Você tomou um frasco de cada vez, o que mais poderia fazer". Tentou 1 + 4 + ge2 + 3 + g apenas... (PIAGET & INHELDER, 1936[a]: 111). Já o adolescente nos estágios de operações formais tenta todas as combinações possíveis, de forma sistemática: 1 + g, 2 + g, 4 + g, 1 + 2 + g, 1 + 3 = g, etc. Mesmo após obter a solução correta (o menino geralmente continua testando para ver se além dessa combinação há outra que também dê a cor amarela).

Vemos também que na fase de operações formais os adolescentes já são capazes de testar sistematicamente hipóteses, como no problema de flexibilidade em que deve descobrir qual o fator que é relevante para fazer uma vareta tocar a água, havendo varetas de dois comprimentos, de vários feitios do corte transversal, de vários materiais, e sobre as quais se podem colocar vários pesos diferentes. O adolescente já tem o tipo de pensamento necessário ao experimentador científico: ele varia uma condição, por exemplo, o comprimento da vareta, mantendo todas as outras condições constantes, isto é, compara o que acontece quando usa uma vareta longa e uma curta, sendo ambas feitas do mesmo material, tendo a mesma forma, e com o mesmo peso colocado sobre elas. Se não encontrar diferença conclui que o fator comprimento seria irrelevante e passaria a manipular outra variável, sempre variando apenas um atributo de cada vez e mantendo os outros constantes, até solucionar o problema.

Outro tipo de problema que só é solucionado com explicação corretamente verbalizada, na fase de operações formais, é o de conservação de volume. Mergulha-se uma bola de massa plástica em um copo de água, observa-se a subida do nível de água e pergunta-se quanto subirá o nível de água de outro copo se transformarmos a bola em linguiça, por exemplo, e a mergulharmos.

Podemos ver ainda um tipo de problema que bem explica por que este período é chamado de operações formais. Dando-se à criança uma frase do tipo:

"Fico muito contente por não gostar de cebolas, pois se eu gostasse delas, estaria sempre comendo cebolas e eu detesto coisas desagradáveis", e perguntando-se o que há de errado, vemos que a criança na fase de operações concretas fica presa ao conteúdo concreto, respondendo, por exemplo, "cebola é ruim; é errado não gostar de cebola, etc.". O adolescente, porém, já responde à forma e não ao conteúdo, focalizando as contradições entre "se eu gostasse de cebolas" e "cebolas são ruins" (PHILLIPS, 1970).

Assim como o pensamento formal tem estrutura de reticulado, ele tem também a estrutura de um grupo completo e não apenas de agrupamento, como os do período de operações concretas. Piaget chama este grupo de um grupo quaternário, ou o grupo INRC, que é fundamental à resolução de problemas como os de equilíbrio, bem como problemas de lógica abstrata. O grupo INRC implica que, dada uma transformação qualquer, podemos desfazê-la através da negação (N) ou compensá-la, através de uma recíproca (R). Por exemplo, se alteramos o equilíbrio de uma balança de pratos, adicionando um peso, o equilíbrio poderá ser restaurado retirando-se este peso (negação). Podemos compensar por meio de adição de um peso igual no outro prato da balança, ou ainda mudando a distância do peso em relação ao fulcro. Tanto a adição de um peso equivalente do outro lado, como o afastamento em relação ao fulcro são maneiras de se restaurar o equilíbrio que não desfazem a operação que alterou o equilíbrio diretamente como na negação, mas apenas a compensam. Este é o caso da recíproca (R).

Temos também que a negação da recíproca equivale a voltar à operação que perturbou o equilíbrio, o que chamamos de correlativa (C).

Há ainda a operação de identidade, que não altera a situação: I X N = N, I X R = R.

Podemos definir mais formalmente I, N, R e C, da seguinte forma:

I é a operação que não altera nada.

N é a operação que altera tudo nas proposições, trocando as afirmações por negações e trocando os sinais de conjunção por disjunção ou vice-versa. N de p.q = $\bar{p}$ v $\bar{q}$.

A recíproca altera as afirmações e negações, mas não altera os sinais de conjunção ou disjunção. R (p.q.) = $\bar{p}.\bar{q}$.

A correlativa altera os sinais, mas não altera as afirmações e negações. C (p.q.) = p v q.

Conjunção (.) significa que p e q são ambos verdadeiros.

Disjunção (v) significa que p é verdadeiro, ou q é verdadeiro, ou ambos são verdadeiros.

Pode-se demonstrar que as propriedades dos grupos (identidade, associatividade, reversibilidade e composição) são verdadeiras no grupo INRC, de forma que este representa um grupo completo:

Composição: O produto de duas ou três operações sempre leva a um resultado que é um dos quatro elementos do grupo, por exemplo: NRC = I.

N (p v q) = $\bar{p}$. $\bar{q}$

R ($\bar{p}$. $\bar{q}$) = p. q.

C (p . q) = p v q, mais I (p v q) = p v q

NRC = I

Associatividade: N (RC) = (NR) C

Identidade: IN = N

Reversibilidade: NN = I, RR = I.

Pesquisas de outros investigadores sobre aspectos da teoria de Piaget

Pesquisadores nos Estados Unidos e em outros países têm replicado os estudos de Piaget e seus colaboradores. Alguns desses estudos têm usado delineamentos de pesquisa que incluem testes de hipótese, agrupamentos aleatórios de sujeitos e avaliações estatísticas. De maneira geral, podemos dizer que a maioria desses estudos confirma os resultados de Piaget, com pequenas ressalvas. Vejamos alguns exemplos:

Estudos de treinamento: Mehler e Bever (1967) examinaram a conservação de número em mais de 200 crianças, cuja idade variava entre 2 anos e 4 meses (2;4) e 4;7. Mehler e Bever subdividiram os sujeitos em sete grupos de idade, o mais novo de 2;4 a 2;7 e o mais velho de 4;4 a 4;7. Quando lhes foi perguntado qual de duas fileiras continha mais bolinhas de massa plástica, o grupo mais novo, de 22 sujeitos, teve um desempenho de 100% de respostas corretas, apesar de a fileira com menos bolinhas ser mais longa. Nesta parte do experimento o desempenho piorou até 4 anos de idade, quando apenas menos de 20% dos sujeitos responderam corretamente. Os grupos mais velhos, de 4;0 a 4;4 e 4;4 a 4;7, melhoraram o desempenho para 70% de acertos.

Quando se substituíram as bolinhas de massa por balas e as crianças foram instruídas a escolher a fileira que queriam comer, o grupo mais jovem decresceu para 80% de acertos, os de 4;0 tiveram 60% de acerto e o grupo mais velho, 90%.

Nos trabalhos de Piaget supôs-se que crianças com menos de 4 anos de idade não possuem a noção de conservação de número, uma vez que as de 4 anos não a demonstram. Esta pesquisa, porém, sugere o perigo de se generalizar resultados para outros grupos de idade que não os testados (mesmo se se tratar de generalizar para grupos mais novos). Mostra também a complexidade das interações entre idade, motivação e instruções dadas aos sujeitos. Wohlwill e Lowe (1962), em um estudo experimental, testaram três procedimentos que visavam a aceleração da aquisição de conservação de número. Setenta e duas crianças em um jardim de infância foram divididas em quatro grupos, de 18 sujeitos cada um.

Um grupo recebeu prática repetida em contar conjuntos de objetos antes e depois de serem rearranjados em fileiras mais longas ou mais curtas. A finalidade era ensinar que o arranjo espacial era irrelevante ao número de objetos.

O segundo grupo recebeu prática em contar número de peças antes e depois que algumas peças fossem somadas ou subtraídas, a fim de ensinar que, se o número varia quando se somam ou se subtraem peças, logicamente não variará quando nem somamos nem subtraímos peças.

O terceiro grupo recebeu prática em manipular as peças do mesmo grupo, formando pilhas frouxas ou apertadas, a fim de aprender que podia usar o mesmo número de elementos para formar uma fileira curta ou longa.

O quarto grupo foi um grupo de controle que não recebeu treinamento algum.

Todos os grupos receberam pré-testes verbais e não verbais. Os resultados indicaram que todos os quatro grupos melhoraram nos testes não verbais, embora não houvesse diferenças significantes entre quaisquer dos grupos. Não houve melhora em nenhum grupo nos testes verbais. A interpretação desses resultados é difícil; porém vem substanciar a ideia de Piaget de que a criança poderá resolver esse tipo de problema de maneira concreta, mas não no plano verbal abstrato. Smedslund, da Universidade de Oslo, realizou vários experimentos sobre a aprendizagem de conservação de quantidades. No primeiro experimento (1961), Smedslund estudou 48 crianças entre 5 e 7 anos de idade, que foram submetidas a pré-teste e pós-teste de conservação de peso. Um grupo experimental recebeu treinamento, da seguinte forma: a criança predizia se o peso de uma bola de massa plástica transformada em linguiça se alteraria e depois pesava realmente numa balança para testar sua predição. Smedslund considerava que isto seria uma "prática reforçada", que poderia facilitar a aquisição de conservação. O segundo grupo teve treinamento de outro tipo: verificando na balança os efeitos de tirar ou botar pequenas partes de massa em uma das duas bolas de massa. A finalidade era ver se exercitar um esquema relacionado (adição e subtração) facilitaria a aquisição de conservação de peso. O terceiro grupo não teve nenhum treinamento. Os resultados foram essencialmente negativos: os três grupos melhoraram um pouco, mas não houve diferenças significantes entre eles. Em outro experimento, ainda mais original, Smedslund (1961) estudou a extinção de conservação de peso. A lógica era que se a conservação de peso fosse um comportamento aprendido através do reforço ou prática reforçada (segundo a teoria behaviorista), deveria também ser passível de extinção. Porém, de acordo com Piaget, a conservação adquirida através de treinamento precoce seria superficial e não duradoura, dependente de "informações empíricas", mas não seria uma necessidade lógica, ao passo que o conceito de conservação genuíno é uma necessidade lógica e não se extingue diante de pistas empíricas. Smedslund utilizou dois grupos de sujeitos, de 5 a 7 anos, sendo que um grupo (N = 13) revelou possuir o conceito de conservação no pré-teste, enquanto que o outro grupo (N = 13) não o dominava ainda. O segundo grupo recebeu um treinamento de "prática reforçada" através de demonstrações na balança e assim num pós-teste revelaram, após duas sessões de treinamento, 100% de respostas corretas. Os dois grupos foram então submetidos a uma modificação do treinamento: uma das bolas foi modificada e a criança testava sua predição de que o peso não se alteraria na balança. Acontece, porém, que a este ponto o experimentador, sem a criança ver, tirava um pedacinho de massa de uma das bolas, de forma que, ao serem pesadas, haveria de fato alteração no peso. Todas as crianças do grupo "treinado" em conservação não manifestaram surpresa quanto aos resultados e perderam (extinguiram) a noção de conservação, revertendo ao tipo de pensamento pré-operacional e aos argumentos errôneos baseados na percepção intuitiva dos objetos. Porém, 6 dos 13 que possuíam a noção de conservação já no pré-teste resistiram à extinção do conceito.

Eles tipicamente argumentavam que devia estar faltando um pedaço de massa ("deve ter caído no chão", ou "o experimentador tirou", etc.).

Smedslund conclui que, quando o conceito de conservação é adquirido por meio de treinamento empírico, ele também desaparece ou se extingue facilmente diante de informações empíricas; porém, quando ele é adquirido no devido tempo, já possuindo a criança a estrutura lógica subjacente, o conceito é uma necessidade lógica e não se extingue mesmo diante de informações empíricas conflitivas.

Beilin e Franklin (1961) conduziram um experimento com crianças de 1º e 3º anos primários, em que as crianças foram ensinadas a aplicar os princípios de conservação a áreas, como no problema dos "prados", em que se pergunta à criança onde há mais grama, na situação em que as várias casas são colocadas juntas lado a lado, ou quando estão dispersas, como na figura 17.

O resultado mais importante desse experimento foi que o treinamento teve bastante efeito com as crianças de 3º ano, mas as crianças de 1º ano praticamente não lucraram com o treinamento, o que confirma a ideia de Piaget, de que o treinamento muito antes de a criança atingir a maturação das estruturas cognitivas necessárias à solução de um tipo de problema não tem grande efeito.

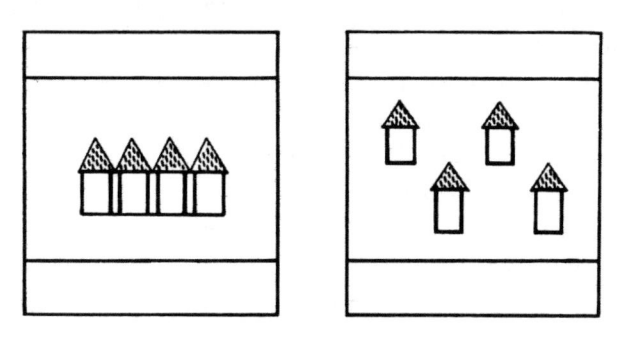

Fig. 17. Conservação de áreas.

Desenvolvimento de testes: Flavell (1963) cita dois projetos referentes à construção de testes de inteligência baseados na teoria de Piaget: um levado a efeito por Vinh-Bang (1957) e Inhelder no Institut des Sciences de l'Education da Universidade de Genebra, e outro conduzido por Adrien Pinard, do Instituto de Psicologia da Universidade de Montréal (PINARD & LARENDEAU, 1964).

O projeto de Genebra consistiu em aplicar 30 tarefas tiradas de várias áreas (número, quantidade, espaço, geometria, movimento, velocidade, etc.) a 1.500 crianças de 4 a 12 anos de idade. O objetivo foi criar uma escala de desenvolvimento de raciocínio e também testar a validade das conclusões de Piaget a respeito dos estágios de desenvolvimento intelectual, e, em linhas gerais, pode-se dizer que o resultado foi satisfatório.

Pinard usou 62 subtestes, 27 dos quais tirados diretamente de Piaget, visando construir um teste de inteligência baseado na teoria de Piaget. A amostra de padronização foi de 700 crianças do Canadá francês. O trabalho de Pinard, embora revele pequenas discrepâncias de menor peso em relação aos resultados de Piaget, em linhas gerais também confirma as ideias centrais da teoria.

Outro tipo de trabalho que tem sido usado consiste na aplicação da técnica de análise de escalograma de Guttman aos estágios propostos por Piaget. A análise de escalograma permite avaliar se um teste está ordenado de tal forma que a pessoa que acerta um item (ou quem responde de uma forma, por exemplo, afirmativa, em uma escala de atitudes) logicamente terá acertado (ou respondido afirmativamente) a todas as anteriores. É muito usado em Psicologia Social, nas escalas de distância social, para estudo de preconceitos em que vemos que, se um indivíduo diz que não aceita um membro de determinado grupo como membro de um clube a que pertence, logicamente também responderá que não aceita aquele indivíduo para casar-se com pessoa de sua família, etc.

Aplicada à avaliação de teorias que postulam estágios, a técnica de análise de escalograma permite verificar se realmente a sequência de estágios é invariável.

Nesta linha de trabalho temos os de Mannix (in: LUNGER, 1956) e Wohlwill (1960), ambos confirmando a sequência de estágios de Piaget. Bart (1962) relata a construção e validação de instrumentos de lápis e papel para testar pensamento formal. Foram administrados três testes paralelos em três áreas de conteúdo e quatro tarefas piagetianas de pensamento formal a 90 adolescentes, acima da média em rendimento escolar, de idades 13, 16 e 19 anos. Estes testes são sugeridos pelos autores como úteis na seleção de estudantes capazes de alta capacidade de abstração.

Estudos de validação: incluímos aqui exemplos de alguns estudos que consistiram principalmente em replicar os dados obtidos por Piaget com outras amostras e com maior rigor metodológico.

Elkind (1961b) administrou testes de conservação de número, de quantidades contínuas e descontínuas a crianças de 4 a 7 anos. Verificou que os tipos de conservação eram dependentes da idade, dentro dessa faixa de idade; que a conservação de quantidade contínua é mais difícil do que a de quantidades descontínuas. Em outro estudo, Elkind (1961a), estudando 469 adolescentes de 12 a 15 anos de idade, verificou que o desnível (*décalage*) entre conservação de massa e peso e conservação de volume era ainda maior do que Piaget pensara: 75% dos sujeitos estudados por Elkind atingiam a conservação de massa e peso entre 7 e 9 anos de idade; porém, um nível de 75% de sujeitos com conservação de volume só foi obtido no grupo de 15 anos de idade. Elkind especula a respeito da diferença encontrada entre os resultados de Piaget, com sujeitos suíços, e os seus, com sujeitos americanos, em termos de diferenças culturais, sendo o adolescente suíço tipicamente introvertido e estudioso, enquanto que o adolescente americano estaria concentrando sua atenção nas atividades sociais mais do que nas científicas ou intelectuais.

Elkind estudou também as relações entre QI e conservação. No primeiro estudo (1961b), com crianças de 4 a 7 anos, encontrou correlações baixas, porém positivas, entre sucesso nas tarefas de conservação e subtestes do Wisc, sendo que algumas dessas correlações foram estatisticamente significantes. No outro estudo (1961a) obteve correlação significante e positiva entre sucesso em conservação e QI, medido pelo teste de Kuhlman-Anderson. Garner e Plant (1972) estudaram o problema do egocentrismo nos problemas das três montanhas, em que se pede à criança que identifique em cartões contendo paisagens qual deles representa a paisagem conforme observada de outro ponto de vista que não o seu próprio. Garner e Plant conduziam o experimento visando demonstrar que o egocentrismo encontrado por Piaget era mais uma função de seu delineamento experimental do que do pensamento da criança. Duzentas e cinquenta e cinco crianças, de 6 a 8 anos de idade, tiveram de selecionar as paisagens que seriam vistas de várias posições. Os resultados indicaram maior egocentrismo (selecionar o seu próprio ponto de vista como sendo o dos outros) no grupo em que se pedia primeiro o ponto de vista da criança e depois as outras posições, do que no grupo em que se pediu primeiro o ponto de vista dos outros. Os autores acham que pedir primeiro o ponto de vista da criança estabelece um *set* egocêntrico, que não ocorre se pedimos primeiro os outros pontos de vista.

Gruen e Vore (1972) investigaram o desenvolvimento de conservação de número, quantidade contínua (água) e peso em crianças normais e retardadas. Encontraram que as diferenças no desempenho dessas tarefas eram mais devidas à idade mental do que a QI. Também verificaram, com raras exceções, que a conservação de peso era a tarefa mais difícil, seguindo-se a de água e finalmente a de número.

Le Comte e Gratch (1972) estudaram o problema do conceito de objeto em bebês. Usaram a violação de uma expectativa como método de diagnosticar o nível de conceito de objeto atingido pela criança. A violação consistia em esconder um objeto e fazer com que a criança encontrasse outro objeto diferente. A amostra consistiu de 12 bebês de 9 meses, 12 de 12 meses e 12 de 18 meses. A hipótese foi a de que as reações de surpresa e de procura do objeto dependeriam da idade do bebê. Os resultados indicaram que os bebês mais velhos reagiram com grande surpresa e procuraram insistentemente pelo objeto perdido. Os bebês mais novos ficaram apenas ligeiramente surpresos e focalizaram o brinquedo novo.

Evans e Gratch (1972) estudaram o "erro do subestágio IV" do período sensório-motor. Piaget define o erro do estágio IV como o erro de procurar o objeto no lugar A, quando a criança o viu ser escondido em B, sendo que o objeto havia anteriormente sido várias vezes escondido em A. Piaget diz que a criança procura em A porque conceitualiza o objeto como "a coisa do lugar A". Para avaliar essa explicação, 12 bebês de 9 meses acharam um objeto sucessivamente em A e depois observaram outro brinquedo ser escondido em B. O outro grupo, de 12 bebês, viu o mesmo objeto ser escondido tanto em A quanto em B. A maioria dos bebês de ambos os grupos fizeram o erro AB, sugerindo que este seja talvez mais um erro de localização espacial do que de conceitualização do objeto.

Em uma série de estudos, por exemplo, quatro localizações para esconder objetos foram alinhadas horizontalmente, com os pontos A e B em uma das extremidades. Bebês de 9 meses de idade (BJORK & CUMMINGS, 1979) ou 12 a 14 meses (CUMMINGS & BJORK, 1981) tiveram cinco tentativas de procurar o objeto quando foi escondido no ponto A. A maioria olhou para o ponto A ou para perto dele. Depois, à vista do bebê, o experimentador movia o objeto e o escondia no ponto B. Mas as crianças não fizeram o erro AB, como Piaget teria predito. Elas procuraram no ponto B ou em torno dele.

Uma outra fonte de evidência que lança dúvidas sobre a interpretação de Piaget são as pesquisas que demonstram que os bebês tendem a não cometer erro AB se eles podem começar a procurar o objeto imediatamente após ter sido escondido, ao invés de terem de esperar alguns segundos.

Piaget afirmava que os bebês não podem formar representações mentais de objetos que estão fora de sua visão antes de 6 meses de idade. Várias pesquisas recentes contrariam essa afirmação também. Bower e Wishart (1972) demonstraram que bebês de 5 meses procuravam um objeto em sua frente, que tinha desaparecido porque as luzes tinham sido apagadas subitamente. Bebês de 5 meses também puxavam uma coberta de um objeto, quando se tratava de cobertas pequenas, e não grandes e pesadas como as usadas por Piaget (RADER, SPIRO & FIRESTONE, 1979).

Paul Harris (1983) salienta que achar um objeto escondido requer duas coisas: 1) representar metalmente o objeto escondido; 2) descobrir onde ele poderia estar. Piaget não deixava lugar para a possibilidade de um bebê ser capaz da primeira operação, mas não da segunda, ou seja, que um bebê poderia não saber que um objeto existe sem ser capaz de encontrá-lo. As pesquisas recentes sugerem que o desenvolvimento talvez consista em melhorar as estratégias de procura, e não o se dar conta da permanência de objetos como propõe Piaget.

Aos 2 a 3 anos de idade, muitas crianças podem esconder um objeto de outra pessoa, colocando-o atrás de uma tela, embora ali colocado permaneça visível para a criança (FLAVELL et al., 1978), e eles podem entender que um cartão branco parecerá rosa a um experimentador que use óculos de lentes de cor rosa (LIBEN, 1978).

Em um experimento recente Flavell testou a hipótese de que as crianças podem ir de um nível menos avançado de compreensão da perspectiva de outras pessoas para um nível mais avançado (FLAVELL et al., 1981). No primeiro nível as crianças compreendem que elas podem ver um objeto que outros não veem, e vice-versa. No segundo nível, elas entendem que, além disso, o objeto que elas veem pode parecer diferente quando visto do ponto de vista de outra pessoa.

Wilkening (1981) chamou a atenção para o fato de que as tarefas de velocidade de Piaget testam a compreensão que a criança tem das relações entre tempo, velocidade e distância, perguntando qual veículo foi mais longe ou mais depressa. Wilkening testou crianças de 5 e 10 anos, bem como adultos, quanto à sua capacidade de integrar velocidade, distância e tempo. Ele mostrou aos sujeitos uma maquete de um cachorro sentado perto de sua casa. Uma ponte conduzia da casa do cachorro sentado perto de sua casa. Uma ponte conduzia da casa do cachorro através de um lago. Quando o cachorro latia, uma tartaruga, um porquinho-da-índia ou um gato se assustavam e corriam do cachorro. Os sujeitos deviam ouvir o cachorro latir por dois, cinco ou oito segundos e apontar para o local da ponte alcançado por um dos animais em fuga. Wilkening verificou que os sujeitos dos três níveis de idade conseguiam integrar informação sobre a duração do latido com a velocidade do animal em fuga. As crianças seguiam o caminho imaginário com seus olhos e então apontavam para o local da ponte onde o animal deveria ter parado. Elas tinham seguido uma regra que requer a multiplicação da velocidade pelo tempo. Assim, mesmo as crianças de 5 anos podiam, sob certas condições, fazer julgamentos sobre velocidade. O que elas não conseguiam era integrar a distância e a velocidade para estimar o tempo, uma tarefa que requer divisão, uma operação mais complexa do que multiplicação.

Piaget propôs que as operações formais são raras antes dos 11 ou 12 anos, e comuns ao final da adolescência e da vida adulta. Alguns autores têm questionado isto, porque muitos estudos mostram que apenas 40 a 60% dos adolescentes e adultos testados acertam as tarefas de operações formais (KEATING, 1980; NEIMARK, 1982), inclusive no Brasil (JABOUR, 1977).

Outros pesquisadores têm sugerido que talvez haja níveis mais avançados que o de operações formais. Comons, Richard e Kuhn (1982) estudaram estudantes universitários e de pós-graduação para ver se eles poderiam engajar-se em formas de raciocínio mais avançadas (isto é, mais complexas e poderosas do que o raciocínio de operações formais). Os investigadores descrevem o pensamento de operações formais como "raciocínio de segunda ordem", porque lida com as inter-relações de classes. Formulam então a existência de um raciocínio de "terceira ordem", chamado de *operações sistemáticas*, no qual as relações entre classes ou entre relações são refletidas para formar sistemas e "raciocínios de quarta ordem" ou *operações metassistemáticas*, que são operações realizadas sobre sistemas. Os pesquisadores encontraram alguns estudantes capazes de raciocínio de terceira ou quarta ordem, um resultado favorável à ideia de que o estágio de operações formais não é o estágio mais avançado de pensamento lógico.

Relações com outras teorias

Há relativamente poucos estudos que tentam relacionar a teoria de Piaget com outras grandes teorias em Psicologia. Alguns autores, principalmente na linha de Psicologia do Ego (RAPPAPORT, 1960), têm sugerido um paralelo entre os estágios de desenvolvimento intelectual propostos por Piaget e os estágios de desenvolvimento dos processos secundários (ou processos do ego). Este paralelo parece razoável, principalmente quando analisamos os estágios propostos por Loevinger (1966), porém é preciso ter-se em mente que a Psicologia do Ego enfatiza o desenvolvimento de processos secundários, de racionalidade, intelecto, percepção, motilidade, curiosidade, etc. (cf. cap. 4). Não parece haver estágios psicossexuais de que fala Freud, pois Piaget realmente não se deteve em analisar aspectos emocionais do desenvolvimento.

Quanto a pesquisas empíricas, Biaggio, Simpson e Wegner (1973) testaram a hipótese de que crianças que ainda não atingiram o estágio de operações concretas não experimentariam efeitos de "dissonância cognitiva", na conceitualização de Festinger (1957). Em um dos três experimentos realizados, tanto as crianças pré-operacionais quanto as concretas manifestaram dissonância; porém, nos outros dois experimentos nenhum dos dois grupos manifestou dissonância. É possível que os grupos estudados estivessem pouco diferenciados, isto é, os pré-operacionais já estariam na fase mais adiantada do estágio, e as operações concretas ainda estivessem no início do estágio, pois tentou-se manter a menor amplitude de idade possível.

Ostfeld e Katz (1969) testaram a hipótese de que somente crianças concretas se comportaram de acordo com as predições da teoria do equilíbrio de Heider (1958), outra teoria de consistência cognitiva que tem bastante em comum com a de Festinger. A hipótese foi confirmada.

A repercussão da teoria de Piaget é enorme, e ele é fora de dúvida um dos maiores nomes da Psicologia do Desenvolvimento atual. Por este motivo, este livro o inclui entre as três teorias principais que dominam o campo da Psicologia do Desenvolvimento.

Do ponto de vista metodológico mais rigoroso, porém, Piaget tem sido criticado pela ausência de definições operacionais para os construtos que formam a base de sua teoria (estruturas cognitivas, esquemas, assimilação, acomodação, equilíbrio) e muitos outros. É criticado também pelo uso do método clínico, tirando conclusões a partir de poucos casos não representativos, sem informar número de casos estudados, sem uma análise estatística de dados, enfim, por não seguir as "regras do jogo" estabelecidas pela metodologia das ciências naturais.

Seus *insights* são, porém, reconhecidos, mesmo pelos críticos mais rigorosos, que admitem o grande valor das ideias de Piaget, pelo menos como hipóteses a serem testadas com maior rigor científico.

4

A teoria psicanalítica

Enquanto que a maior parte das teorias científicas do comportamento se originam da psicologia acadêmica, a teoria psicanalítica surgiu não do laboratório de universidade, mas da clínica médica. Sigmund Freud (1856-1939) formou-se em medicina no século XIX, em Viena. Começou a carreira em neurologia, mas, depois de experimentar com hipnose no tratamento de pacientes, gradualmente passou a se interessar por mecanismos psicológicos. Freud desenvolveu pouco a pouco a técnica conhecida como psicanálise e a teoria do comportamento ou da personalidade conhecida como teoria psicanalítica. O conteúdo ou os dados em que se fundamenta a teoria são as expressões verbais de ideias e sentimentos e as autodescrições feitas pelos pacientes de psicanálise. Além disso, a psicanálise baseia-se em material de psicanálise de pessoas normais, geralmente (mas não apenas) aprendizes de psicanálise. Observações de crianças, principalmente em situações de brincadeira livre, também fornecem dados. Mais recentemente, pesquisas empíricas realizadas tanto por adeptos da psicanálise como por seus oponentes têm testado hipóteses derivadas da teoria psicanalítica. Devido às suas origens na medicina, é característico o uso da patologia, pressupondo que os indivíduos normais possuem, em grau menor, os problemas, conflitos e mecanismos vistos mais claramente em casos anormais. Outra consequência de suas origens no modelo médico é a preocupação com pensamentos e sentimentos, ao invés do comportamento.

Conceitos básicos

Instinto: é definido como uma representação psicológica de uma fonte somática, interna de excitação. Freud discute as propriedades do instinto no artigo intitulado "Instintos e suas vicissitudes" (1915, 1955). É importante notar que Freud distingue entre os conceitos de *Instinkt* (instinto, no sentido de instinto animal, mais restrito, limitado, levando a uma possibilidade única de resposta que o satisfaça) e *Triebe* (no sentido mais amplo, próprio do homem, permitindo maior flexibilidade de respostas). Em inglês, os termos *instinct* e *drive* têm sido usados respectivamente para traduzir *Instinkt* e *Triebe*. Em português, instinto tem sido usado indiscriminadamente para um ou outro conceito, embora autores modernos estejam usando pulsão, impulso, ou motivação, por *Triebe*, ou mesmo mantendo o inglês *drive*.

Freud discute quatro propriedades dos instintos: a *fonte* ou *origem*, o *objeto interno* (intrínseco), o *objeto externo* e o *ímpeto*. A fonte ou origem é definida como uma excitação somática. O objeto interno é a redução de excitação; o objeto externo é a coisa ou ato que reduz a excitação; e o ímpeto é a força da pulsão. A propriedade fundamental do instinto é a *fonte* ou *origem*. O modelo de Freud pressupõe que uma excitação surge em uma parte do corpo e a função do comportamento é reduzir a excitação, e esta redução da excitação é experimentada como uma gratificação. Enquanto que a fonte e o objeto interno não variam, o objetivo externo pode tomar várias formas. Vejamos um exemplo: fome é considerada uma pulsão. Sua origem ou fonte é uma excitação somática no estômago e o objeto interno do instinto de fome é a redução da fome. O objeto externo é o ato de comer ou a comida. O objeto pode tomar várias formas (diversos tipos de comida), mas no caso da fome há menos flexibilidade quanto ao objeto externo do que no caso do instinto sexual, que pode ser reduzido mediante vários comportamentos em relação a vários objetos.

Libido: Embora não seja possível chegar-se a um acordo a respeito de quais são os instintos do ser humano, não há dúvida que Freud deu grande importância ao instinto sexual, tanto que deu à excitação sexual ou energia sexual um nome especial, libido. Assim, o medo que uma criança tenha de perigos físicos (cair, machucar-se, etc.) é interpretado como o medo inconsciente de castração, ou seja, de que seu pênis seja decepado. Contudo, Freud usa o termo sexualidade num sentido muito mais amplo do que comumente se entende. A função biológica da sexualidade é a reprodução, mas mais frequentemente, tanto na espécie humana como em animais, a motivação para o ato sexual é outra, o prazer do próprio ato, e não a reprodução da espécie. Além disso, na espécie humana a procriação envolve não só concepção, como um período de gravidez para a mulher, com aspectos psicológicos especiais, e envolve também um período de muitos anos em que a criança é criada pelos pais. Assim, vemos que muito mais do que o ato sexual é necessário para a procriação da espécie e Freud usa o termo sexualidade para englobar todos esses aspectos. Embora o instinto sexual seja o mais importante para a organização da personalidade, Freud reconheceu a existência de outros instintos ou pulsões, como a fome, a sede e o evitar a dor. Freud agrupou esses instintos sob o rótulo de instintos do ego que servem à autopreservação em contraste com o sexual, que serve à preservação da espécie.

Agressão: Freud tratou também da importância da agressão, vista por ele inicialmente como relacionada à sexualidade. A agressão é também vista como importante na autopreservação, através de competição e autoafirmação. Posteriormente, impressionado pela agressão manifestada na humanidade, Freud chegou à formulação do *instinto de morte*. Como a agressão frequentemente leva à autodestruição, seria incompatível com a noção de autopreservação. Freud então contrastou o instinto de morte (Thanatos) com os instintos de vida (Eros) incluindo nesta segunda categoria o instinto sexual e os de autopreservação (instintos do ego).

Cathexis: É definida por Freud como se fosse uma carga elétrica que energiza uma ideia. A pulsão não tem expressão direta no comportamento, como é o caso de reflexos e instintos em animais, em que há uma ação específica resultante do instinto. A conexão entre a pulsão e o comportamento que a reduz é aprendida depois que o sujeito nasce. O mecanismo interveniente entre a pulsão e o comportamento é a *cathexis*. A pulsão "catecta" uma ideia que é sentida então como um impulso para realizar o comportamento que reduz a pulsão. Por exemplo, a mãe é um objeto catectado para a criança, ou seja, é valorizado, porque pode reduzir várias pulsões.

O inconsciente: A ênfase de Freud nos processos inconscientes é considerada nos meios científicos como uma das mais importantes de suas contribuições. Numa época em que o estudo da "consciência" estava sendo atacado de diversas formas, como, por exemplo, pela crítica ao método introspeccionista, Freud atacou a psicologia da "consciência" mostrando a importância do inconsciente na determinação de todos os comportamentos. O inconsciente para Freud não é simplesmente qualquer coisa de que não estamos conscientes, mas é aquilo que é ativamente reprimido e impedido de se tornar consciente ou pré-consciente. O consciente compreende tudo aquilo de que nos damos conta em dado momento, e o pré-consciente se refere a fatos que se podem tornar conscientes se a atenção for dirigida a eles. Por exemplo, sentado numa sala de aula, devo ter visto a cor das paredes; mas, se perguntado, posso responder, pois é um fato pré-consciente, enquanto que, em se tratando de fenômenos inconscientes, eles não são lembrados, não porque a atenção não esteja focalizada sobre eles, mas porque a repressão impede que sejam trazidos à tona.

Estruturas de personalidade

A primeira estimativa é o *id*. O *id* é o repositório das pulsões. É inato; no princípio era o id e somente ele. O id se caracteriza pelo processo primário, isto é, é alógico, infantil, arcaico, atemporal, impulsivo, incapaz de tolerar demora de satisfação. A teoria psicanalítica também descreve o id como governado pelo *princípio do prazer*, isto é, deseja a satisfação imediata das pulsões. As alucinações são exemplos do funcionamento do processo primário. Diante da ausência do objeto que reduziria a pulsão, o indivíduo alucina. Na ausência do leite, o bebê fantasia, ou alucina sua presença. O bebê recém-nascido é influenciado não pela realidade, mas pelo que ele quer. O que acontece nos sonhos como ausência de tempo, condensação de duas pessoas em uma só, exemplifica o processo primário.

Ego: a segunda estrutura que se desenvolve na personalidade da criança é o *ego*. O ego é orientado para a realidade e busca a satisfação das necessidades por intermédio de meios aceitáveis. O ego controla os instintos adiando, inibindo e restringindo-os no interesse de conseguir seus fins realisticamente. As funções do ego consistem em:

1) Tolerância à frustração;
2) Controlar o acesso de ideias à consciência;
3) Guiar o comportamento do indivíduo para objetivos aceitáveis;
4) Pensamento lógico.

O ego funciona de acordo com o *princípio da realidade* (em oposição ao princípio do prazer) e à base de processos secundários (em oposição aos primários). Enquanto que o id é totalmente inconsciente, o ego é parte consciente, parte inconsciente.

Superego: Vemos que o id e o ego têm por objetivo a satisfação dos instintos, com a diferença de que o id busca a satisfação irrestritamente, e o ego a busca dentro dos limites da realidade. Já a terceira estrutura da personalidade, o superego, tem objetivos diferentes. Ele representa as restrições culturais sobre a expressão dos instintos, que foram incorporadas e aceitas pelo indivíduo. É importante, porém, notar que o superego não é necessariamente uma representação exata das normas culturais. Como veremos posteriormente, ele é formado na infância, à base de proibições referentes à sexualidade, através de resolução do "complexo de Édipo".

Dinâmica da personalidade

O modelo freudiano é um modelo de *conflito*. Ou há conflito entre o id contra o ego, ou entre o id e o ego contra o superego, ou entre o id e as exigências ambientais. O conflito gera ansiedade e o organismo precisa reduzir essa tensão. Para tal, o ego utiliza os chamados "mecanismos de defesa", que são inconscientes.

Repressão: O mecanismo de defesa básico é a *repressão*. Consiste em o inconsciente tirar-se da consciência ideias, lembranças, sentimentos que, se estivessem à tona, causariam muita ansiedade. A ansiedade é mais provável de ocorrer quando não houve uma descarga motora (por exemplo, choro) na época do trauma original cuja lembrança é agora reprimida.

Negação: É um mecanismo bem primitivo, que consiste em explicitamente negar que um fato ocorreu. Por exemplo, numa dramatização escolar, uma menina esqueceu um trecho de sua parte, omitindo-o. As outras crianças seguiram sua pista, e assim um trecho total da peça foi omitido. Mais tarde a menina negou que isto tivesse ocorrido, embora todas as colegas o afirmassem. Aparentemente, admitir seu erro causaria muita ansiedade e foi mais tolerável cair no ridículo das colegas e professora negando o fato do que admitir o erro. Note-se que a negação não é uma mentira consciente, mas no caso da negação o indivíduo está plenamente convencido da veracidade de sua versão do caso.

Formação reativa: Consiste na expressão de sentimentos diametralmente opostos ao que está sendo reprimido. Caracteriza-se pelo extremismo e exagero das demonstrações. Por exemplo, uma pessoa que no fundo odeia outra pode manifestar expressões de extrema delicadeza e protestos veementes de amizade, que pelo seu exagero soam falso.

Projeção: Baseia-se no fato de que é mais fácil tolerar afeto negativo nos outros do que no próprio eu. É o caso de uma pessoa que, odiando a outra e lhe sendo inaceitável ser portadora de tal agressividade, imagina que a odiada e perseguida é ela mesma e não a que realmente é. Este comportamento é chamado de paranoide.

Racionalização: Consiste em inventarem-se explicações para justificar as ações. É uma explicação que não é exata nem muito convincente, mas da qual o sujeito está convencido.

Fixação: Significa permanecer num estágio primitivo de desenvolvimento.

Regressão: Consiste em voltar a um estágio primitivo de desenvolvimento. Exemplo: uma criança de 8 anos voltar a urinar na cama, pedir mamadeira.

Deslocamento: Consiste em deslocar o sentimento ou a ação para outro objeto que não o original. Por exemplo: se o pai é o objeto original que causou frustração, o indivíduo pode reprimir isso e manifestar agressividade (porque causaria ansiedade) em relação a outros objetos: o tio, o professor, etc., deslocando assim a agressividade.

Sublimação: Canalizar um impulso instintivo para uma finalidade construtiva e socialmente aceita. O comumente dado é o de canalização de agressão para uma atividade como cirurgia.

O desenvolvimento da personalidade

Este aspecto da teoria psicanalítica é o que mais interessa ao campo da Psicologia do Desenvolvimento. A teoria freudiana é uma teoria do tipo que enfatiza uma sequência de estágios no desenvolvimento. Freud fala basicamente em dois processos maturacionais: o desenvolvimento psicossexual, em que a fonte de gratificação libidinal muda da boca para o ânus e para os órgãos genitais, é a maturação do ego, no qual o ego se diferencia da personalidade "global" do recém-nascido, havendo um aumento no princípio da realidade e de processos secundários, a aparição de mecanismos de defesa e de uma compreensão maior nas relações interpessoais.

O desenvolvimento do ego representa a maturação cognitiva, enquanto que o desenvolvimento psicossexual representa a maturação afetiva. Embora o papel da maturação no desenvolvimento psicossexual seja enfatizado na teoria freudiana, também é aceito que circunstâncias específicas do ambiente influem sobre o curso deste desenvolvimento. Segundo Freud, o desenvolvimento da personalidade é subsidiário ao desenvolvimento do instinto sexual, e é paralelo à passagem pelos estágios de desenvolvimento sexual.

1) *Estágio oral*: Nos primeiros tempos de vida a libido concentra-se na zona oral: boca e zonas imediatamente circunjacentes. A redução da tensão oriunda da fome é reduzida através da amamentação e provoca sensação de prazer, de natureza sexual. É um período que Freud chamou de *narcisismo primário*, isto é, não há ainda relações com objetos externos, mas tudo consiste na redução de uma necessidade do organismo. Assim, a primeira maneira de conhecer o mundo é a incorporação. O primeiro subestágio é chamado oral passivo, em que a criança simplesmente recebe o que lhe é dado, incorpora. Uma fixação extrema nesse subestágio leva a uma atitude extrema de dependência na vida adulta. O segundo subestágio é chamado de oral ativo ou agressivo. Nesta época, que coincide com o início da dentição, morder torna-se a maneira de relacionar-se com o mundo e representa o início de sentimentos de agressividade, ódio, rivalidade, sadismo.

Durante a fase oral predominam os *processos primários*, e na ausência do objeto necessário para redução de tensão a criança usa a *alucinação* como meio de satisfação; por exemplo, se tem fome e não é alimentada imediatamente, alucina ou fantasia que o leite está presente. Evidentemente a satisfação obtida através da fantasia não pode durar muito tempo, e neste contato com a realidade frustradora começam a se desenvolver os processos secundários (do ego), tais como tolerância para com a demora da gratificação (satisfação) das necessidades.

2) *Estágio anal*: Neste estágio, que coincide com a época do treinamento de hábitos higiênicos, a libido é focalizada na zona do ânus. A criança experimenta satisfação em expulsar as fezes ou em retê-las. O período é dividido em dois subestágios: anal expulsivo e anal retentivo. Fixação na fase expulsiva leva à "agressividade anal", enquanto que fixação na

fase retentiva leva a traços de personalidade, tais como obsessividade com limpeza e arrumação, e pão-durice.

3) *Estágio fálico*: Neste ponto a libido se focaliza nos órgãos genitais. É um estágio importante, porque é o período em que Freud situa o conflito edipiano. A criança ama o genitor de sexo oposto, sente que isto é proibido e consequentemente experimenta sentimentos de ameaça, manifestados no menino por "ansiedade de castração", isto é, medo de que seu pênis venha a ser decepado. A menina, por sua vez, experimenta a "inveja do pênis". Para resolver o conflito, aliviar a ansiedade, a criança identifica-se com o genitor do mesmo sexo, introjetando ou incorporando assim as suas características, incluindo o papel masculino ou feminino e os valores morais da sociedade. O equivalente feminino do complexo de Édipo é chamado complexo de Electra. A não resolução adequada do conflito edipiano é considerada como a causa da maior parte das neuroses.

4) *Estágio de latência*: Tendo-se resolvido o conflito edipiano e estabelecida a identificação com o genitor do mesmo sexo, sobrevém uma fase de calmaria para o instinto sexual. Nesta época, que coincide com a entrada da criança para a escola e os primeiros anos escolares, o ego está livre então para se concentrar em atividades intelectuais.

5) *Adolescência. Estágio genital*: Nesta época, em que há modificações hormonais que provocam a maturidade sexual, há um reviver do instinto sexual e dos conflitos anteriores. A libido focaliza-se então não mais no próprio corpo (como nas fases oral e anal) nem em objetos incestuosos (fase fálica), mas em objetos heterossexuais e não incestuosos. Atinge então o indivíduo a maturidade genital, no caso do desenvolvimento normal. A fixação em qualquer dos estágios anteriores leva a comportamentos ou traços de personalidade considerados anormais.

A neopsicanálise: psicologia do ego

Um grupo de teóricos neopsicanalistas americanos, da corrente chamada "Psicologia do Ego", tem se destacado por proporem a "autonomia funcional do ego" (FREUD, A. 1965; WHITE, 1960; HARTMANN, 1958; KRIS, 1951; RAPPAPORT, 1951; LÖWENSTEIN, 1953; SPITZ, 1959). Dedicam-se eles à investigação de como a estrutura do ego se origina e desenvolve, e como as formas racionais "adaptativas" de funcionamento do ego se desenvolvem. Estes autores aceitam a conceitualização de Freud sobre as estruturas de personalidade do id, ego e superego, porém não aceitam que o ego tenha sido jamais parte do id; afirmam eles que tanto o ego como o id são estruturas de personalidade presentes, ambas desde o nascimento e que gradualmente se diferenciam. O ego é um órgão especializado de adaptação e que faz a mediação entre os instintos do id e as exigências da realidade. As funções racionais do ego desenvolvem-se a partir dos processos livres de conflito do ego, presentes desde o início. Estas funções intelectuais não poderiam ser resultantes de conflitos entre o id e o ego na criança, elas não poderiam ser alterações de processos irracionais do id. Consideram eles logicamente absurdo supor-se, como fez Freud, que os processos racionais da criança são transformações de seus processos irracionais. Consequentemente, a origem dos processos racionais do ego devem ser funções intelectuais inatas ativadas por energia instintiva livre de conflitos. Os processos internos da inteligência da criança servem para organizar, ao invés de subtrair as outras funções.

Os psicólogos do ego afirmam que há três estágios principais na relação da criança com o ambiente, que são extremamente importantes para o desenvolvimento da diferenciação entre o id e o ego e para o desenvolvimento do ego, ou seja, das funções racionais.

O primeiro estágio, nos primeiros meses de vida, consiste no desenvolvimento da capacidade de distinguir-se do mundo, de distinguir o eu do não eu. Três condições são necessárias para isto: a) a maturação fisiológica normal dos órgãos perceptivos; b) a transformação ou neutralização da energia instintiva pré-operacional focalizada no eu (*cathexis* narcisística primária) em energia racional para focalizar outras coisas (*cathexis* objetal) e c) privação parcial. Esta última indica o seguinte: se uma criança tivesse necessidades sempre total e imediatamente satisfeitas, ela ficaria *fixada* no estágio indiferenciado. Alguma privação é necessária para induzir mudança.

O segundo estágio consiste no desenvolvimento de meios de comunicação entre a criança e sua mãe, por exemplo, nas expressões faciais como o sorriso. A privação de contato social, especialmente de comunicação, pode impedir ou atrasar o desenvolvimento pessoal e intelectual. As provas para isto são fornecidas pelos estudos de Spitz (1949). Entre outras indicações de desenvolvimento anormal, Spitz cita o fato de crianças institucionalizadas manifestarem depressão anaclítica, ficarem deitadas apaticamente nos berços, chorando e não respondendo a tentativas dos adultos que tentam atrair sua atenção, são retardadas em desenvolvimento motor, perceptivo e intelectual, e em casos extremos morrem. Os estudos de Spitz são bastante controversais, acreditando-se hoje em dia que estes resultados não podem ser generalizados para toda a criança institucionalizada, pois o quadro descrito por Spitz parece corresponder apenas a algumas instituições ou orfanatos extremamente carentes.

O terceiro consiste na obtenção do controle de funções voluntárias, especialmente a locomoção e a manipulação. Uma vez que o ego é autônomo, ele dispõe de energia psíquica independente, daí a noção de autonomia funcional do ego que caracteriza a escola de "Psicologia do Ego".

Um esquema completo do desenvolvimento do ego é apresentado por Loevinger (1966), que descreve o processo em uma sequência de sete estágios que não são ligados a idades específicas. Embora Loevinger não seja participante do grupo inicial a que chamamos Psicologia do Ego, sua concepção apresenta concordância fundamental com aquela escola. Os estágios são os seguintes:

1) *Pré-social e simbiótico*: O desenvolvimento do ego inicialmente é centralizado na diferenciação do "eu do não eu". Este estágio é composto de *dois subestágios*. Durante o 1º, o *subestágio pré-social*, o bebê não diferencia entre partes animadas e inanimadas do ambiente. Durante o segundo, o *subestágio simbiótico*, a criança se torna fortemente ligada à mãe e *não pode diferenciar-se nitidamente* dela, embora seja capaz de diferenciá-la do resto do ambiente.

2) *Impulsivo*: A criança começa a exercer sua própria vontade, confirmando assim sua existência separada da mãe. No entanto, ela não tem controle voluntário sobre seus impulsos e não conhece a vergonha. Embora a criança não se dê conta, ela é explorada e dependente dos outros, que são percebidos como "fontes de suprimento". Ela não compreende regras de conduta e acredita que "uma ação é má porque é castigada". Uma das principais fontes de preocupação consciente é com impulsos agressivos e sexuais.

3) *Oportunista*: As regras aqui são compreendidas, mas seguidas apenas para obter uma vantagem imediata. A criança já é mais independente e tem melhor controle de seus impulsos.

4) *Conformista*: A criança começa a internalizar regras e a obedecer a elas, simplesmente porque são regras. Ela concebe as relações interpessoais principalmente em termos de ações do que de sentimentos e motivações.

5) *Consciencioso*: O adolescente torna-se introspectivo, autoconsciente e autocrítico. As relações interpessoais tornam-se mais importantes e são vistas em termos de sentimentos ou traços ao invés de ações. As preocupações conscientes voltam-se para obrigações, ideais e realizações avaliadas por padrões internos.

6) *Autônomo*: As preocupações conscientes são focalizadas em diferenciação de papéis, individualidade e autorrealização. Em suas relações interpessoais a pessoa reconhece a "inevitável dependência mútua" e a "necessidade de autonomia de outras pessoas". Ela se torna mais tolerante para com as atitudes e conflitos dos outros e mais capaz de lidar com seus próprios conflitos.

7) *Integrado*: Poucas pessoas atingem esse estado mais elevado, porque poucas realizam seu potencial. A pessoa que atinge este estado "vai além de lidar com os conflitos, reconciliando exigências conflitivas e, quando necessário, renunciando ao inacessível, atingindo um senso de identidade integrado" (p. 200). Para a criança, embora com maior moderação e o grau em que este fator terá efeito positivo sobre a resolução da crise, dependerá do comportamento da mãe e da sensibilidade dela para atender às necessidades da criança.

Outro "psicólogo do ego", White (1960), discorda do que ele considera ser um exagero das necessidades do bebê durante o primeiro ano de vida. Ele argumenta que as necessidades declinam por volta do primeiro ano e são substituídas por uma preocupação em obter competência social e motora. Por exemplo, White considera unilateral a ênfase psicanalítica nos traumas e problemas do desmame, pois estes são contrabalançados pela satisfação inerente que a criança experimenta em dominar a xícara e a colher e em conseguir trazer esses aspectos do ambiente sob seu domínio.

Um tema central para a Psicologia do Ego é o das relações da criança com a mãe – ou *relações de objeto*, como são chamadas no vocabulário psicanalítico. A Psicologia do Ego as considera dentro do contexto total do desenvolvimento das funções do ego.

Há concordância geral, entre os vários autores dessa escola, de que o recém-nascido é um organismo quase totalmente indiferenciado. Nem o id nem o ego emergiram ainda do seu núcleo indiferenciado, e as distinções entre consciente, pré-inconsciente são irrelevantes. O bebê não pode ainda se distinguir de seu ambiente, muito menos pode discriminar entre pessoas e coisas ou entre várias coisas de seu ambiente. Como o bebê não pode se diferenciar da mãe nesse período, ele não pode relacionar-se a ela como um "objeto" ou "um objeto de amor". O bebê tem apenas consciência de suas próprias tensões (fome, dor, etc.). Freud chamou esse período de "narcisismo primário"; outros o chamam de indiferenciado ou "sem objeto". Dentro de um período relativamente curto, mais ou menos 12 meses, o bebê passa por grandes transformações. As funções do ego se desenvolvem. O bebê se tornará capaz de distinguir entre o "eu" e o "não eu"; torna-se muito mais ativo e competente com relação ao mundo exterior; já distingue entre pessoas, tem preferências a respeito destas e terá formado já uma ligação afetiva com a mãe.

Em geral o desenvolvimento das relações objetais é visto como passando por três estágios principais: I) Um estágio indiferenciado ou sem objeto; II) Um estágio de transição; III) Um estágio de relações objetais.

I – O estágio indiferenciado, narcisístico, ou sem objeto: Em que a criança não se distingue do ambiente, muito menos entre vários elementos do ambiente. A experiência afetiva da criança inclui aqui apenas o desprazer das tensões e o prazer da redução de tensão. Anna Freud (1954) enfatiza a experiência de fome e alimentação.

II – Estágio de transição: É um período que se interpõe entre o estágio indiferenciado e o de verdadeiras relações do objeto. A ênfase aqui ainda é (para Anna Freud, pelo menos), na experiência de alimentação, mas a criança aqui já se relaciona com um objeto – a comida – e não apenas com redução da necessidade. A criança aqui "ama o leite, o seio, a mamadeira".

Spitz (1965) caracteriza nitidamente este período pela aparição do sorriso social, que ele considera como uma resposta específica da espécie.

III – Estágio de relações objetais propriamente ditas: Aqui a criança passa a se relacionar com a "mãe" e não mais apenas com o "leite", o seio ou a mamadeira. Ela sente a ausência da mãe mesmo que suas necessidades básicas sejam satisfeitas. Spitz (1959) estudou duas reações importantes da criança por volta dos 8 meses de idade: a "ansiedade de separação" e a "ansiedade em relação a estranhos", noções essas que têm gerado interessantes pesquisas experimentais.

Além dos autores acima citados, na discussão sobre Psicologia do Ego, há uma linha de pensamento um pouco diferente, que podemos chamar de "escola de relações objetais", originada da escola húngara de psicanálise (FERENCZI, 1924), cuja característica principal é a rejeição da noção de narcisismo primário e a afirmação de que há verdadeiras relações de objetos desde o início. Entre os nomes mais conhecidos desta corrente, na maioria ingleses, temos: M. Klein (1959), Fairbairn (1952), Winnicott (1960) e Bowlby (1957, 1958, 1960, 1969). Bowlby vai mais além ainda, insistindo numa atualização da teoria psicanalítica de instintos de acordo com noções de biologia moderna, especialmente da etologia, e afirmando que a ligação da criança com a mãe baseia-se em vários sistemas de comportamentos característicos da espécie, que são desde o início ativados por classes de estímulos oriundos de outras pessoas, e que facilitam a proximidade e a interação do bebê com a mãe. A oralidade e a importância da redução da tensão da fome é totalmente minimizada por Bowlby (1957, 1969) e esta parece ser a tendência mais recente na conceitualização das relações mãe-bebê (AINSWORTH, 1969).

Erik Erikson (1959) é um neopsicanalista que se tem preocupado com o desenvolvimento da identidade pessoal. Erikson aceita a perspectiva dinâmica e histórica que Freud faz para análise da personalidade, porém acredita que é preciso levar-se em conta o *ambiente social* e seu *impacto* sobre o desenvolvimento da personalidade. Assim, o foco deixa de ser a preocupação unilateral com as forças intrapsíquicas e passa a ser uma análise histórica da estrutura da organização social em que a criança se encontra e das relações interpsíquicas entre a criança e seu meio, a estrutura e a dinâmica deste. Por exemplo, Erikson (1959) acredita que a criança em desenvolvimento experimenta um senso vitalizante de si mesma e da realidade quando se dá conta de que pode caminhar. Assim, a condição vital básica que permite o desenvolvimento de identidade pessoal é a mutualidade ou interdependência entre: a) a maturação da competência física, por exemplo, habilidade de andar; b) o prazer funcional de exercer esse poder ou capacidade recém-descoberta e c) o fato de que ele exerce essa capacidade em um tempo e lugar que permitem a aprovação social de sua ação.

A tese de Erikson é a de que na evolução do homem os modos instintivos de funcionamento transformaram-se em modos psicossociais. Assim, enquanto Freud fala em evolução psicossexual, Erikson fala em evolução psicossocial, desenvolvida até à velhice. O processo de desenvolvimento para Erikson é governado pelo princípio epigenético, isto é, "qualquer coisa que se desenvolve tem um plano básico, do qual as várias partes emergem" (1963: 66). Cada parte tem seu tempo crítico e decisivo de origem e ascendência especial até que todas as partes tenham emergido e se sintetizam num todo funcionalmente integrado. A patologia surge quando determinada parte não tem sua ascendência no seu tempo crítico – que vem a prejudicar toda a hierarquia das várias partes.

O desenvolvimento da personalidade é governado pela sequência e tempo apropriado de aparecimento dos vários estágios referentes à sucessão:

a) De energia instintiva investida em diferentes zonas do corpo.

b) Das funções psicossociais de potencialidades para interação significante com o ambiente físico e social que é paralelo ao funcionamento psicossexual das zonas corpóreas.

O fator básico que determina qual parte do corpo é investida com energia instintiva é a maturação, mas a patologia (embora Erikson não o afirmasse explicitamente) parece ser oriunda de problemas na interação de forças maturacionais e ambientais. A resolução adequada dos conflitos de uma fase é condição necessária para transição para a fase seguinte. De acordo com o princípio epigenético, forças que ainda não atingiram ascendência já existem em forma rudimentar, e forças que já foram ascendentes tornam-se partes integrais, se bem que menos importantes do funcionamento posterior, isto no curso de desenvolvimento normal.

Erikson (1963) complementou a visão freudiana de desenvolvimento psicossexual postulando a passagem universal por oito estágios de desenvolvimento. Estes estágios conformam-se aos estágios de desenvolvimento psicossexual de Freud, porém cada estágio corresponde a uma crise de natureza social que deve ser resolvida. Erikson distingue-se de Freud também por estender esse desenvolvimento por estágios até à senescência:

1) *Estágio oral*: Crise de confiança *versus* desconfiança. O primeiro estágio da maturação psicossexual por que passa a criança (aproximadamente o primeiro ano de vida) resulta do investimento da libido na zona oral, a qual serve às funções de autopreservação (comer, beber, respirar). O primeiro modo de funcionamento psicossexual é o de incorporação, ou seja, pôr para dentro. Nesta época o círculo de relações interpessoais do bebê restringe-se quase que exclusivamente à mãe, que por sua vez quer cuidar do bebê, dando-lhe o que precisa. Segundo Freud (1930, 1955), a significação do estágio oral para o desenvolvimento posterior da personalidade reside exatamente na "incorporação" do objeto. Incorporar é uma forma precursora de modos posteriores de introjeção, mecanismo pelo qual a criança se identifica com as pessoas significativas de seu ambiente, especialmente os pais. Como Erikson supõe um paralelismo entre a evolução psicossexual e a psicossocial, ele acredita que o primeiro modo de funcionamento psicossexual é baseado na incorporação. É o desenvolvimento da habilidade de receber e aceitar.

> Assim recebendo o que lhe é dado e aprendendo a fazer com que alguém faça para ele o que ele deseja, o bebê também desenvolve o terreno do ego para adquirir a capacidade de doação (1963: 76).

Este estágio de funcionamento é, portanto, a base de toda confiança humana. A primeira grande crise da vida da criança é uma crise de confiança. Com o amadurecimento psicológico a criança passa mais tempo acordada e a tendência a incorporar, apropriar-se, observar torna-se mais forte. A isto acha-se o desconforto do início do processo de dentição. Do ponto de vista psicológico a criança torna-se mais consciente de sua identidade distinta. Do ponto de vista social ocorre o processo de desmame, no sentido amplo, isto é, a mãe gradualmente afasta-se da criança, retomando a atividade que tinha antes do fim da gravidez e do nascimento do bebê: sociais, profissionais, etc. Todos estes fatores levam à divisão dos sentimentos da criança entre as imagens da mãe boa e da mãe má (na concepção de M. Klein e J. Rivière).

A resolução adequada da crise de confiança é o primeiro grande problema da adaptação para a criança e tem consequências importantes para o desenvolvimento da personalidade. No curso do desenvolvimento normal inicia-se a formação de "um senso rudimentar de identidade do ego" para o qual são essenciais três aspectos: um aumento da confiança na consistência da fonte externa ou doador, um sentimento crescente de sua própria competência para lidar com as necessidades instintivas de receber, seu próprio valor e a certeza de que ela não desagradará tanto à mãe a ponto de esta deixar de lhe dar as coisas. O segundo fator que determina como a crise será resolvida é o fato de que a mãe continua a dar as coisas para a criança.

2) *Estágio anal*: Segundo Erikson, a importância psicossocial deste estágio reside na crise de *autonomia* versus *vergonha e dúvida*. A determinação da criança de exercer sua musculatura para o controle anal (primordialmente) e experimentar o prazer derivado de seu funcionamento constituem a base para o desenvolvimento de um senso de autonomia. Se essa batalha com os pais que querem ensinar o controle e os hábitos sociais não for resolvida satisfatoriamente, a criança desenvolve um senso de vergonha e dúvida, ao invés de autonomia. Aqui novamente White é mais radical e não considera que o controle anal seja o protótipo desse conflito. A autonomia manifesta-se em várias atividades sociais ou motoras de criança que envolvem teimosia, como quando a criança se recusa a dizer "faz favor" e prefere ficar sem jantar a atender a essa exigência dos pais (WHITE, 1960).

3) *Estágio fálico*: Nesta fase, em que, em termos freudianos, o foco é a área genital e o interesse se centraliza no outro (enquanto que anteriormente centralizava-se na própria pessoa durante a fase oral e a anal), elimina-se o conflito edipiano. Erikson coloca como central nessa fase o problema da *iniciativa* versus *culpa*. A criança deriva satisfação em suas novas habilidades linguísticas, locomotoras, sociais, imaginativas, e em suas atividades imaginativas de *role-playing* inicia-se a competir com o genitor do mesmo sexo com quem ele se identifica. Associado com a inicia-

tiva e o senso de autonomia, há o medo de ter usurpado poderes que não lhe cabem "de direito" e um consequente sentimento de culpa e medo de punição. Em geral a criança forma uma identificação do Ego baseada numa combinação de ambos os genitores. O potencial genético é que geralmente assegura a identificação correta. Para a Psicologia do Ego os fatores ambientais têm um papel secundário como determinante neste problema. Nesta fase se dá a transformação da parte do ego no superego. Segundo Erikson (1963), a resolução do conflito entre iniciativa e culpa é a aquisição de um senso de responsabilidade moral.

4) *Latência*: Nesta fase em que, segundo Freud, há uma retrogressão e quiescência dos instintos sexuais, Erikson salienta a importância do desenvolvimento da "industriosidade" dos sentimentos de competência ao dominar atividades escolares.

5) *Adolescência*: Nesta fase do interesse sexual pelos indivíduos de sexo oposto, bem como pela definição de ideologias e valores filosóficos, Erikson salienta a crise de "adoção de identidade". Quando esta não é resolvida satisfatoriamente, temos a "difusão de identidade" – em um dos conceitos mais conhecidos no trabalho de Erikson, e que tem gerado muitas pesquisas empíricas (CONSTANTINOPLE, 1969).

6) *Estágio genital*: Enquanto Freud considera que a maturidade sexual e a integração do ego são atingidas na adolescência, Erikson vai além da adolescência. No estágio genital, que caracteriza o adulto, a crise central é entre o desenvolvimento de "intimidade e solidariedade" *versus* "isolamento". O senso de "intimidade e solidariedade" são necessários a uma união conjugal estável e a relações sociais e de trabalho satisfatórias.

7) *Adulto maduro*: A crise aqui é a de "geração" *versus* "estagnação". A propagação no adulto maduro é o foco principal do instinto sexual (segundo Freud). Erikson além disso fala na importância de criatividade do senso de ter criado algo no trabalho ou na família.

8) *Senescência*: Esperança *versus* desespero. O adulto que resolveu satisfatoriamente todas as crises anteriores, inclusive o senso de ter criado e ajudado aos outros, estará equipado com a integridade pessoal necessária para encarar a crise final, ou seja, a de sua desintegração e morte. Nesta fase, a falta de integração do ego leva ao desespero, enquanto que uma in-

tegridade do ego leva ao senso de união com a humanidade, sabedoria e esperança.

Outra corrente psicanalítica que é bastante influente no Brasil é oriunda da França, com Jacques Lacan, que pretendeu resgatar o trabalho de Freud, fazendo o que considera uma verdadeira leitura de sua obra. Para Lacan, o inconsciente tem uma estrutura análoga à estrutura da linguagem.

5

A teoria de aprendizagem social

Esta corrente, que podemos seguramente considerar como uma das principais no campo da Psicologia do Desenvolvimento, teve sua origem nos trabalhos de Miller, Dollard, Mowrer, Sears e outros psicólogos famosos do chamado grupo de Yale. Em 1941 foi publicado o livro *Social Learning and Imitation*, de Miller e Dollard, no qual os autores tentaram integrar as formulações da teoria da aprendizagem de Clark Hull com a evidência de antropologia cultural, e sociologia em um esquema explicativo do comportamento humano mais complexo. O segundo livro de Dollard e Miller, *Personality and Psychotherapy* (1950), apresentou uma síntese de conceitos da teoria freudiana, da teoria de aprendizagem de Hull e da antropologia cultural. O trabalho de Miller e Dollard é apontado como responsável por ter trazido noções freudianas para dentro do domínio da Psicologia científica. Com isto queremos dizer que as contribuições da teoria psicanalítica, inicialmente rejeitadas como não científicas pelos psicólogos americanos que trabalhavam nas universidades e seus laboratórios, em áreas consideradas cientificamente mais "respeitáveis" como aprendizagem, foram difundidas por Miller e Dollard, que iniciaram um movimento no sentido de explicar conceitos psicanalíticos em termos da teoria da aprendizagem de Hull (1943), termos esses inteligíveis aos psicólogos acadêmicos. Um dos exemplos é o conhecido paradigma de deslocamento de Miller, em que o conceito psicanalítico do mecanismo de defesa de deslocamento é explicado em termos de generalização e gradientes de excitação e inibição.

Miller e Dollard, pode-se dizer, deram origem a uma linha de trabalho em Psicologia do Desenvolvimento, em que hipóteses baseadas na teoria psicanalítica foram testadas empiricamente, através de pesquisas em que a metodologia científica foi usada com razoável rigor. Temos como exemplo disto os trabalhos de Whiting e Child (1953), Grinder (1962) e muitos outros, em que o desenvolvimento moral é estudado sob este enfoque, como veremos no capítulo 10. Contudo, deve-se notar que Miller e Dollard insistem que seu trabalho não consiste em mera tradução de conceitos psicanalíticos em termos de aprendizagem, mas que elaboraram uma teoria do desenvolvimento da personalidade em termos de princípios de aprendizagem, tendo apenas utilizado alguns conceitos freudianos mais aceitáveis, como variáveis interessantes a serem estudadas.

A teoria de Miller e Dollard é uma teoria S-R liberalizada, como explica Miller em seu trabalho intitulado *Liberalization of S-R Concepts* (1962) no sentido em que faz uso de respostas subjetivamente observáveis, tais como medo, pensamentos, motivação, conceitos centrais na teoria. Mais recentemente, o ponto de vista S-R na Psicologia do Desenvolvimento tem enfatizado o modelo de Skinner, mais do que o de Hull, sendo que a diferença fundamental entre os dois consiste no uso de construtos hipotéticos ou variáveis intervenientes. Enquanto Hull admite o uso de construtos, isto é, processos inferidos a partir de estímulos e respostas observáveis, mas que ocorrem dentro do organismo, tais como ansiedade, *drive*, motivação, Skinner rejeita a utilidade de tais construtos, limitando-se a estudar as variáveis diretamente observáveis, isto é, os estímulos e as respostas, e as relações funcionais entre elas. A influência skinneriana na Psicologia do Desenvolvimento é exemplificada nos trabalhos de Bandura, Bijou, Baer e outros (BANDURA, 1963, 1969, 1973; BIJOU & BAER, 1961, 1965).

Conceitos centrais da teoria de aprendizagem social

Aprensentamos a seguir uma revisão dos princípios e conceitos básicos das teorias da aprendizagem, que são agora aplicados à explicação dos processos de aquisição dos comportamentos humanos mais complexos, geralmente conceituados como pertencentes ao âmbito da Psicologia da Personalidade ou da Psicologia Social.

Estímulo: Chama-se estímulo qualquer evento que atua sobre um organismo.

Resposta: Chama-se resposta qualquer comportamento emitido por um organismo.

Condicionamento: De acordo com o ponto de vista behaviorista, toda aprendizagem é feita através de condicionamento. Há dois tipos básicos de condicionamento: *Condicionamento clássico* e *condicionamento operante*. O *condicionamento clássico* é também chamado pavloviano, por contiguidade, S-S, ou respondente. É chamado clássico por ter sido o primeiro tipo de condicionamento a ser estudado. É chamado pavloviano por ter sido primeiramente estudado por Pavlov. É chamado S-S porque a conexão fortalecida ou aprendida é entre dois estímulos, como veremos a seguir. É chamado condicionamento por contiguidade porque o princípio atuante é o de contiguidade ou de ocorrência simultânea. O que fortalece a conexão entre os dois estímulos é o fato de ocorrerem juntos. Finalmente, é chamado de respondente porque parte de uma ação reflexa em que um determinado estímulo naturalmente provoca uma determinada resposta. Para efeito de definição de termos, tomemos o exemplo clássico estudado por Pavlov: diante do estímulo carne, o cachorro naturalmente dá a resposta de salivação. Dizemos então que no caso a carne é um estímulo incondicionado e que salivar é uma resposta incondicionada àquele estímulo, porque a carne naturalmente provoca salivação, não requerendo este processo qualquer aprendizagem ou condicionamento. Agora, se junto com a carne apresentarmos um estímulo neutro, isto é, que não provocaria normalmente a salivação, depois de várias apresentações sucessivas de carne junto com o estímulo neutro, por exemplo, o som de uma campainha, este passaria também a provocar salivação, mesmo quando apresentado sem a carne. Dizemos então que o som da campainha se tornou um estímulo condicionado, que provoca então a resposta condicionada de salivação. O processo é ilustrado diagramaticamente na figura 18 abaixo.

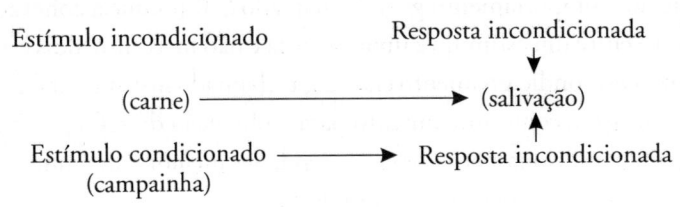

Fig. 18. O condicionamento clássico.

Os melhores resultados de condicionamento são obtidos quando o estímulo condicionado é apresentado pouco antes (alguns segundos) do estímulo incondicionado. No condicionamento chamado de traço, em que se demora a apresentação do estímulo incondicionado, a resposta condicionada também demora mais a ocorrer, com uma latência aproximadamente igual à da demora entre o estímulo incondicionado e o condicionado. É importante notar que a eficácia do condicionamento depende também do estado do organismo, isto é, se o cachorro está com fome, obtém-se mais rapidamente o condicionamento descrito acima do que se está saciado. Em ambiente natural, vemos que as crianças aprendem muitas reações por condicionamento de contiguidade, especialmente reações de medo, ansiedades, fobias. Por exemplo, se uma criança levou uma palmada por se comportar mal no jardim zoológico, defronte do viveiro de aves, poderá adquirir medo de aves. Se a criança é punida por não comer o espinafre, pode associar o estímulo aversivo (punição) com o espinafre e passar a detestá-lo ainda mais.

Condicionamento operante: É também chamado skinneriano, por reforço, S-R, ou instrumental. É chamado operante porque se faz a partir de respostas do organismo, que têm um efeito sobre o ambiente. São respostas que não são dadas a nenhum estímulo identificado (como no caso do condicionamento clássico) e que têm uma consequência. É chamado skinneriano porque tem sido enfatizado por Skinner, embora este tipo de condicionamento tenha sido extensivamente usado por Hull e embora se possa dizer que a lei do efeito de Thorndike foi uma precursora da noção de reforço e de condicionamento operante. É chamado condicionamento por reforço porque o que fortalece a conexão é o reforço, ou a consequência que um comportamento gera. É chamado S-R porque a conexão fortalecida é entre um estímulo e uma resposta e não mais entre dois estímulos, como no condicionamento clássico. É chamado instrumental porque a resposta serve como instrumento para a obtenção do reforço. O paradigma do condicionamento operante pode ser melhor entendido examinando-se a situação básica da "caixa de Skinner".

A caixa de Skinner é uma gaiola cúbica em que há uma barra e um dispensador de bolinhas de alimento. Ao ser colocado na gaiola, o organismo (geralmente um rato) emite uma série de comportamentos (operantes), que são espontâneos, isto é, não são resposta a nenhum estímulo identificável. Acabará, acidentalmente, pelo menos, pressionando-se a barra. Sendo esta resposta seguida pelo aparecimento de uma bolinha de alimento, a resposta de apertar a barra tende a ser repetida. A diferença principal, portanto, entre os dois tipos de condicionamento é que no condicionamento clássico uma ação que já é resposta a um estímulo pode ser trazida sob controle de outro estímulo, através de associação ou contiguidade. No condicionamento operante qualquer resposta aleatória, que não está ligada a nenhum estímulo específico, pode ser posta sob controle, por exemplo, a resposta operante de apertar a barra pode ser rapidamente colocada sob o controle de um estímulo reforçador.

Reforço: Chama-se de reforço ou estímulo reforçador qualquer evento ambiental que, quando se segue à emissão de uma resposta, aumenta a probabilidade de ocorrência da mesma.

Reforço positivo: Chama-se reforço positivo a todo reforço que, quando se segue a uma resposta, aumenta a probabilidade de ocorrência dessa resposta. Por exemplo, se uma bolinha de comida é dada ao rato logo depois que ele aperta uma alavanca, o rato tenderá a repetir essa resposta de apertar a alavanca. A bolinha de comida é então um reforço positivo.

Reforço negativo: Chama-se reforço negativo qualquer estímulo que, quando retirado, aumenta a probabilidade de ocorrência de uma resposta. Por exemplo, se a retirada de um choque elétrico faz com que o rato pressione a alavanca, o choque está agindo como um reforço negativo.

Punição: Refere-se à aplicação de um estímulo aversivo, que, quando é aplicado em seguida a um comportamento, diminui a probabilidade de ocorrência desse comportamento. Por exemplo, se o rato apresenta um comportamento de apertar uma alavanca, e este comportamento passa a ser seguido por choque elétrico, o rato deixará de apertar a alavanca.

Extinção: É o processo de enfraquecimento de uma resposta.

Usa-se geralmente o termo extinção quando o enfraquecimento da resposta é obtido através da retirada de reforços positivos, embora alguns autores também usem o termo extinção em relação ao enfraquecimento de respostas obtidas através da estimulação aversiva (punição). A este caso preferimos reservar o termo inibição. Por que a necessidade dessa distinção entre "extinção" e "inibição", se ambos os processos levam ao enfraquecimento das respostas? A razão da distinção é que, tanto em experimentos com animais como em experimentos com seres humanos, os resultados indicam que, quando se faz uma extinção (retirada de reforços positivos), o comportamento é realmente desaprendido e não retorna, a não ser em casos esporádicos de recuperação espontânea, recuperação essa também passageira, ao passo que na inibição o comportamento parece ser apenas temporariamente inibido, mas não desaprendido e facilmente reaparece, uma vez removidas as condições aversivas. Vejamos um exemplo: Um comportamento desagradável, frequentemente manifestado por crianças em idade pré-escolar, é o de birra, em que a criança chora, grita, esperneia, atira-se no chão, bate com a cabeça na parede, etc. Se a criança está acompanhando a mãe às compras, vê um brinquedo, quer que a mãe o compre, esta nega, a criança poderá apresentar o comportamento do tipo descrito acima, com maior ou menor intensidade. A reação da mãe pode ser de três tipos: a) ela compra o brinquedo, cedendo à criança e evitando o "escândalo"; neste caso, temos o reforço positivo e o comportamento tende a aumentar em frequência, isto é, a criança o manifestará em ocasiões futuras em que quiser que os adultos cedam a suas exigências; b) a mãe dá uma palmada na criança; se a punição for suficientemente forte a criança talvez pare com a birra e não experimente outra vez quando sair para fazer compras com a mãe; aparentemente, o comportamento foi eliminado, porém geralmente ele foi apenas temporariamente inibido; se a situação mudar um pouco e a estimulação aversiva (possibilidade de a mãe dar uma palmada) for removida, a criança provavelmente tentará novamente a birra; por exemplo, se sair com o pai, ou a avó, poderá tentar a birra a fim de obter suas exigências; c) a mãe ignora a birra da criança; neste caso, a mãe não cede, porém também não pune, simplesmente ignora; então o comportamento geralmente enfraquece e é totalmente eliminado, não reaparecendo nem mesmo em outros contextos. É evidente que uma instância apenas do reforço positivo, ou da punição, ou da extinção, não tem geralmente um efeito tão dramático. É depois de algumas vezes em que um tipo de situação ocorre que se notam os efeitos.

Reforço primário: Chama-se reforço primário a um estímulo que possui propriedades naturalmente reforçadoras, ou seja, que reduzem necessidades primárias. Por exemplo, o alimento é um reforço primário, porque reduz a necessidade primária da fome.

Reforço secundário: Qualquer estímulo ou objeto que naturalmente não possui propriedades reforçadoras, mas que, por associação com um reforço primário, passa a atuar como reforçador, chama-se reforço secundário. Por exemplo, uma ficha que fique associada a balas ou brinquedos pode adquirir propriedades reforçadoras para uma criança, que passará a executar comportamentos a fim de ganhar as fichas apenas. O dinheiro é outro exemplo de reforçador secundário. O dinheiro em si não reduz necessidades primárias como as de fome ou sede, porém está associado com a redução dessas necessidades e com a aquisição de muitas coisas que são reforços primários positivos, de forma que o dinheiro adquiriu propriedades reforçadoras e é o que chamamos um reforço secundário. Muitos psicólogos behavioristas têm interpretado o amor da criança pela mãe como resultante desse processo: a mãe satisfaria as necessidades primárias da criança (fome, sede, etc.) de forma que seu rosto, bem como seus carinhos, atenção, ficariam associados com a redução das necessidades primárias e a criança passaria então a precisar do carinho materno. Este é um ponto de vista discutível, apesar da teoria psicanalítica também apoiar essa posição, com a ênfase na fase oral. As pesquisas de Harlow com macacos indicam que o contato corporal com a mãe é uma variável de maior importância do que a alimentação (HARLOW, 1958). (cf. capítulo 14 para discussão mais completa deste assunto). Os esforços secundários são muito importantes, pois seria impossível utilizar-se apenas reforços primários na socialização de crianças. Os reforços sociais, tais como elogios, bem como os reforços simbólicos, como as fichas, são usados largamente tanto intuitivamente por mães, pais, educadores, como de maneira mais sistemática nas técnicas de modificação de comportamento.

Generalização e discriminação: Chamamos *generalização* à propriedade pela qual estímulos semelhantes ao que originalmente foi condicionado produziram a mesma resposta. Por exemplo, se treinarmos um cachorro a salivar em resposta a um som com a frequência de 250 ciclos por segundo (associando-o com a presença do alimento), veremos que o cachorro generalizará essa resposta para sons de 240 ciclos por segundo, 260 ciclos por segundo, etc. A generalização é tanto maior, quanto mais semelhante o novo estímulo for ao estímulo original, isto é, haverá mais generalização para um som de 260 ciclos por segundo do que para um de 280 ciclos por segundo. Este é um exemplo de generalização em condicionamento clássico. A generalização ocorre também no condicionamento operante: o reforço positivo de um comportamento tende a aumentar a probabilidade de ocorrência deste comportamento específico, e também de comportamentos semelhantes. Por exemplo, uma criança que recebe elogios por emprestar brinquedos aos irmãos provavelmente ao entrar para o maternal tenderá a compartilhar brinquedos com os coleguinhas.

Discriminação: É o processo inverso da generalização. Requer respostas diferentes a estímulos diferentes. Pode-se treinar a discriminação, reforçando-se respostas a um estímulo e não a outro. Por exemplo, pode-se reforçar um rato numa caixa de Skinner, se ele aperta a alavanca quando a luz está acesa, e não reforçá-lo se aperta a alavanca, mas a luz está apagada. Ao fim de algumas tentativas, o rato deverá ter aprendido a discriminação e só apertará a barra quando a luz estiver acesa. Chamamos de S^D (estímulo discriminativo) o estímulo em presença do qual o comportamento é reforçado. No exemplo acima, a luz é o S^D. Chamamos de S^Δ o estímulo em presença do qual o comportamento não é reforçado, no caso, luz apagada. Os processos de generalização e discriminação são ambos importantíssimos na aquisição de comportamentos sociais complexos. A criança precisa aprender, por exemplo, que assim como ela é reforçada por comer com boas maneiras em casa, também o será se fizer assim em casa de outras pessoas (generalização). O menino precisa aprender que se bater num coleguinha que o tenha agredido primeiro (S^D) será elogiado em casa, porém se bater no pai quando este o disciplinar com uma palmada (S^Δ) não será apreciado (discriminação).

Esquemas de reforçamento: As pesquisas experimentais de Skinner e seus colaboradores (FERSTER & SKINNER, 1952) investigaram cuidadosamente os efeitos de diversos esquemas de reforçamento. Por esquema de reforçamento queremos nos referir à taxa com que os reforços são dispensados: podemos reforçar um organismo por todos os comportamentos de determinada classe que forem emitidos (*reforçamento contínuo ou total*), ou podemos reforçar algumas respostas de determinado tipo e não reforçar outras respostas desse mesmo tipo (*reforçamento intermitente ou parcial*). Há vários tipos de reforçamento intermitente como se vê no diagrama seguinte (fig. 19):

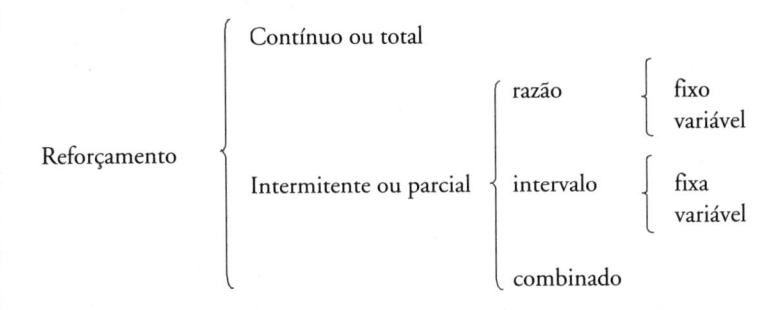

Fig. 19. Esquemas de reforçamento.

Pode ser feito um reforçamento parcial *de razão*, em que o que se leva em conta é o número de respostas emitidas, por exemplo, o reforço vem sempre de 3 em 3 respostas, ou sempre de 4 em 4. Um exemplo de como isto ocorre na vida diária está no pagamento de empregados por comissão, em que o empregado recebe certa quantia cada vez que vender quatro carros. Este é um exemplo de reforçamento de razão *fixa*, isto é, o reforço vem sempre de 4 em 4 respostas. Há também a *razão variável*, em que o sujeito é reforçado em torno de um valor médio, isto é, o reforço às vezes vem de 3 em 3 respostas, às vezes de 4 em 4, às vezes de 5 em 5, sendo a média 4.

No reforçamento de intervalo, o que é levado em conta é o intervalo de tempo decorrido e não o número de respostas ou comportamentos emitidos. Por exemplo, o reforço pode ser dispensado sempre de dois em dois minutos, sendo irrelevante o número de respostas emitido. A primeira resposta depois de decorridos dois minutos recebe reforço. O reforçamento por intervalo também pode ser fixo ou variável. Um exemplo de esquema de intervalo fixo é o pagamento de salário mensal. O reforço (pagamento) vem de 30 em 30 dias, independente do número de unidades produzidas. No reforçamento por intervalo variável, o intervalo de tempo entre reforços varia, às vezes, cinco minutos, às vezes dez, às vezes 15, etc., em torno de um valor médio que pode ser por exemplo 10 minutos. O esquema combinado representa uma combinação de dois ou mais dos tipos descritos; por exemplo, pode-se executar um esquema em que os reforços venham de 10 em 10 minutos (intervalo fixo) e também de 10 em 10 respostas (razão fixa). A importância de se conhecer esses diversos esquemas de reforçamento é muito grande, uma vez que cada um deles tem efeitos diferentes sobre a rapidez de aquisição de um comportamento e também sobre sua resistência à extinção. Embora o reforçamento contínuo seja altamente eficiente para assegurar a aquisição rápida de um comportamento, o reforçamento intermitente é muito mais eficiente para gerar alta resistência à extinção. Por exemplo, um rato que recebe uma bolinha de alimento toda vez que aperta a barra na caixa de Skinner adquire essa resposta mais rapidamente do que um que só a recebe de vez em quando. No entanto, quando se deixa de dar o reforço, o segundo ratinho continua apertando a barra com uma frequência alta durante muito mais tempo do que o primeiro, ou, em outras palavras, ele resiste muito mais à extinção. Aplicando esses conhecimentos ao desenvolvimento da personalidade humana, vemos que uma criança que é reforçada num esquema contínuo perde mais facilmente um comportamento assim estabelecido se o reforço é retirado do que uma que foi reforçada de maneira intermitente. Se uma criança recebe reforços (presentes ou elogios) toda vez que arruma seus brinquedos, no momento em que se deixar de dar esses reforços ela protestará com reações emocionais e se recusará a arrumá-los. No entanto, uma criança que tiver recebido reforços algumas vezes, e outras não, tende a manter o comportamento de arrumar os brinquedos – ela resiste mais à extinção, pois já está acostumada à ideia de que às vezes o comportamento é seguido de reforços e outras vezes não é. Felizmente os pais não teriam mesmo condições de estar atentos e reforçar todos os comportamentos de determinada classe que desejam que seus filhos adquiram, e usam, portanto, um esquema intermitente, que permite que, depois de certo tempo, as crianças adquiram hábitos e o reforço constante não seja mais necessário.

Por outro lado, vemos que certos comportamentos indesejáveis são difíceis de se extinguir. Acontece que provavelmente foram aprendidos num esquema combinado de razão variável e intervalo variável, que mais se aproxima do aleatório e que é o que provavelmente ocorre na vida diária. Nenhuma mãe obviamente estaria atenta para disciplinar a criança toda vez que emite um comportamento de cinco em cinco minutos ou de três em três respostas e o que acontece é que os comportamentos às vezes têm uma consequência e às vezes não. Os comportamentos que compõem o que alguns chamam de traços de personalidade (comportamentos agressivos, tímidos, cooperativos, meticulosos, etc.) provavelmente são adquiridos em esquemas combinados de razão variável e intervalo variável e são portanto muito resistentes à extinção. Os efeitos deste tipo de esquema são os que mais nos interessam para a compreensão do desenvolvimento da personalidade humana e por isto foram enfatizados aqui. Uma discussão detalhada dos efeitos de diversos esquemas de reforçamento aplicados ao desenvolvimento da personalidade é apresentada por Lundin (1972). Estes efeitos são de grande importância para o psicólogo que desejar fazer experimentação sobre o assunto ou aplicar na clínica programas de modificação de comportamento, porém escapam ao objetivo da presente obra.

Fuga e esquiva: Os fenômenos de fuga e esquiva foram bastante estudados em Psicologia da aprendizagem animal e mais recentemente também com seres humanos. Ambos os comportamentos são reações a estímulos aversivos (punições). Temos o comportamento de fuga no paradigma básico em que um rato recebe um choque elétrico, mas se emitir determinado comportamento, por exemplo, saltar para um compartimento adjacente, terminará o choque. Estes comportamentos que terminam uma situação aversiva ficam fortalecidos. No comportamento humano teríamos muitos exemplos: se a situação de sala de aula é muito aversiva para um estudante, o comportamento de fugir da sala quando o professor não está olhando torna-se fortalecido. Ou ainda, o comportamento de ir ao médico pode se fortalecer porque termina a ansiedade de não saber que doença se tem. Ir ao dentista arrancar um dente pode ser fortalecido porque termina a dor de dentes. A situação de esquiva difere da de fuga no seguinte aspecto principal: Enquanto na fuga o comportamento serve para se fugir de um estímulo aversivo que já está atuando, na esquiva o comportamento serve para se evitar que um estímulo aversivo ocorra. No paradigma básico, depois de um condicionamento de fuga, associa-se um estímulo discriminativo com o estímulo aversivo, por exemplo, acende-se uma luz alguns segundos antes do choque elétrico ser aplicado. O rato aprende então a esquivar-se do choque, saltando para o outro compartimento antes mesmo que o choque ocorra, basta ver a luz que age como um S^D que sinaliza que o choque está por vir. O comportamento que serve para evitar um estímulo aversivo é um comportamento de esquiva. Estudar para uma prova para evitar ser reprovado é um comportamento de esquiva. Outro exemplo seria isolar-se de situações sociais para evitar experiências desagradáveis de ser criticado ou ignorado pelos outros.

Além desses fatos mais elementares de condicionamento, temos alguns conceitos S-R mais abstratos, na maioria mais chegados à linha de Hull e Spence do que a de Skinner:

Hábito: Hábito é o fortalecimento de uma conexão entre estímulo e resposta. A *força do hábito* é função, entre outros fatores, do número de vezes em que a conexão foi reforçada.

Motivação ou drive: É uma variável que reflete o estado do organismo. É o que ativa o organismo, é um ativador generalizado. A motivação é definida operacionalmente em termos de número de horas de privação. Antes da maior parte dos experimentos de condicionamento costuma-se privar o rato de alimento, para aumentar o nível de motivação. Em experimentos com crianças, tem-se experimentado privar a criança de uma interação gratificante com o experimentador, antes de uma tarefa de aprendizagem, a fim de verificar se crianças nessa condição experimental reagem melhor aos elogios (reforços sociais) do experimentador do que crianças que não tenham sido privadas (GEWIRTZ & BAER, 1958). Embora haja alguma controvérsia, este tipo de pesquisa tem indicado que a privação aumenta a atuação do reforço social. Na concepção de Hull, a definição de reforço é tudo aquilo que reduz o *drive*, enquanto que para Skinner, como já foi dito, estes conceitos não são observáveis diretamente e a única coisa que podemos afirmar é que reforço é aquilo que aumenta a probabilidade de ocorrência de uma resposta. Não sabemos realmente se o reforço aumenta a probabilidade de uma resposta porque reduz um *drive* ou por qualquer outra razão. De fato, algumas pesquisas indicam que seres humanos e mesmo animais em muitas situações executam tarefa tendo como reforço uma situação estimuladora que obviamente aumenta o nível de motivação ao invés de diminuí-la. Por exemplo, pesquisas com macacos indicam que estes executam tarefas complexas, tendo como recompensa o privilégio de abrir uma janela e ver outro macaco, uma situação que obviamente é estimuladora e não redutora de *drive*. Olds e Milner (1954) também demonstraram que a estimulação elétrica de certas zonas do cérebro pode agir como reforço positivo, outra situação que obviamente não envolve redução de *drive*. Na prática, o que é importante é descobrir o que é reforçador para determinada pessoa em determinada situação. Não adianta dar balas a uma criança no intuito de fornecer um reforço positivo, caso a criança não goste de coisas doces.

Hierarquia de hábitos: No organismo formam-se hierarquias de hábitos, isto é, certos hábitos estabelecem-se mais fortemente do que outros. Quando um comportamento dominante na hierarquia de hábitos não pode ser emitido por alguma razão, surge o comportamento seguinte na hierarquia. Isto explicaria o fenômeno de regressão. Por exemplo, digamos que o comportamento normal reforçado de um menino de 5 anos seja comer sozinho. Ao nascer um irmãozinho menor, o mais velho poderá sentir que não está recebendo atenção e reforços por comer sozinho. Poderá recorrer então a insistir que lhe deem comida na boca.

Aprendizagem por observação: Além dos princípios expostos acima, ao aplicar as noções de aprendizagem de comportamentos sociais, Bandura (1963) deu grande ênfase ao princípio chamado *imitação*, que anteriormente fora sempre enquadrado entre os comportamentos adquiridos por condicionamento operante. Miller e Dollard (1941), por exemplo, em *Social Learning and Imitation*, falam de dois casos de imitação:

a) O comportamento imitativo que é reforçado porque corresponde ao do modelo. Por exemplo, o menino que imita o pai saindo de casa com uma pasta para trabalhar provavelmente será reforçado pelo sorriso e aprovação do pai.

b) O comportamento imitativo que ocorre porque o sujeito observa outra pessoa ser reforçada por emitir aquele comportamento. Por exemplo, a criança que vê a mãe de um coleguinha ceder a seu acesso de birra provavelmente imitará esse comportamento. Chamamos a este tipo de reforço de reforço vicário, isto é, "em lugar do outro".

Bandura acredita, porém, que a imitação é um princípio de aprendizagem em si próprio e que a aprendizagem pode-se fazer por imitação sem a ocorrência de nenhum reforçamento, seja ao próprio indivíduo, seja a um modelo. Seus experimentos sobre a aquisição de comportamentos agressivos dão evidência bastante convincente para seu ponto de vista. A mera exposição a modelos agressivos, seja na vida real, seja em filmes, leva à aprendizagem de comportamentos agressivos que se manifestarão numa situação posterior, enquanto que em grupos de controle, expostos a modelos não agressivos, a manifestação de agressão foi significantemente menor num pós-teste. Estes experimentos são apresentados e discutidos em mais detalhe no capítulo sobre a agressão.

Em resumo, podemos dizer que na teoria da aprendizagem social o desenvolvimento de todos os comportamentos habituais da pessoa, que constituem o que chamamos personalidade, é explicado em termos dos princípios básicos acima expostos: condicionamento clássico, condicionamento operante e imitação.

A teoria da aprendizagem social tem tido enorme repercussão na prática da Psicologia Clínica e da Psicologia Escolar, áreas em que o psicólogo é chamado a fim de corrigir comportamentos inadequados ou desadaptados. Os pressupostos teóricos da aprendizagem social são diferentes dos das demais teorias de Psicopatologia ou de Psicoterapia. Sem recorrer a forças internas e dinamismos inconscientes não observáveis dos quais os comportamentos manifestos seriam meros derivativos, a teoria de aprendizagem social considera o desajustamento como comportamentos inadequados que foram aprendidos através de reforço positivo e imitação, ou como a ausência de comportamentos adaptados que são inexistentes ou têm uma frequência de ocorrência muito baixa no repertório de comportamentos dos sujeitos, porque não foram reforçados positivamente no passado ou porque foram punidos. Assim, o problema da terapia resume-se em aprender novos comportamentos adequados e desaprender comportamentos inadequados. Para isto são utilizados os princípios básicos de aprendizagem já descritos nesse capítulo. Entre as principais técnicas utilizadas na terapia comportamental ou na modificação de comportamento encontram-se a utilização do reforço positivo, a extinção, a dessensibilização sistemática, a imitação e a estimulação aversiva. Vejamos alguns exemplos de estudos relatados em que uma ou mais dessas técnicas foram empregadas.

Extinção: A eliminação de comportamentos inadequados pode ser obtida através da retirada de reforços positivos que estejam mantendo o comportamento. Williams (1959), em um caso já clássico nos livros de modificação de comportamento, relata o caso de um menino de 21 meses de idade, que devido a uma doença prolongada havia adquirido hábitos de grande dependência, exigindo por meio de choro e birra que os pais ficassem no quarto até que adormecesse. Aplicando-se a técnica de extinção, os pais passaram a colocá-lo na cama tranquilamente após as rotinas de aprontar-se para dormir, fechando a porta do quarto e deixando-o lá, ignorando os choros e gritos. Em poucos dias o comportamento foi extinto. Reapareceu depois, devido à chegada de uma tia que reforçou positivamente o comportamento inadequado, tendo sido o menino submetido a outro período de extinção. Novamente em menos de duas semanas o comportamento inadequado foi extinto, não ressurgindo nem havendo outros problemas posteriores.

Terapia por reforçamento positivo: Frequentemente vemos que muitos comportamentos indesejáveis são mantidos porque recebem reforço positivo, enquanto que os comportamentos desejáveis alternativos, já baixos em frequência, passam desapercebidos. Por exemplo, numa sala de maternal, a professora tende a dar atenção a uma criança que chora, porém em geral ignora-a quando ela está brincando adequadamente. Ou zangamos com a criança que briga e agride, mas a ignoramos quando tem um comportamento de cooperação. Em uma série de trabalhos interessantíssimos, Harris, Wolf e Baer (1964) verificaram que uma professora de maternal realmente dispensava atenção a uma criança que chorava excessivamente na escola. Instruíram-na a ignorar a criança nos momentos de choro e a utilizar reforços positivos (elogios, atenção) nos momentos em que não estivesse chorando. Em poucos dias o comportamento de choro foi eliminado. Outra criança apresentava o comportamento bizarro de engatinhar quase todo o tempo na sala de maternal. A professora foi instruída a ignorar a criança quando engatinhasse, porém a dispensar carinho, afagos, etc., nos raros momentos em que se levantasse (como na hora de beber água no bebedouro ou pendurar o casaco no cabide). Gradualmente o comportamento de andar em pé aumentou e em poucos dias o engatinhar foi extinto.

Rickard e Mundy (1965) relatam o caso de um menino de 9 anos de idade com gagueira crônica. O tratamento consistiu em conceder pontos que podiam ser trocados por reforçadores e que eram dados em seguida à emissão de fala sem gaguejar. Todo o comportamento de gaguejar foi ignorado. Inicialmente, eram apresentados ao garoto pequenas unidades, tais como frases para repetir. O tamanho das frases foi aumentando até chegar a parágrafos inteiros que precisavam ser ditos sem nenhum gaguejo a fim de obter o reforço.

Imitação: A utilização de modelos que demonstrem o comportamento desejado também tem sido eficiente na modificação do comportamento. Bandura, Grusec e Menlove (1967) demonstraram um método de eliminação de fobias em crianças em que outras crianças exibiam respostas de calma e aproximação diante do estímulo que causa medo aos sujeitos (por exemplo, cachorros). Em uma demonstração experimental, os sujeitos foram 24 meninos e 24 meninas de 3 a 5 anos de idade, que tinham forte medo de cachorros. A intensidade do medo dessas crianças foi avaliado antes do tratamento por meio de uma sequência graduada de tarefas em que as crianças tinham que se envolver em interações cada vez mais próximas com um cachorro (por exemplo, olhar para o cachorro dentro de um cercado, fazer festa no cachorro, caminhar com ele numa coleira e finalmente entrar no cercado com o cachorro). Cada criança que tinha medo foi colocada em uma situação experimental: O grupo 1, modelo com contexto positivo, participou em uma série de festinhas agradáveis. O grupo 2, modelo com contexto neutro, observou o mesmo modelo interagir com o cachorro, mas não houve festa. Os outros dois grupos foram grupos de controle: O grupo 3 compareceu a festas em que um cachorro foi trazido na sala, mas não observou os modelos que não tinham medo, e o grupo 4 participou de festas, mas não teve exposição a modelos nem ao cachorro. Depois do tratamento as crianças foram reavaliadas nas mesmas tarefas usadas no pré-teste. Os resultados indicaram que as crianças dos grupos 1 e 2 (que haviam observado os modelos) revelaram muito menos medo de cachorro do que as crianças nos dois grupos de controle. Houve também generalização com relação a um cachorro diferente. Em outro estudo, o mesmo processo foi utilizado, com a diferença de que os modelos foram apresentados em filmes (BANDURA & MENLOVE, 1968).

Dessensibilização sistemática: Esta técnica, cujos representantes mais importantes são Wolpe (1958) e Lazarus (1963), é mais filiada ao condicionamento clássico do que ao operante. A ideia básica consiste em que eliciação de uma resposta incompatível com a ansiedade (relaxamento, por exemplo) em presença de estímulos que causam ansiedade fará com que gradualmente esses estímulos deixem de provocar ansiedade. Este tipo de terapia é muito utilizado no tratamento de fobias. Lazarus (1960) descreve o caso de uma menina de 9 anos que sofria de ansiedade de separação, terrores noturnos e sintomas psicossomáticos na ausência da mãe, não podendo mesmo ficar na escola. A menina recebeu sessões de relaxamento em que, quando inteiramente relaxada, deveria imaginar estar longe da mãe por períodos de tempo cada vez maiores. Depois de cinco sessões, durante um período de dez dias consecutivos, ao final dos quais a menina pôde voltar à escola, suas ansiedades foram eliminadas. Um *follow-up* 15 meses depois revelou que essa melhora fora mantida.

Estimulação aversiva: Embora menos usada, e questionada por muitos, o uso da punição tem sido empregado em alguns casos, especialmente no tratamento do alcoolismo ou de distúrbios de comportamento sexual. Voetglin e Lemere (1942) apresentam uma avaliação dos tratamentos de alcoolismo por estimulação aversiva, indicando bons resultados para essa técnica, que consiste, basicamente, em associar a bebida alcoólica com algum estímulo aversivo (injeção provocadora de náuseas).

Raymond (1956) relata a cura de um caso de fetichismo. Com crianças, Lovaas (1967) principalmente tem conseguido sucesso com o uso de punição no tratamento de crianças autistas. Lovaas conseguiu a eliminação de comportamentos severamente autodestrutivos, tais como bater com a cabeça na parede ou morder-se a si próprio, utilizando a punição, seja por meio de isolamento da criança ou pela administração de choque elétrico. Em duas crianças com quem Lovaas trabalhou, esses comportamentos autodestrutivos desapareceram numa questão de minutos e o sucesso foi mantido até 11 meses depois. A eliminação desse tipo de comportamento permite a aparição de outros comportamentos positivos, tais como comportamentos que revelam alguma comunicação social e comportamentos verbais, que passam então a receber reforço positivo por parte do terapeuta. Utilizando a imitação e o reforço positivo, Lovaas tem conseguido melhorar bastante o comportamento de crianças autistas, em casos em que os tratamentos tradicionais falharam totalmente.

Apresentamos aqui apenas uma ideia bastante geral do que seja a terapia comportamental ou a modificação de comportamento. Ao leitor que desejar aprofundar esse assunto, recomendamos a leitura de Hall (1973), Beech (1971), Krasner e Ullmann (1972) e Lundin (1972), todos traduzidos para o português.

A terapia comportamental realmente conquistou a Psicologia Clínica e a Psicologia Escolar nos Estados Unidos por duas razões fundamentais: É de um rigor metodológico inquestionável, apresentando evidência objetiva das curas ou melhoras obtidas, a ponto de satisfazer os cientistas mais rigorosos, e, por outro lado, é de extrema simplicidade, não requerendo conhecimentos esotéricos. Seus princípios têm sido difundidos entre professores e pais, que podem perfeitamente utilizar algumas técnicas básicas como o reforço positivo de comportamentos desejáveis, extinção de comportamentos indesejáveis. Os resultados são rápidos e objetivamente comprováveis, de forma que teve bastante aceitação.

A teoria de aprendizagem social tem se modificado nos últimos anos, sendo sua característica atual a integração entre princípios behavioristas e variáveis cognitivas. No excelente artigo intitulado "Toward a Cognitive Social Learning Theory", Mischel (1973) resume essa tendência que parece humanizar o modelo skinneriano, dando ênfase a variáveis subjetivas e cognitivas. Como salienta Mischel, é preciso levarem-se em conta fatores como o valor subjetivo que um reforço tem para determinado sujeito, a representação cognitiva que o sujeito faz das prováveis consequências de seus comportamentos, a expectância que o sujeito tem em relação a receber reforços e a escolha que o sujeito faz dos comportamentos que quer adquirir por meio de uma terapia comportamental. Essa tendência é também nítida nos trabalhos mais recentes de Bandura como *Aggression* (1973), bem como nos trabalhos sobre autoeficácia e autorregulação (BANDURA, 1977, 1982).

Deve ficar claro ao leitor que o tratamento dado aqui à teoria de aprendizagem social é menos extenso que o dado à de Piaget, pela simples razão de que na Terceira parte os tópicos são focalizados principalmente sob o prisma da teoria de aprendizagem social, ao passo que, com exceção do capítulo sobre julgamento moral, em que a contribuição de Piaget é discutida, há poucas referências à teoria de Piaget na Terceira parte deste livro. A discussão de pesquisas sobre identificação, dependência, agressão, comportamento moral, que aparecem na Terceira parte devem ser consideradas como um aprofundamento sobre as contribuições da teoria de aprendizagem social, teoria que tem tido grande aceitação na Psicologia do Desenvolvimento atual quanto à explicação do desenvolvimento de aspectos da personalidade humana. Sua competidora, a teoria de Piaget, de igual importância, destaca-se quanto à contribuição que tem dado para a compreensão de aspectos cognitivos do desenvolvimento, mas não tanto para aspectos emocionais e sociais.

Pelo rigor metodológico, por atender melhor aos requisitos de uma teoria científica, e pelas utilíssimas implicações práticas que tem tido, a teoria de aprendizagem social merece lugar de grande destaque entre as teorias de desenvolvimento da personalidade humana.

TERCEIRA PARTE

Principais áreas de pesquisa em Psicologia do Desenvolvimento

6

Percepção

O estudo da percepção constitui-se em uma das primeiras áreas importantes da Psicologia Experimental. No entanto, a maior parte do conhecimento que se foi acumulando no campo da percepção foi baseada em experimentos que utilizaram adultos como sujeitos. Divulgou-se então, erroneamente, a noção de que os bebês recém-nascidos teriam muito pouco desenvolvidas as capacidades de percepção.

Embora estudos mais antigos já tivessem verificado o desenvolvimento de capacidades surpreendentes de percepção visual no recémnascido, como os de Chase (1937), Pratt, Nelson e Sun (1930), Beasley (1933), Morgan e Morgan (1944), Jones (1926), Smith (1936), estes estudos tiveram pouca divulgação, foram citados em livros-texto, e a noção de que o recém-nascido "quase não enxerga nada, a não ser discriminar vagamente entre massas, de claro-escuro", foi se estabelecendo. Talvez a ênfase monopolizadora no interesse pelo "ajustamento emocional da criança" que caracterizou as décadas de 1940 e 1950, sob influência da teoria psicanalítica, tenha contribuído para o pouco interesse em pesquisas sobre aspectos perceptivos e cognitivos do desenvolvimento do recémnascido e da criança em geral, explicando assim a permanência dessas noções. Até a década de 1940 podemos mencionar como significantes os seguintes estudos: Peterson e Rainey (1910) estudaram 944 recém-nascidos na primeira semana de vida e verificaram reações de desconforto em reação à luz em 839 desses sujeitos. Pratt, Nelson e Sun (1930) também obtiveram 95% de reação, apresentando 500 estímulos luminosos por meio de uma lanterna a 24 recém-nascidos. Beasley (1933) estudou o comportamento de seguir com os olhos um objeto e verificou muitos casos em que o recém-nascido foi capaz de seguir um objeto com os olhos, por 180° ao longo do campo visual, duas ou três vezes para a esquerda e para a direita, incluindo um recém-nascido de dois dias de vida. Morgan e Morgan (1944) e Jones (1926) verificaram que o bebê consegue primeiro seguir um objeto que se move em sentido horizontal, depois no sentido vertical e, por último, no sentido circular. Em um experimento bastante engenhoso, Chase (1937) investigou a percepção de cores em recém-nascidos. Projetava uma área móvel colorida em um fundo de outra cor. Filtros foram usados para que não houvesse diferenças em intensidade ou brilho das cores. Estas duas cores eram projetadas em uma tela colocada acima da cabeça do bebê, ficando ele deitado de costas. Quando os olhos do bebê seguiam a área colorida, este comportamento era considerado como indicação de que ele era capaz de distinguir as duas cores, isto é, distinguia a cor da área móvel e a cor do fundo. Foram estudados 24 bebês entre 15 e 70 dias de idade neste experimento. Estes bebês discriminaram corretamente 100% do tempo entre as seguintes combinações: vermelho e verde, vermelho e amarelo-esverdeado, vermelho e azul-esverdeado, amarelo-esverdeado e azul-esverdeado e entre azul e verde. Eles discriminaram 90% do tempo entre verde e amarelo-esverdeado.

Smith (1936) investigou o efeito inibidor de várias cores sobre a atividade geral e choro de bebês de 7 a 9 dias de idade. Verificou que as cores inibiam a atividade na seguinte ordem: azul (a que mais inibe), a seguir verde, e vermelho. Verificou também ser o azul mais eficiente do que o vermelho para inibir o choro do bebê. Seria aconselhável, portanto, se se usar uma luz fraca noturna no quarto do bebê, dar frequência ao azul.

Com os avanços metodológicos permitindo maneiras mais exatas de se estudarem fenômenos perceptivos, vemos agora que o recém-nascido e a criança pequena têm a percepção visual, auditiva, e talvez outras modalidades também, bem mais desenvolvidas do que se pensava há alguns anos. Estas descobertas surpreendentes têm levado os psicólogos do desenvolvimento a questionar a importância primordial do papel da aprendizagem no desenvolvimento da percepção, contemplando a possibilidade de que ao nascer a criança já possua capacidades perceptivas bem mais amadurecidas do que se pensava. A esta controvérsia no campo do desenvolvimento da percepção chamamos de "nativismo *versus* empiricismo". (A posição que defende a ideia de que ao nascer o aparelho perceptivo já esteja bastante amadurecido e que minimiza o papel da aprendizagem é chamada de posição nativista, e a posição que enfatiza os fatores ambientais e o papel da aprendizagem no desenvolvimento da percepção é chamada de posição empiricista.)

Vejamos o que existe em termos de evidência experimental a respeito do desenvolvimento da percepção:

1) *PERCEPÇÃO AUDITIVA* – A fim de contrastar com os resultados de pesquisas recentes, iniciamos esta revisão com o estudo mais antigo que se conhece sobre o assunto (PREYER, 1893). Preyer estudou o desenvolvimento da percepção auditiva em uma criança, do nascimento até os 36 meses. Encontrou o seguinte: "A criança era 'surda' durante os três primeiros dias de vida; mas já percebia sons, como os de 'bater palmas', no quarto dia; [...] piscava em resposta a um som, no vigésimo sexto dia; mostrava uma reação de susto diante de ruídos fortes na quinta ou sexta semana [...]" (KIDD & KIDD, 1966 apud JEFFERY, 1970). Além desse estudo se basear em apenas uma criança, não havendo menção de ter sido replicado com outras crianças, ele levanta uma série de questões: não sabemos que critério Preyer usou para verificar se a criança reagia aos ruídos nos três primeiros dias de vida. Ao tomar como critério a localização do som através de movimentos de cabeça não se notam reações, pois a criança ainda não tem a coordenação motora necessária para virar a cabeça na direção do barulho, além do que, com o reflexo tônico cervical, a cabeça da criança tende a estar virada mais para um dos lados a maior parte do tempo do que para o outro lado. Hoje sabemos, porém, que o recém-nascido pode demonstrar localização auditiva através de movimentos oculares, ou através do reflexo auropalpebral.

Outro problema que dificulta o estudo da audição no recém-nascido é o fato de seu ouvido médio conter um muco gelatinoso que poderia restringir a audição. Diferenças na taxa de absorção desse muco poderiam explicar as diferenças individuais em capacidade auditiva do recém-nascido.

Há quem argumente que os recém-nascidos ouvem bem, na base de experimentos que tentaram demonstrar que estímulos auditivos podem provocar reações de movimento no feto. No entanto, estes estudos são questionáveis e alguns investigadores acreditam que talvez o estímulo auditivo provoque contrações abdominais na mãe e que essas contrações sejam realmente os estímulos a que os fetos reagem com movimento. O feto estaria assim reagindo a estímulos mecânicos e não auditivos.

A evidência de que o aparelho auditivo é capaz de funcionar já pelo sétimo ou oitavo mês de gravidez deriva principalmente de investigações sobre audição em crianças prematuras, estudadas nas primeiras semanas de vida, isto é, antes de completarem nove meses após a concepção.

Jeffery (1970) enfatiza os avanços metodológicos, principalmente a utilização de equipamento para medir atividade eletrofisiológica, como em grande parte responsáveis por superar noções antigas como as de que o recém-nascido não escuta. Por exemplo, uma indicação que temos de que o bebê escuta é o "reflexo de orientação", já identificado por Pavlov. Este reflexo, que representa uma reação de alerta do organismo diante de um estímulo, inclui os seguintes tipos de respostas:

1) Orientação dos órgãos dos sentidos para uma melhor recepção do estímulo, acompanhada de um cessar de atividade e por retesamento muscular.

2) Alterações mensuráveis, que refletem a atividade do sistema nervoso autônomo, por exemplo, dilatação das pupilas, redução na resistência da pele, alterações no ritmo cardíaco, dilatação de vasos sanguíneos da testa e contração dos vasos sanguíneos dos membros.

3) Mudança nos padrões eletroencefalográficos, que caracterizam estados de alerta.

A pesquisa de Bridger (1961), discutida a seguir, ilustra a utilização de um tipo de resposta dentre os mencionados acima, na investigação da percepção auditiva:

Bridger utilizou, de maneira bastante engenhosa, uma medida de ritmo cardíaco para estudar a percepção de altura do som em recém-nascidos. Depois de estabelecido que há uma aceleração cardíaca depois que tons puros são apresentados ao bebê (uma reação de orientação), o experimentador continuou a apresentar o som até que o ritmo cardíaco voltasse ao normal (habituação). Apresentava então um tom de frequência diferente. Deste modo, poder-se-ia saber se o recém-nascido percebia o novo som como diferente (discriminação), pois se isto ocorresse haveria nova aceleração cardíaca. Se o recém-nascido não percebesse a diferença, a aceleração cardíaca não ocorreria. Neste estudo

Bridger encontrou um recém-nascido capaz de distinguir entre sons de 200 a 250 ciclos por segundo. De qualquer forma, a aceleração cardíaca observada na maioria dos recém-nascidos testados já por si só demonstra alguma capacidade auditiva.

Outro experimento de grande importância na área da percepção auditiva em bebês novos é o do investigador tcheco Papousek (1967), que demonstrou que bebês de 3 meses de idade podem discriminar entre dois sons diferentes, o de uma sineta e o de uma campainha. Ele usou um procedimento complexo, envolvendo condicionamento clássico e condicionamento operante. Primeiramente reforçava a criança com leite (associado ao som da sineta) cada vez que o bebê virava a cabeça para a esquerda. Uma vez que esta resposta estava estabelecida, introduziu outro estímulo condicionado: o som de uma campainha. A campainha era pareada com o leite como reforço por virar a cabeça para a direita. Através deste procedimento experimental Papousek conseguiu treinar bebês a virarem a cabeça para a esquerda quando ouvissem a sineta e virarem a cabeça para a direita quando ouvissem o som da campainha, revelando assim capacidade de discriminar entre os dois sons.

Outro experimento interessante, ainda na área de percepção auditiva, é o de Wertheimer (1961) que tentou demonstrar a ocorrência de alguma capacidade de localização auditiva em um bebê, apresentando um estímulo auditivo em várias posições espaciais em relação à cabeça do recém-nascido. Verificou que este orientava os olhos em direção ao estímulo e que a percentagem de acertos foi bem alta. O bebê nunca se orientou para a esquerda quando o estímulo fora apresentado à direita, levando Wertheimer a concluir que a noção de que "ouvir primeiro na orelha direita significa que o estímulo está à direita" (que os adultos possuem, conforme demonstrações experimentais) de certa forma faz parte do equipamento inato do sistema nervoso do bebê.

Em adultos, sabemos que é a diferença temporal que permite a localização auditiva e que a magnitude dessa diferença temporal diminui à medida que o estímulo se aproxima da linha central do observador.

E. Aronson (1969) investigou as respostas do bebê a uma quebra da expectativa de que o som da pessoa que fala vem da boca da pessoa. Os bebês, de três semanas de idade, eram sentados em frente à sua mãe, que falava o que lhe viesse à cabeça. Depois de algum tempo, a voz da mãe foi deslocada, de forma que parecia vir de um ponto a um metro de distância, à direita ou à esquerda de sua boca. (Isto foi possível por meio do equipamento disponível: o bebê ficava dentro de uma cabine e através do vidro via a mãe. Esta falava, tendo à frente um pequeno microfone. O som era transmitido ao bebê inicialmente através de alto-falante que dava a impressão correta da fonte da voz e depois através de alto-falantes à esquerda ou à direita.) A reação dos bebês é descrita como de "perturbação extrema" quando o som é deslocado, indicando que já percebiam a associação entre a localização do som e a localização da boca.

Estes e muitos outros estudos recentes têm fortalecido a posição nativista referente ao desenvolvimento da percepção auditiva, isto é, o bebê não precisa de muita "aprendizagem" para saber "ouvir".

2) *PERCEPÇÃO VISUAL* – A área de percepção visual é seguramente a mais desenvolvida, no sentido em que encontramos maior número e variedade de pesquisas publicadas sobre percepção visual do que sobre as demais modalidades sensoriais.

Nesta área também vemos a atualidade da controvérsia "inatismo *versus* empiricismo", sendo que à medida que surgem os aperfeiçoamentos metodológicos, cada vez mais a evidência parece indicar que a capacidade de percepção visual do recém-nascido é muito maior do que se pensava há poucos anos, fortalecendo assim a posição nativista.

Apresentamos a seguir uma breve descrição e discussão de alguns experimentos mais representativos e interessantes que têm sido realizados sobre percepção visual nos primeiros meses de vida.

Percepção de profundidade: Nesta área destaca-se o trabalho de Eleanor Gibson e Richard D. Walk (1960). Estes investigadores engenhosamente criaram um aparelho, que tem sido chamado de "penhasco visual" (*visual cliff*), ilustrado na figura 20.

O aparelho consiste de uma espécie de mesa com tampa de vidro transparente e inquebrável. Nesta mesa há uma prancha central. De um dos lados da prancha há, logo abaixo do vidro, uma tábua pintada de padrão xadrez (lado raso) e do outro lado da prancha a tábua de padrão xadrez está colocada quase à altura do chão, dando assim a impressão de profundidade (lado fundo).

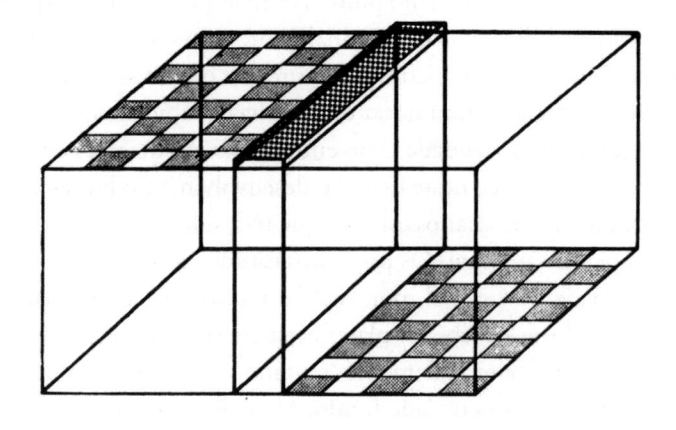

Fig. 20. Representação esquematizada do penhasco
visual utilizado por Gibson e Walk.

Vários experimentos têm sido realizados, com várias espécies animais, por Gibson e Walk e seus colaboradores, desde a publicação do artigo de Walk, Gibson e Tighe (1957). Nestes experimentos o paradigma básico consiste em colocar o animal, logo que é capaz de mover-se após o nascimento, na prancha central. A "lógica" é que se o animal caminha sobre o lado raso da mesa, porém recusa-se a ir sobre o lado fundo, já é capaz de perceber profundidade.

Animais de várias espécies têm sido testados (pintos, gatos e até bodes) poucos segundos depois de nascer, ou depois de certo tempo, tendo sido criados no escuro e em muitas outras condições experimentais. As seguintes conclusões são apresentadas por Walk (1966), relativas a pesquisas com animais no "penhasco visual":

I – A percepção de profundidade é inata em algumas espécies (pinto, rato).

II – A percepção de profundidade precisa ser mantida através de estimulação luminosa em todas as espécies.

III – O desenvolvimento da percepção em algumas espécies (gato, e até certo ponto o coelho) depende de uma interação entre fatores ambientais.

As duas últimas conclusões baseiam-se em experimentos que revelaram que a resposta à profundidade não aparece no gato sem prática prévia, como acontece no rato e no pinto. Animais criados com estimulação luminosa normal desenvolvem gradualmente as respostas à profundidade, enquanto que aqueles criados no escuro por quatro semanas, só então recebendo estimulação luminosa, desenvolvem rapidamente a resposta de percepção de profundidade. Não entraremos nos detalhes desses estudos, uma vez que o foco deste livro é o desenvolvimento humano. Passamos, portanto, a examinar os estudos que têm sido feitos com bebês humanos no penhasco visual. Os primeiros estudos sobre isto foram feitos na Universidade de Cornell, por Walk e Gibson. O paradigma básico consiste em colocar o bebê na plataforma central e a mãe chamá-lo de cada um dos lados, alternadamente, tentando que o bebê engatinhe até ela, ora no lado raso, ora no lado fundo. Além disso, Walk e Gibson realizaram muitas variantes desta situação, manipulando a altura do lado profundo, comparando o padrão xadrez com um todo cinza, variando o tamanho dos quadrados pretos e brancos e comparando o desempenho de bebês de várias idades (entre 8 meses e 1 ano).

As conclusões principais desses experimentos indicam que logo que já podem engatinhar e portanto ser testados no penhasco visual (mais ou menos 8 meses), os bebês já possuem percepção de profundidade, uma vez que a percentagem de bebês que atravessa o lado fundo, no paradigma básico, foi de apenas 9%, enquanto que quase todos atravessam o lado raso em direção à mãe, com exceção de uns poucos que se recusaram a deixar a plataforma central.

É importante ter em mente que este experimento não fornece evidência conclusiva para a controvérsia nativismo *versus* empiricismo, pois poder-se-ia argumentar que as experiências que o bebê teve antes dos 8 meses facilitariam a aprendizagem da percepção de profundidade. Resultados adicionais dos experimentos de Gibson e Walk indicam que, embora os bebês humanos possam discriminar profundidade, logo que podem ser testados (aproximadamente 8 meses), seus mecanismos visuais ainda estão amadurecendo. Bebês de mais idade discriminam melhor do que bebês mais novos e discriminam melhor quando há um padrão definido (xadrez) do que quando há um indefinido (cinza).

Percepção de formas: Fantz é um dos psicólogos que mais se tem distinguido nos estudos de percepção visual em bebês. Ele usa caracteristicamente uma medida de fixação visual como medida de preferência e atenção. Se um bebê fixa mais tempo um estímulo do que outro, se prefere ou presta atenção mais a um estímulo do que outro, isso indica que é capaz de discriminar entre os dois estímulos.

Fantz (1965) encontrou preferências consistentes por estímulos que têm um padrão definido sobre aqueles que não têm. Por exemplo, os bebês fixam mais tempo um estímulo tipo "tabuleiro de xadrez" do que um cartão cinza, e ainda fixam mais cartões-estímulo contendo listas verticais pretas e brancas do que cartões cinza. Baseado nisso, ocorreu a Fantz que, apresentando uma série graduada de cartões de listas de diversas larguras (fig. 21) comparados sempre a um cartão cinza, poderia testar a acuidade visual dos bebês. Isto é, se o bebê fixar mais o cartão de listas do que o cinza é porque discrimina entre os dois estímulos. Quando as listas se tornam tão estreitas que não são mais percebidas como listas pretas e brancas, mas sim como um todo cinza, o tempo de fixação entre os dois cartões não será mais significantemente diferente.

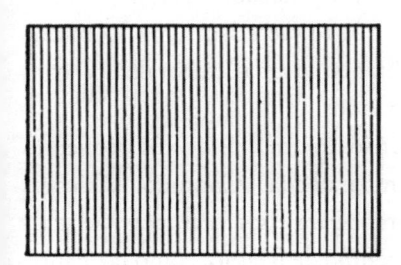

Fig. 21. Exemplos de pares de estímulos usados por Fantz.

Usando esta técnica, Fantz, Ordy e Uldelf (1962) verificaram que aos seis meses os bebês eram capazes de perceber estímulos contendo listas de 1/64 de polegada. Isto é comparável a uma visão 20/70. No entanto, recém-nascidos e bebês de uma semana de vida revelaram menor acuidade visual distinguindo listas de 1/8 de polegada de largura a 10 polegadas de distância.

Fantz conclui que seus experimentos refutam a noção de que o recém-nascido apenas percebe massas vagas de claro e escuro. Ele acredita que, embora haja uma melhora contínua na percepção de formas, à medida que a criança cresce, há evidência de que todas as partes do aparelho visual já funcionam até certo ponto, logo após o nascimento. A preferência do bebê por estímulos que contêm um padrão pode ser considerada inata, pois nem a aprendizagem visual nem a motora teriam ainda ocorrido. Fantz, portanto, apoia a posição nativista.

Kagan et al. (1966) questionam o pressuposto básico de Fantz, de que tempos de fixação equivalentes para dois estímulos implicam em ausência de discriminação entre os estímulos. Sugerem que outras respostas, tais como o sorriso, a vocalização, poderão indicar discriminação. Procedendo nesta linha, realizou o seguinte experimento para testar a hipótese de que padrões faciais familiares à criança elicitariam fixações longas e sorrisos frequentes, ao passo que alterações moderadas de padrões faciais familiares elicitariam fixações longas, mas um mínimo de sorrisos. Os sujeitos deste experimento foram 17 meninos e 17 meninas, de 4 meses de idade. O procedimento experimental consistia basicamente em apresentar ao bebê quatro estímulos, que eram representações em argila, de faces humanas, pintadas de cor de pele. As quatro faces são: uma "comum" (normal), uma "sem olhos", uma "em branco" e uma "embaralhada" com olhos, nariz e boca em lugares inapropriados.

Os resultados indicaram que os sorrisos foram muito mais frequentes para a face "comum" do que para a "embaralhada". Contudo, os escores de fixação foram praticamente os mesmos para essas duas faces. Se se tivesse utilizado como critério apenas o tempo de fixação, como faz Fantz, concluir-se-ia erroneamente que os bebês eram incapazes de notar diferenças entre a face "comum" e a "embaralhada".

Em outro experimento, utilizando os mesmos quatro estímulos, porém usando desaceleração cardíaca (diminuição no número de batimentos cardíacos por minuto), como variável dependente, indicativa de atenção, Kagan verificou que a desaceleração cardíaca ocorria mais marcadamente para a face "comum" do que para a "embaralhada", com bebês de 4 meses, porém, com bebês de 8 meses a desaceleração cardíaca foi mais notável diante da face "embaralhada". Kagan explica seus resultados com a noção de "esquemas emergentes", isto é, a criança forma gradualmente "esquemas" ou representações esquemáticas dos padrões visuais que ocorrem em seu ambiente. Quando um esquema está emergente, isto é, na fronteira para ser assimilado, mas ainda não é um padrão com que a criança está familiarizada demais, ele elicita o maior grau de atenção (refletido na desaceleração cardíaca). Para o bebê de 4 meses, a face "comum" seria um esquema emergente, enquanto que para o de 8 meses a face "comum" já está superassimilada e a "embaralhada" é que constitui o esquema emergente; portanto, aos 8 meses, é a "embaralhada" que provoca maior desaceleração cardíaca. (Note-se a semelhança dos conceitos de esquema e de assimilação em Kagan e em Piaget.)

Em um estudo intercultural, Finley, Kagan e Layne (1972) verificaram que tanto em crianças norte-americanas (de Massachusetts) quanto em crianças índias (da tribo Ticul, em Yucatan, México) as crianças de 1 ano de idade prestam atenção durante mais tempo a estímulos normais do que aos distorcidos, mas as crianças de 3 anos de ambas as culturas fixam durante mais tempo os estímulos distorcidos do que os normais.

O trabalho de Kagan tem tido bastante aceitação, não apenas pela contribuição teórica e pela verificação empírica dessas noções teóricas, mas também pela engenhosidade de sua metodologia. O uso da desaceleração cardíaca como índice de atenção tem sido adotado por vários outros autores.

Kagan salienta ainda a importância de, principalmente em se tratando de estudos de percepção em crianças pequenas, levar-se em conta o fator "atenção", pois, enquanto que em estudos com adultos pode-se controlar o fator "atenção" através de instruções dadas aos sujeitos, com crianças pequenas, é difícil saber se não manifestam uma resposta porque não percebem o estímulo ou porque não estão interessadas e não estão atentas. Da mesma forma, a "curiosidade" é outra variável que deve ser levada em conta em estudos de percepção com crianças (CHARLESWORTH, 1964).

Percepção de constância de tamanho: Outro fenômeno que tem intrigado os psicólogos é o de "constância de tamanho". Este fenômeno refere-se ao fato de que sabemos avaliar o tamanho de um objeto, levando em conta a distância a que estamos dele. Por exemplo, ao vermos pessoas caminhando na rua, do alto de um edifício, não pensamos que sejam bonequinhos. Será que esta habilidade é primordialmente inata ou aprendida?

Bower (1966) tentou responder a esta pergunta, com o seguinte experimento: primeiramente, bebês de 6 a 8 semanas foram submetidos a um processo de condicionamento operante, em que eram reforçados positivamente por virar a cabeça para um lado quando lhes era apresentado um determinado estímulo: um cubo de 30cm de lado a uma distância de 1m. Foram então treinados a virar a cabeça na presença do cubo e a não virá-la na ausência do cubo. Uma vez que esta discriminação estava perfeitamente estabelecida, foi apresentado aos bebês um cubo de 90cm, a uma distância de 3m. O cubo grande, apresentado a uma distância maior, deveria projetar uma imagem na retina do mesmo tamanho que o cubo pequeno, a uma distância menor, de forma que a única base para a discriminação seria a distância.

A "lógica" do experimento de Bower é a seguinte: se a percepção de constância de tamanho precisasse ser aprendida, o bebê responderia com a resposta condicionada de virar a cabeça a estímulos que projetassem a mesma imagem na retina que aquele em que foram originalmente treinados, não sabendo compensar levando em conta a distância entre ele e o objeto. Deveria, assim, responder com o virar de cabeça não só ao cubo pequeno, a 1m de distância (estímulo com que fora originalmente treinado), mas também ao cubo grande quando apresentado a 3m (cuja imagem na retina seria igual à do estímulo original). Não deveria responder com a resposta condicionada ao cubo se este fosse apresentado a uma distância de 3m, pois, nesse caso, a imagem na retina seria menor do que a projetada na situação original. No entanto, se o bebê não cometesse esses erros, mas respondesse com o virar de cabeça apenas ao cubo pequeno, quer fosse apresentado a 1m, quer a 3m, estaria demonstrando ser inata a capacidade de percepção de constância de tamanho.

A figura 22 torna mais fácil a compreensão deste raciocínio.

Mais recentemente, McKenzie, Tootell e Day (1980) encontraram evidência de constância de tamanho em bebês de 6 a 8 meses. Usando um procedimento de habituação, eles habituaram os bebês a um modelo estacionário de cabeça humana. Os testes variavam tanto o tamanho quanto a distância. A constância do tamanho parecia estar presente quando os objetos eram vistos de uma distância de 70cm. Outros resultados de

McKenzie e seus colaboradores sugerem que entre alguns bebês de 4 meses de idade, com menor variância de resposta, a constância de tamanho opera para objetos apresentados entre 30 e 60cm.

Os trabalhos citados de Bower, Fantz, Kagan, Bridger e outros, todos dão evidência, embora não se possa dizer que seja inequívoca, a favor da posição nativista, pois demonstram que bem cedo na vida, antes de ser provável o efeito da aprendizagem, os bebês já são capazes de demonstrar capacidades perceptivas bem desenvolvidas. Os resultados indicaram que esses bebês de 6 a 8 semanas de idade foram capazes de fazer a discriminação, isto é, não viravam a cabeça diante do cubo grande a 3m de distância, mas só a viravam diante do cubo pequeno, mesmo se este fosse apresentado a 3m de distância, o que produz uma imagem na retina menor do que a produzida na condição em que foram condicionados. Mais surpreendente ainda, os bebês foram capazes de fazer a discriminação mesmo com um olho fechado. No entanto, não conseguiram fazer a discriminação quando os estímulos eram apresentados sob forma de figuras bidimensionais, o que significa que nesta faixa de idade os bebês ainda não eram capazes de utilizar as "pistas do pintor" que estão presentes em figuras bidi-

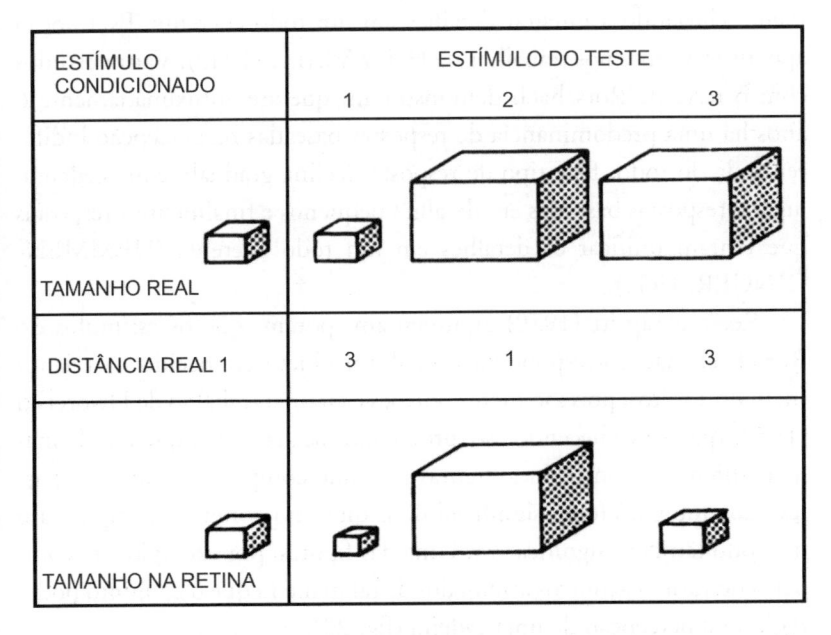

Fig. 22. Constância de tamanho (adaptado de BOWER. Scientific American Inc., 1966).

mensionais, isto é, as maneiras que o pintor tem de dar a noção de profundidade e distância, utilizando, sobretudo, o sombreado, a convergência de linhas. Baseado nestes estudos, Jeffery (1970) questiona a posição de Piaget, colocando-o entre os que enfatizam demasiadamente o papel da estimulação ambiental para o desenvolvimento da percepção espacial, de profundidade, de perspectiva. Vimos que Piaget considera o papel da estimulação durante o período sensório-motor como de grande importância para o desenvolvimento dessas habilidades (capítulo 4). O interessante nessa crítica é vermos que Piaget, essencialmente um interacionista, frequente e injustamente acusado de maturacionista, é aqui criticado por uma posição ambientalista.

Percepção de forma em crianças mais velhas: Embora, atualmente, seja fora de dúvida que bebês bem novos têm capacidade de discriminação de formas, capacidade essa que melhora com a experiência, há muitos pontos teóricos importantes a serem estudados com crianças um pouco mais velhas. Dentre estas questões, parece ser de especial interesse o problema "todo *versus* parte". Tem sido aceito geralmente que a criança pequena percebe melhor o todo, só mais tarde passando a perceber detalhes e finalmente chegando a integrar detalhes em um todo coerente. Esta noção apoia-se bastante nos trabalhos de Heinz Werner (1940). Vários estudos com o teste de Rorschach demonstraram que até aproximadamente 6 anos há uma predominância de respostas baseadas na percepção indiferenciada do todo. Este tipo de resposta declina gradualmente, cedendo lugar a respostas baseadas em detalhes pequenos e finalmente a respostas que tentam unificar os detalhes em um todo coerente (HEMMENDINGER, 1953).

Reese e Lipsitt (1970) argumentam, porém, que os estímulos do Rorschach não correspondem a nenhum objeto conhecido da criança (nem do adulto), pois são meros borrões e citam o trabalho de Dworetski (1939) que, reconhecendo este problema, focalizaram a questão de maneira diferente, construindo figuras-estímulo compostas de diversas partes não ambíguas (com significado), as quais no conjunto compunham um todo também significativo. Uma das figuras, por exemplo, era composta de vários cachorros arranjados de tal maneira que o conjunto poderia levar à percepção de uma cadeira (fig. 23).

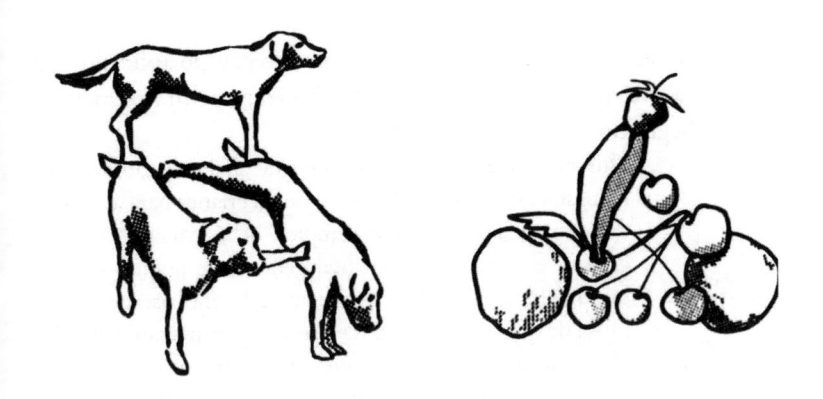

Fig. 23. Estímulos usados por Dworetski.

Diante desses estímulos, crianças de 3 a 5 anos respondem predominantemente ao todo. À medida que este tipo de resposta diminui, aumentam as respostas às partes individuais, mas depois isto ocorre junto com um reconhecimento do todo. No entanto, em estudo semelhante, Elkind, Koegler e Go (1964), achando que as figuras usadas por Dworetski tornavam difícil o reconhecimento das partes isoladas, construíram estímulos que tornavam salientes as partes isoladas (figura 24). Neste caso, as crianças mais novas viam mais detalhes do que o todo. Estes resultados contraditórios indicam pelo menos que a percepção de "todo" ou "partes" depende até certo ponto da natureza dos estímulos usados.

Fig. 24. Estímulos usados por Elkind et al.

Esta questão é de grande importância para um campo aplicado, o da alfabetização, em que ainda há uma controvérsia a respeito dos métodos de ensino. Segundo Reese e Lipsitt (1970):

> Durante muitos anos, professores de alfabetização usaram o método global, dirigindo a atenção da criança para a configuração total da palavra, por exemplo, "bebê" e o nome era associado a essa configuração total geralmente usando-se como intermediário uma figura. Este método era baseado na premissa de que é "natural" para a criança reagir a tais configurações e não a letras isoladamente. Uma confiança não justificada neste método tem frequentemente resultado em hábitos inadequados de leitura; isto não é surpreendente porque uma ênfase na forma global da palavra provavelmente significa dificuldades em diferenciar "pato" de "bato", "carro" de "corro", etc. As deficiências do método global obviamente não provam a validade da argumentação proposta por seus oponentes (FLESCH, 1955) a favor de seu método, o fônico, no qual a criança analisa cada palavra quanto aos sons das letras que a compõem (p. 369).

Reese e Lipsitt (1970) prosseguem discutindo as dificuldades do método fônico aplicadas à língua inglesa, que não é fonética, isto é, onde as letras nem sempre têm o mesmo som. Estas dificuldades não nos interessam aqui, porém levantam o problema gravíssimo de se adotarem resultados de teorias e pesquisas fora do contexto cultural em que foram desenvolvidas. Podemos especular mesmo que talvez para a língua inglesa, que não é fonética, o método global seja superior ao fônico, mas que para a alfabetização em língua portuguesa, que é fonética, talvez o fônico seja mais adequado ou eficiente.

Novaes (1968) realizou pesquisa com 250 crianças brasileiras de 6 a 8 anos e constatou que o nível de segregação perceptiva, ou seja, a capacidade de discriminar formas, sinais e volumes e de reconhecê-los em fundo confuso tem influência no processo de alfabetização, havendo níveis evolutivos de segregação relacionados a estágios de aglutinação, de fragmentação até a criança chegar a um satisfatório índice de segregação. Elaborou bateria de testes de organização percepto-motora para prognóstico escolar, estabelecendo indicadores das possíveis dificuldades dos alunos com os diversos métodos de alfabetização, uma vez que a aprendizagem da leitura e da escrita depende, além de complexidade e variedade de fatores da maturidade intelectual e perceptiva do aluno e das suas características individuais, o que implica em dizer que nem sempre um método de alfabetização é adequado, apesar de bom para determinado aluno.

Gustação: Esta também é uma modalidade sensorial bastante difícil de ser estudada com o recém-nascido, devido a dificuldades em se interferir com os hábitos alimentares do bebê e devido às dificuldades de se obter uma variável dependente que possa ser medida adequadamente. Em geral tem-se usado respostas miméticas, isto é, expressões faciais do bebê, como indicativas de reação a estímulos gustativos, mas estas expressões faciais são difíceis de registrar e quantificar. A variável que ainda parece mais promissora para estudos dessa natureza é "padrões de sucção", já utilizada por Kai Jensen em 1932. No mesmo estudo, cujos resultados a respeito de temperatura citamos acima, Jensen verificou diferenças em padrões de sucção em resposta a diversos estímulos gustativos. Por exemplo, houve diferenças no padrão de sucção em resposta a um aumento de sal (2 a 9% de sal por volume), em comparação com a solução controle (leite a 40°C). A diferença não ocorreu usando-se soluções doces ou ácidas.

Olfação: Sabemos que os estímulos olfativos são constituídos por moléculas de líquidos e sólidos voláteis que flutuam e são sopradas ou inspiradas para dentro da cavidade nasal e estimulam os receptores sensoriais olfativos. Os recém-nascidos respiram desde a hora do nascimento, portanto expõem os receptores à estimulação. No entanto, as dificuldades de pesquisa a respeito da capacidade discriminativa entre dois odores são grandes, pelas mesmas razões que ocorrem na área da gustação, ou seja, a dificuldade de se registrar e quantificar a variável dependente, sendo que expressões faciais são o que geralmente tem sido usado para indicar a reação ao estímulo olfativo. Apesar dessas dificuldades, encontramos os seguintes estudos: Lipsitt, Kaye e Enger (1963) demonstraram que a sensibilidade ao estímulo asafétida aumenta durante os quatro primeiros dias de vida. Em outros estudos, Lipsitt e De Lúcia (1960) registraram, através de um polígrafo, a atividade e a respiração dos recém-nascidos, em resposta a diversos odores, e juntamente com o estudo de Engen, Lipsitt e Kaye (1963) deram forte indicação de que o recém-nascido possui capacidade discriminativa entre diversos pares de odores.

Somestesia (pressão, dor, calor e frio): Esta modalidade sensorial pouco tem sido investigada em recém-nascidos.

A pressão, o tato e a dor são sensações difíceis para o adulto separar (por exemplo, a sensação de um aperto de mão muito forte). No recém-nascido a dificuldade de discriminação obviamente é maior ainda. Achamos interessante mencionar, sobre a sensibilidade à *dor*, o trabalho de Lipsitt e Levy (1959) que encontraram um aumento de sensibilidade a choque elétrico em função da idade, nos primeiros cinco dias de vida. Lipsitt e Levy encontraram diferenças de sexo, sendo as meninas mais sensíveis que os meninos. Estímulos elétricos foram usados pelos pesquisadores por causa do alto grau de controle possível sobre a fonte estimuladora. A variável dependente foi retirada do pé. Confirmaram seus resultados tanto com amostras longitudinais como com amostras transversais.

Quanto à sensibilidade *térmica*, sabemos que embora não esteja em sua eficiência máxima no recém-nascido, a regulação térmica atinge um nível estável por volta de uma semana e meia de vida, com pequenos ajustamentos de menor importância desenvolvendo-se posteriormente (ADAMSON & TOWELL, 1965; BRUCK, 1961). Com exceção do primeiro dia de vida, o bebê é capaz de realizar mudanças compensatórias apropriadas na taxa de metabolismo basal, em resposta a mudanças de temperatura no ambiente.

Jensen (1932) verificou que alimentar a criança com leite quente demais (aproximadamente acima de 50°C) e frio demais (aproximadamente abaixo de 20°C) produz diferenças no ritmo de sucção. Sabemos também que vários reflexos são elicitados por mudanças bruscas de temperatura. Por exemplo, o bebê atira a cabeça para trás quando um estímulo frio ou quente é aplicado sobre sua testa (LIPSITT & REESE, 1970).

Em conclusão, podemos dizer que o campo do desenvolvimento perceptivo apresenta ainda muitos fenômenos a serem explorados. Se na área de percepção visual e auditiva, onde já encontramos grande quantidade de pesquisas, vimos que há controvérsias e interrogações, o que dizer das outras modalidades perceptivas? A percepção tátil seria de grande interesse para a compreensão de fenômenos no campo do desenvolvimento emocional, dada a importância atribuída por vários teóricos ao contato físico entre a mãe e o bebê (Harlow, Bowlby, Spitz) e muitos outros. No entanto, muito pouco se tem estudado a respeito do desenvolvimento da percepção tátil. Muito pouco se conhece também a respeito do desenvolvimento da percepção de gosto, o que deveria ser de utilidade para a compreensão da atuação dos reforçadores primários (alimento e bebida) tão enfatizados nas teorias da aprendizagem.

O desenvolvimento da percepção é, portanto, uma área que nos parece de grande importância e que possui aspectos ainda insuficientemente explorados.

7

Linguagem

Pode-se dizer que no estudo do desenvolvimento da linguagem há maior riqueza de explicações teóricas do que de dados empíricos que apoiem uma ou outra posição. As teorias que há sobre desenvolvimento da linguagem pertencem a duas orientações radicalmente opostas, com repercussões de interesse não apenas para o campo da linguagem como para toda a psicologia. Estas duas orientações são a "behaviorista" (ou de aprendizagem) e a "psicolinguística"*.

Do lado behaviorista, destacam-se as teorias de condicionamento aplicadas à linguagem, propostas por Skinner (1957), Mowrer (1960) e Staats (1964, 1968). As teorias do condicionamento também foram refinadas para incluir processos de mediação que explicam a aquisição de significados (OSGOOD, 1953) e sintaxe (JENKINS & PALERMO, 1964; OSGOOD, 1963; BRAINE, 1963a). Todos esses enfoques surgiram da orientação empiricista tradicional behaviorista, e embora haja diferenças entre eles, estão todos dentro do mesmo paradigma científico, que considera a Psicologia como ciência natural. Todos esses aceitam as mesmas pressuposições a respeito do comportamento e aceitam os mesmos métodos de pesquisa para testar as teorias.

Por outro lado, há um grupo de teoristas propondo explicações sobre o desenvolvimento da linguagem dentro de outro paradigma, o racionalista (McNEILL, 1964a,b; SLOBIN, 1966b; LENNEBERG, 1967a). Esta posição, que chamamos de ponto de vista psicolinguístico, está muito ligada ao inatismo. Esses teoristas tomam uma posição mentalista no

---

* Como a ênfase da Terceira parte deste livro é em pesquisas empíricas em diferentes áreas da Psicologia do Desenvolvimento, não discutimos aqui contribuições ao estudo da linguagem, como as de Piaget e outros autores que não se apoiem em pesquisas empíricas.

estudo do comportamento e baseiam-se fundamentalmente nas contribuições de Chomsky (1957, 1965) ao campo da Linguística.

Teorias de condicionamento: Reese e Lipsitt (1970) apresentam em detalhe a posição de Staats (1968) como representativa desta corrente. Staats argumenta que a aquisição da linguagem pode ser explicada em termos dos princípios de condicionamento clássico e condicionamento operante (STAATS, 1961, 1968; STAATS & STAATS, 1963). Afirma ele que tentativas anteriores de explicar a linguagem em termos de condicionamento falharam, porque não teriam aplicado todo o conjunto de princípios de condicionamento, e inclui nessa crítica as explicações de Skinner (1957) e Mowrer (1960). Acha ele que a aplicação ampla dos princípios do condicionamento clássico e operante pode explicar todos os aspectos da aquisição da linguagem, tanto da linguagem falada quanto da aquisição de significados.

Staats começa afirmando que as primeiras vocalizações da criança são reforçadas diferencialmente, de forma que a criança cada vez mais emite os sons da língua falada em sua comunidade. Além disso, Staats incorpora a hipótese de Mowrer (1960), que diz que as vocalizações dos pais, por associação com reforços positivos, tais como comida, adquirem propriedades de reforçadores secundários. Há então generalização desse valor de reforçadores secundários das vocalizações dos pais para as vocalizações do próprio bebê, que se tornam então reforçadoras por si mesmas. Assim, o reforçamento direto dos pais e o autorreforço da criança levam à aquisição gradual de sons, sílabas e finalmente palavras. Os pais passam depois a exigir, cada vez mais, correção maior na pronúncia das palavras para dar o reforço. Por exemplo, quando a criança de um ano diz "áua" e os pais entendem que ela quer água, os pais geralmente ficam "encantados" com a habilidade verbal da criança. Porém, à medida que a criança fica um pouco mais velha, os pais já não a reforçarão se ela pronunciar "áua", exigindo mais correção. Poderão reforçá-la talvez se disser "aga". Mais tarde ainda, "aga" já não satisfará os pais, que desejarão que a criança pronuncie a palavra perfeitamente ("água") para dar o reforço (seja em termos de elogio, ou em termos de atender ao pedido). A palavra torna-se a unidade e a criança é reforçada por rotular corretamente os objetos do ambiente (por exemplo, dizer "bola" quando vê uma bola). Também é reforçada por dizer "água" quando os pais dizem "diga água", por exemplo. Além disso, estímulos internos, tais como os associados com fome ou sede, vêm a controlar o comportamento verbal. Eles passam a atuar como catalizadores de respostas verbais quando estas são reforçadas por meio de alimento e água. Desta forma, estímulos variados passam a controlar muitas respostas verbais.

Uma vez que a criança possua um repertório verbal de palavras, ela passa a ligá-las em grupos de duas palavras. Staats afirma que este desenvolvimento não é função de maturação, mas sim do treinamento que os pais espontaneamente fazem, expandindo as frases. Nesta fase, os pais já exigem mais do que uma única palavra para dar o reforço, poderão exigir duas ou mais, por exemplo, não basta mais a criança dizer "água" quando está com sede, precisa dizer "quero água", ou "me dá água", ou ainda, "água, faz favor", para ser atendida.

Outro processo que ocorre é a associação de palavras. Se a criança já adquiriu as palavras "homem" e "ocorrendo", através de ouvir várias instâncias de cada uma dessas palavras em ocasiões em que estes estímulos estavam presentes isoladamente, isto é, várias vezes em que viu um homem e várias vezes em que alguém estava correndo, poderá emitir a vocalização "homem correndo", juntando assim duas palavras. Staats diz ainda que as palavras têm "privilégios de ocorrência" nas frases, isto é, há palavras que sempre precedem outras, há palavras que vêm depois de outras, e assim a criança aprende os hábitos gramaticais dos adultos. Por exemplo, a criança frequentemente ouve a expressão: "veja a casa", mas não ouve "casa a veja". Por generalização, a criança passa a fazer outras combinações, como no diagrama seguinte (fig. 25):

Note-se que associações como "casa corre João" não estão indicadas pelas setas, pois não se formam no repertório da criança devido aos "privilégios de ocorrência". Gradualmente, as sequências de duas ou de três palavras tornam-se unidades e por sua vez são associadas a outras unidades de duas ou três palavras, até chegar-se à estrutura gramatical complexa da linguagem do adulto.

Ao mesmo tempo, a criança vai aprendendo o significado das palavras, também por condicionamento. Por exemplo, a palavra "não" fica associada com os estímulos aversivos (punições) originariamente apre-

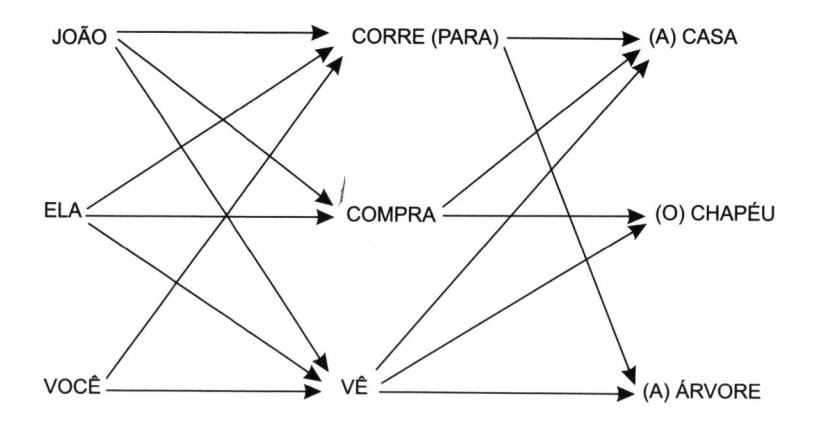

Fig. 25. Diagrama ilustrativo de privilégio de ocorrência.

sentados junto com a palavra "não". Staats, Staats e Crawford (1962) apresentam resultados experimentais que confirmam essa hipótese. Neste estudo a palavra *grande* foi emparelhada como estímulo condicionado a um estímulo aversivo (choque elétrico ou um barulho forte) em 9 entre 14 vezes em que a palavra foi apresentada em uma lista que os sujeitos deviam aprender. Depois deste tratamento, verificou-se que a palavra-estímulo-condicionado tinha adquirido uma conotação negativa, isto é, os sujeitos, em comparação a um grupo de controle, avaliaram a palavra próxima ao extremo "desagradável" de uma escala "agradável-desagradável" de sete pontos. Além disso, a resposta psicogalvânica (GSR) foi registrada e verificou-se que a palavra *grande* passou a produzir alteração de GSR em consequência do pareamento com choque elétrico. Ficou demonstrado assim que o significado avaliativo de palavras pode ser adquirido por condicionamento clássico.

Staats e seus colaboradores prosseguiram nesta linha de experimentação, demonstrando que se pode obter condicionamentos "de ordem superior", isto é, um estímulo originalmente neutro, mas que se tornou um estímulo condicionado, como no caso da palavra "grande" no experimento citado acima, pode servir para condicionar novos estímulos, por exemplo, palavras pareadas com a palavra "grande" passaram também a ter conotações negativas (STAATS, STAATS & HEARD, 1961).

Em suma, Staats argumenta que o comportamento verbal em toda a sua complexidade pode ser explicado em termos dos princípios simples de condicionamento clássico e operante. A complexidade encontrada deve-se ao grande número de estímulos e de respostas e ao fato de que vários princípios de aprendizagem podem estar operando simultaneamente.

Enquanto Staats se baseia em princípios de aprendizagem oriundos das posições de Hull (1943) e Skinner (1957), outros autores também na linha da aprendizagem por condicionamento baseiam-se nos trabalhos de aprendizagem verbal e na teoria da mediação: Jenkins e Palermo (1964); Osgood (1963). Esta corrente enfatiza as associações entre palavras e objetos como cruciais no desenvolvimento da linguagem e não discute o papel do reforçamento diferencial (ponto enfatizado por Staats) no desenvolvimento da linguagem. A formação de frases mais complexas é explicada em termos de mediação. Assim como nos estudos de "associações de pares de palavras", duas palavras associadas a uma terceira ficam associadas entre si, se a criança obtém o objeto "bola" tanto dizendo "bola" como dizendo "quero" e apontando para o objeto, forma-se a associação "quero bola". A partir daí a criança poderá dizer "quero leite", "quero balas", etc. Nesta fase diz-se que a gramática da criança contém apenas duas classes de palavras: palavras "pivô" e classe "aberta". A palavra "pivô" é uma que pode ser combinada com muitas outras da classe "aberta". No exemplo acima, "quero" seria a palavra "pivô" e balas, mamãe, leite, bola, etc., pertenceriam à classe "aberta". Diz-se também que nesta fase a linguagem da criança é "telegráfica" pois ela usa apenas substantivos, adjetivos e verbos. Os artigos, preposições, advérbios só são usados mais tarde. Por exemplo, a criança diz "Dá água neném", como se abstraísse da linguagem dos adultos que ela ouve, as palavras essenciais, como se faz em um telegrama.

Enquanto Palermo e Jenkins enfatizaram o estudo do desenvolvimento gramatical, Osgood focalizou o desenvolvimento de significados das palavras. Discute então a necessidade de se expandirem os processos de que falam Jenkins e Palermo para incluir uma resposta mediadora de representação, para explicar os processos simbólicos. O aspecto mais conhecido de seu trabalho é a criação do diferencial semântico (OSGOOD, SUCI & TANNENBAUM, 1957), técnica que permite a avaliação do significado que determinada palavra tem para a pessoa, em termos de três fatores (atividade, potência e avaliação), fatores estes extraídos por meio de análise fatorial. Basicamente, a técnica consiste em pedir a pessoa que avalie o significado de uma palavra qualquer em termos de várias escalas bipolares de sete pontos, como no exemplo seguinte (fig. 26):

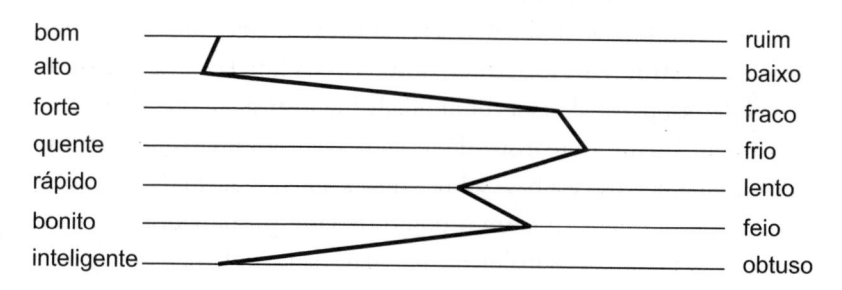

Fig. 26. Exemplo de diferencial semântico.

O ponto de vista psicolinguístico: Este ponto de vista é relativamente novo na Psicologia, embora o termo Psicolinguística seja antigo (KANTOR, 1935). Passou a ser usado mais amplamente a partir de 1954 quando Osgood e Sebeok publicaram uma resenha de pesquisas nesta área. A resenha desses dois autores foi baseada em um simpósio interdisciplinar que reuniu psicólogos, linguistas e antropólogos para estudar o problema da linguagem humana. Depois dessa época, o campo da Linguística em si sofreu uma grande evolução, com as contribuições de Chomsky (1957) e sua gramática transformacional gerativa. A repercussão desse movimento na Psicologia foi enorme, e devido principalmente à crítica que Chomsky publicou em 1959 do livro *Verbal Behavior*, de Skinner (1957). Entre os grandes expoentes do ponto de vista psicolinguístico na Psicologia, podemos colocar McNeill (1966a,b, 1968); Roger Brown (1958, 1973) e Eric Lenneberg (1967a).

Os argumentos básicos do ponto de vista psicolinguístico consistem na ideia de que as teorias da aprendizagem são inadequadas para explicar o desenvolvimento da linguagem, porque o processo de aquisição da linguagem envolve a descoberta de relações entre *estruturas superficiais* ou manifestações explícitas da linguagem e as *estruturas subjacentes*, profundas e abstratas da linguagem. As estruturas subjacentes são consideradas universais, comuns a todas as línguas e representariam as capacidades inatas de todas as crianças. A aquisição da linguagem nativa seria feita por meio de uma interação entre a experiência linguística da criança e suas capacidades inatas, ou seja, a criança teria capacidade e predisposições para aprender a linguagem, que seriam biologicamente determinadas. A experiência ou estimulação ambiental serviria para a criança aprender a ligação entre as estruturas subjacentes, universais da linguagem e as estruturas manifestas, particulares à comunidade linguística em que ela vive.

Evidentemente, os teoristas de aprendizagem admitem que a estrutura do sistema nervoso é a base sobre a qual a aprendizagem da linguagem repousa, mas a diferença entre o ponto de vista psicolinguístico e o de aprendizagem reside principalmente na ênfase dada aos fatores biológicos e aos ambientais. Os psicolinguistas insistem na ideia de "pré-programação do cérebro humano" e de estruturas universais da linguagem para explicar o desenvolvimento da linguagem, enquanto que os teoristas da aprendizagem enfatizam o papel do condicionamento, dos estímulos ambientais, do reforço, da imitação. Sendo o ponto de vista da aprendizagem o tradicionalmente aceito em Psicologia, conforme foi exposto acima (STAATS, MOWRER, SKINNER, OSGOOD et al.), vejamos que evidência ou argumentação o ponto de vista psicolinguístico apresenta.

Argumentam os linguistas que as estruturas subjacentes precisam ser postuladas, do contrário não poderíamos compreender as paráfrases nem as ambiguidades. Como exemplo de paráfrase temos o caso de voz passiva e voz ativa. O que nos permite entender que "Maria leu o livro" é a mesma coisa que "O livro foi lido por Maria" seria a estrutura subjacente comum às duas estruturas superficiais (ativa e passiva). Quanto à ambiguidade, seria também compreendida em face da existência de estruturas subjacentes e superficiais. No caso da ambiguidade, temos duas estruturas subjacentes, manifestadas pela mesma estrutura superficial. Por exemplo, as duas estruturas subjacentes: "eu dei a ela" e "eu dei a ele" têm a mesma estrutura manifesta ("eu lhe dei"), e só podem ser distinguidas pelo contexto.

Lenneberg (1967b) apresenta argumentos interessantes a favor da posição psicolinguística. Em primeiro lugar, refere-se à "explosão de nomeação" (*naming explosion*) que ocorre mais ou menos entre 24 e 30 meses. O desenvolvimento da linguagem é muito lento até os 18 meses, quando o vocabulário médio da criança é entre 3 e 50 palavras. Com a "explosão", vemos que quando a criança completa 3 anos geralmente já adquiriu um vocabulário de 1.000 palavras e provavelmente conhece outras duas ou três mil que compreende, mas não usa.

Segundo Lenneberg, esta explosão não pode ser explicada em termos de processo de aprendizagem apenas, tais como os de imitação e reforço, e afirma que há evidência de que a linguagem se desenvolve de acordo com cronogramas biológicos. Há um período crítico para o desenvolvimento da linguagem que Lenneberg chama de período de "ressonância". A evidência para esse período de ressonância é fornecida, entre outros fatos, pelo que ocorre com crianças que se tornaram surdas de uma hora para outra, como consequência de meningites virais. Se a infecção ocorreu antes do segundo ano de vida, antes da aprendizagem acelerada da linguagem, a criança fica precisamente na mesma posição que uma criança surda congênita. Mas, se a surdez ocorreu depois de a criança ter adquirido alguma experiência linguística, mais ou menos por volta de 3 anos, ela responde muito melhor ao treinamento da linguagem. É como se um pouco de experiência durante o período de ressonância fosse suficiente para facilitar muito o treinamento posterior. Outro argumento utilizado por Lenneberg baseia-se nos estudos de filhos de pais surdos congênitos. Foi comparada a emergência da vocalização nos três primeiros meses de vida entre bebês de audição normal, filhos de pais surdos, com a de bebês normais. Os bebês filhos de pais surdos congênitos ouviam muito menos linguagem adulta e, apesar de não terem muita resposta contingente a suas vocalizações (segundo Lenneberg, as mães surdas não conseguem com facilidade saber se seus bebês estão vocalizando, baseadas nos gestos e expressões faciais deles), Lenneberg não encontrou diferenças significantes em total de vocalizações nem idade em que começaram a vocalizar, entre os dois grupos de crianças. Além disso, o desenvolvimento posterior da linguagem das crianças filhas de pais surdos foi normal e aos 3 anos estas crianças eram essencialmente bilíngues, isto é, usavam gestos e sons especiais para se comunicarem com seus pais e linguagem falada para se comunicarem com o resto do mundo.

Ainda segundo Lenneberg o progresso no desenvolvimento da linguagem geralmente cessa por volta dos 12 ou 13 anos, o que fica evidenciado pela aprendizagem de línguas estrangeiras. A magnitude do sotaque estrangeiro é diretamente correlacionada com a idade em que a criança aprendeu essa língua. Com 3 ou 4 anos de idade, praticamente qualquer criança que entre em uma comunidade estrangeira aprende a nova língua sem sotaque. Esta facilidade diminui com a idade. A proporção de crianças que falam a língua estrangeira com sotaque aumenta com a idade, mas muito lentamente, de forma que, mesmo aos 12 anos, a proporção de crianças que pronunciam a língua estrangeira com sotaque é apenas de 1 a 2%. No entanto, a partir dessa idade, há uma mudança dramática na adolescência, quando praticamente todas as pessoas perderiam a capacidade de aprender uma língua sem sotaque (embora possam adquirir fluência e correção gramatical). Segundo Lenneberg, o período de capacidade máxima de aquisição de linguagem parece terminar na mesma época em que o cérebro adquire seu peso total. Outro argumento utilizado por Lenneberg é o de que a variável que mais significativamente se correlaciona com o desenvolvimento da linguagem é desenvolvimento motor, sendo este último um aspecto do desenvolvimento associado incontestavelmente com maturação de estruturas biológicas.

Lenneberg acredita ainda que crianças surdas congênitas não têm um déficit cognitivo (o que é confirmado por FURTH, 1961). Isto é evidenciado por sua capacidade de aprender linguagem, mesmo se só são ensinadas uma linguagem de gestos. O fato é que essas crianças adquirem linguagem no sentido de que adquirem compreensão, mesmo se não produzem vocalizações, e uma das críticas mais fortes que os psicolinguistas fazem aos behavioristas é que estes colocam o processo de aquisição de linguagem como dependente fundamentalmente da produção de vocalizações que são ou não reforçadas (STAATS, 1968).

Fraser, Bellugi e Brown (1963) realizaram experimento interessantíssimo que descrevemos abaixo em linhas gerais, em que demonstraram que a compreensão linguística antecede a produção. Os sujeitos foram 12 crianças de 3 anos de idade. O material consistia de cartões-problema, contendo contrastes gramaticais (singular-plural, por exemplo), como na figura 27 abaixo.

Fig. 27. Contrastes gramaticais (adaptado de FRASER et al.).

Começa-se com um par de frases, por exemplo: "O carneiro está pulando a cerca" e "Os carneiros estão pulando a cerca". Para a tarefa de compreensão, o experimentador mostra as duas figuras, depois pronuncia uma das frases e pede ao sujeito que aponte qual das duas figuras corresponde ao que ele falou. A seguir, o experimentador pronuncia a outra frase e pede novamente que o sujeito aponte a qual figura corresponde. O sujeito não precisa falar, basta apontar para indicar compreensão. Na tarefa de imitação, as figuras não são usadas. O experimentador pronuncia duas frases que são gramaticalmente equivalentes às usadas nas tarefas de compreensão, por exemplo: "Os carneiros estão pastando" e "O carneiro está pastando". O sujeito deve então imitar (reproduzir verbalmente) essas frases. Na tarefa de produção, os pares de figuras são usados, bem como pares de frases. O sujeito deve verbalizar a frase que corresponde a cada uma das figuras. Aqui, o experimentador não pronuncia a frase, apenas mostra a figura e o sujeito é que deverá produzir a verbalização. Os resultados indicaram que o número de respostas corretas foi significantemente maior na tarefa de compreensão do que na de produção. A imitação foi mais fácil do que a compreensão. Vemos, portanto, que o experimento confirma a noção de que a compreensão precede a produção se esta é definida operacionalmente como o foi na tarefa produção (verbalização diante da figura), porém não é confirmada se utilizarmos a tarefa imitação como definição operacional de produção.

Outro argumento utilizado pelos psicolinguistas é o de que a criança adquire um conhecimento implícito de regras gramaticais. A criança pré-escolar, embora nunca tenha aprendido regras de formação de plural, é capaz de completar frases com palavras sem sentido, dando-lhe as flexões gramaticais apropriadas. Berko (1958) demonstrou este fato, com tarefas do seguinte tipo: Apresentava à criança uma figura com o desenho de um animal que se assemelhava a um pássaro e dizia: "Isto é um *wug*". Depois mostrava uma figura com dois dos tais animais e dizia: "Agora temos dois deles. Há dois..." As crianças prontamente respondiam *wugs*. Ou: "Este homem está *gremando*". Ontem ele fez a mesma coisa. O que ele fez ontem? "Ontem ele...". As crianças completam as palavras que faltam, utilizando as flexões gramaticais regulares. Segundo os psicolinguistas, isto é uma indicação da "pré-programação do cérebro humano" para a aprendizagem da linguagem, uma vez que as crianças jamais ouviram tais frases nem foram "reforçadas" por dizer tal coisa.

O ponto de vista psicolinguístico tem recebido bastante atenção recentemente, em detrimento das explicações behavioristas, porém não podemos deixar de notar que carece de precisão e de evidência para muitas de suas afirmações. A aquisição da linguagem é explicada em termos de um processo de relacionamento dos universais, comuns a todas as línguas, aos particulares da língua falada na comunidade em que a criança vive. No entanto, os psicolinguistas não explicam o processo, o "como" da aquisição da linguagem. A argumentação é mais lógica do que empírica. Não há realmente demonstração da existência de estruturas subjacentes nem provas da "pré-programação" do cérebro humano. Os fatos observados por Berko (1958) poderiam ser explicados em termos do princípio de generalização da aprendizagem. Embora a criança nunca tenha ouvido a palavra *wug*, nem aprendido o que é plural, ou que para se formar o plural em português a regra geral é acrescentar um *s*, ela provavelmente já ouviu muitas sequências em que a palavra dois (ou outro número maior do que um) é seguido por palavras terminadas em s, e poderá, portanto, ser capaz de generalizar.

Se os argumentos de Lenneberg a respeito da aquisição de linguagem em crianças surdas ou filhas de pais surdos são convincentes, o que dizer das demonstrações de Rheingold, Gewirtz e Ross (1959) ou de

Weisberg (1963) e outros que demonstraram os efeitos do reforço social sobre a taxa de vocalizações em recém-nascidos? E o que fazer de todos os dados que demonstram incontestavelmente a superioridade verbal ou a maior precocidade de desenvolvimento verbal da criança de lares de alto nível cultural sobre as de lares de nível socioeconômico cultural baixo ou as criadas em instituições? Toda a literatura psicológica acumulada sobre o problema da "privação cultural" revista em português por Patto (1973) indica que a falta de estimulação verbal e sensorial dos lares de baixo nível econômico afeta o desenvolvimento da linguagem e mesmo o QI das crianças deles oriundas (DEUTSCH, 1966; HUNT, 1961), o que levou ao movimento de educação compensatória pré-escolar para crianças de baixo nível socioeconômico nos Estados Unidos, desde meados da década de 1960.

Por outro lado, a explicação behaviorista parece bastante convincente quanto à explicação da linguagem falada, principalmente nos primeiros estágios iniciais, mas deixa-nos no escuro quanto à aquisição de compreensão ou de formação de estruturas complexas da linguagem. A explicação de Staats parece ir muito bem até a explicação da aquisição de frases com três palavras, mas neste ponto as teorias da aprendizagem deixam muito por conta da generalização: "as unidades de três palavras podem ser associadas a outras unidades de três palavras até chegar-se às estruturas mais complexas". É justamente o processo de chegar-se às unidades mais complexas que não fica bem explicado por estes autores.

Enfoques atuais: Alguns linguistas acreditam que os erros que as crianças costumam fazer quando estão aprendendo a falar se originam das tentativas que fazem de aplicar as regras de transformação descritas por Chomsky. Outros linguistas afirmam que as aplicações errôneas de regras de transformação não podem explicar os erros infantis. Alguns erros que poderiam ser esperados, caso as crianças estivessem aplicando mal as regras, são raros ou inexistentes, e outras explicações para os erros que realmente ocorrem são mais satisfatórias (BRESNAN, 1978, 1982). Uma alternativa à gramática transformativa de Chomsky é a gramática não transformativa. Como vimos anteriormente, as regras de transformação implicam a existência de uma gramática profunda subjacente. Na gramática não transformativa, as funções subjacentes são expressas diretamente em diferentes formas superficiais. De acordo com esse enfoque, os elementos que uma pessoa ouve *são* como *parecem*. Por exemplo, numa descrição transformativa de *João viu Maria*, salientar-se-ia que sua estrutura profunda é a mesma da frase *Maria foi vista por João*. Mas numa descrição não transformativa, a representação funcional subjacente tanto de *João viu Maria* como de *Maria viu João* seria: ver (sujeito = João; objeto = Maria). Se o sujeito lógico for o objeto, a frase aparecerá na voz passiva: Maria é vista por João. A virtude da gramática não transformativa é que ela não sugere que a criança analise estruturas subjacentes fixas e uniformes a fim de falar. Há pouca evidência de que as crianças façam tais análises, apesar das pretensões em contrário por parte dos transformacionistas (MARATSOS, 1983).

A função social da linguagem

A pessoa que fala pode transmitir uma ordem, seja diretamente, "feche a janela", ou indiretamente, "você se importaria de fechar a janela?", ou "está um vento horrível aqui". Shatz (1974, 1978) apresenta evidência, a partir de análises das respostas de crianças aos pedidos de suas mães, de que elas entendem ordens indiretas desde os dezenove meses de idade. Elas identificam uma ação na fala do adulto e executam essa ação. Isso segue o padrão comum de interação: o adulto fala e a criança faz alguma coisa. Por exemplo, a mãe diz: "Por que não vamos jogar bola?". A criança apanha a bola, tendo entendido as palavras "jogar" e "bola". O pai diz: "Você quer dar o casaco para o papai?". A criança entende apenas as palavras "casaco" e "papai", mas ela sabe a ação que lhe é exigida.

Além de agir, as crianças imitam e repetem, a fim de responder às palavras dos pais e continuar a alternância da conversa.

Em um trabalho antigo, Piaget (1926) sugeriu que os diálogos da criança pré-escolar com seus colegas, em contraste com suas conversas com adultos, deveriam ser chamadas de *monólogos coletivos*, porque nem um nem outro realmente ouve ou responde às palavras do outro. As crianças pequenas usam uma "conversa privada", falam a respeito do que estão fazendo, repetem-se e brincam com palavras, mais do que as crianças mais velhas ou os adultos o fazem. Mas as pesquisas mais recentes sugerem que as conversas das crianças pré-escolares são focalizadas e que as crianças respondem de forma apropriada às perguntas. Além disso, elas até mais do que as crianças mais velhas, clarificam mal-entendidos e expressam reciprocidade de sentimentos.

A linguagem também pode expressar polidez e delicadeza. Por volta de 6 anos as crianças entendem que devem falar com delicadeza, e pedem coisas dizendo: "Posso andar de balanço?", ou "Faz favor de me dar a bola", em vez de usar um imperativo do tipo "Deixa eu jogar" ou "Me dá a bola".

A função de controle da linguagem

O linguista russo Alexander Luria (1961, 1969) descreveu o desenvolvimento da função controladora da linguagem na criança. Quando elas têm mais ou menos dois anos de idade, as crianças podem obedecer a um simples comando de outra pessoa, ou não. Nessa idade a criança pode obedecer ao "não" da mãe e parar de bater no seu amiguinho. Mas também ela pode não obedecer. Uma ordem dada à criança quando ela já está no meio de uma ação, por exemplo, "não derrame o suco!", pode na verdade incentivar a criança a continuar derramando. Luria sugere que apenas por volta de 5 anos é que as crianças podem de maneira regular inibir uma resposta quando lhes dizem que o faça. A respeito desses problemas, Saltz, Campbell e Skotiko (1983) estudaram um grupo de crianças matriculadas num acampamento de verão. Para finalidade de análise, dividiram as crianças em dois grupos, um mais jovem (de 3 anos e meio a 4 anos e meio), e um mais velho (de 4 e meio a 6 e meio). Depois de dizer às crianças que jogariam um jogo para ver como elas conseguiam seguir as instruções, uma experimentadora tocou no gravador uma fita com trinta ordens diferentes. A metade era positiva do tipo "bata palmas", e a outra metade negativa, do tipo "não toque nos dedos do pé". A experimentadora exemplificava cada comportamento, inclusive os negativos. O volume das ordens variava de baixo (abaixo do normal, porém audível), até um grito alto. Saltz e colaboradores verificaram que a maior parte dos erros das crianças eram execuções impulsivas ao invés de omissões inibidas. Isto é, as crianças mais frequentemente faziam erros do tipo tocar nos dedos do pé quando a ordem era "não toque nos dedos do pé", mas raramente cometiam erros do tipo deixar de bater palmas quando lhes era dito "bata palmas". No geral, as crianças mais novas fizeram um número significativamente mais alto de erros do que as mais velhas. No entanto, quando um comando era dado em voz baixa, as crianças mais novas respondiam de maneira apropriada. Quando o comando era dado em voz muito alta, as crianças não obedeciam. Saltz e colegas concluíram que Luria tinha razão em que as crianças de menos de 5 anos frequentemente respondem à energia física de uma ordem o volume da voz de comando, mesmo quando a instrução é para inibir o comportamento. Em outras palavras, gritar "não faça isso!" em geral faz com que as crianças de 2 ou 3 anos continuem fazendo o que estavam.

As relações entre pensamento e linguagem

Um problema teórico antigo é o da relação entre linguagem e pensamento. A comunicação é obviamente a razão principal para a fala. Como já vimos, a linguagem surge num contexto de interação e não é falada espontaneamente em isolamento. Mas a linguagem também está intimamente ligada ao pensamento. Obviamente as crianças estão pensando enquanto estão adquirindo ou usando a linguagem. Elas estão lembrando palavras e associando-as. Estão descobrindo regras a respeito de como juntar palavras e frases para expressar seus pensamentos. Mas a questão é: será que as crianças primeiro têm um *pensamento* e depois tentam expressá-lo em palavras, ou é a *linguagem* que elas possuem que primeiro molda os seus pensamentos?

De acordo com um ponto de vista teórico, adquirir a linguagem é de certa forma uma tarefa de solução de problemas à qual as crianças aplicam os instrumentos analíticos e o conhecimento que já desenvolveram. A linguagem das crianças reflete suas capacidades cognitivas do momento. As crianças não vão usar um morfema expressando determinado tempo de verbo ou pluralidade antes de entenderem esses conceitos. Mas será que a linguagem ajuda no desenvolvimento desses conceitos? As crianças teriam esses conceitos, mesmo se não conhecessem nenhuma palavra e não fossem expostas à linguagem? As capacidades cognitivas da criança surda de nascimento, que não tem acesso à linguagem ou tem um acesso limitado, sugerem que a resposta a essas perguntas é afirmativa. Embora o desenvolvimento intelectual das crianças surdas se proceda de maneira mais lenta, atravessa os mesmos estágios e chega ao mesmo nível das crianças com audição normal (FURTH, 1966).

Três teóricos importantes escreveram sobre a relação entre pensamento e linguagem: Jean Piaget, Benjamin Whorf e Lev Vygotsky.

Piaget sugere que a linguagem não é absolutamente necessária para o desenvolvimento cognitivo. Suas pesquisas sobre a inteligência sensório-motora durante os primeiros dezoito anos de vida demonstraram nitidamente que as crianças possuem pensamentos sobre objetos antes de poderem dar nome a eles. As crianças necessitam de uma firme representação mental de um objeto antes de associá-lo a uma palavra. De acordo com Piaget, o pensamento pode afetar a linguagem, mas o fato de não ter linguagem não impede o indivíduo de pensar.

Ainda mais radicalmente do que Piaget, Whorf acreditava que a linguagem afeta o pensamento. A partir de suas observações de línguas ocidentais e línguas indígenas norte-americanas, ele desenvolveu duas hipóteses correlatas, a respeito da relação entre pensamento e linguagem: a hipótese do *determinismo linguístico* e a do *relativismo linguístico*. A hipótese do determinismo linguístico afirma que a estrutura da linguagem determina a estrutura de todos os níveis superiores de pensamento. De acordo com a hipótese de relativismo linguístico, as formas da língua que a pessoa fala afetam a percepção de mundo que o indivíduo tem. Na versão mais radical, diz-se que a linguagem determina tanto nossas percepções quanto nossos pensamentos. Por exemplo, a língua *innuit* (dos esquimós) possui mais de 40 termos para designar diversos tipos de neve. Whorf argumentaria que isso não apenas reflete que os esquimós dependem muito da neve em seu ambiente, mas também que a existência de todas essas palavras capacita os que falam a língua *innuit* a ver melhor essas distinções.

Embora as línguas tenham palavras diferentes e possam expressar certas noções com graus variados de flexibilidade, geralmente as intenções expressas em uma língua podem ser traduzidas para outra. A facilidade e a variabilidade de expressão provavelmente são determinadas pela importância de determinado conceito ou relação para a cultura e para os que falam aquela língua. Nesse sentido, a linguagem pode ser mais um reflexo do que um determinante de percepções culturais e do pensamento individual, codificando informações que são socialmente importantes.

Assim como as influências de determinados idiomas têm sido investigadas, outros estudos têm examinado os padrões de linguagem mais simples das pessoas da classe trabalhadora para verificar se isso prejudica seu pensamento. Basil Bernstein, sociólogo inglês, identificou dois padrões de linguagem, o *código elaborado*, da classe média e alta, e o *código restrito*, da classe trabalhadora inglesa. As pessoas de classe média usam frases mais longas, gramaticalmente mais complexas e precisas. As frases podem comunicar sentimentos, emoções e intenções, mas estão sempre mais independentes do contexto imediato. As pessoas da classe trabalhadora usam frases curtas, gramaticalmente não complicadas, referindo-se principalmente a objetos concretos e eventos imediatos. Suas frases são menos flexíveis e mais dependentes da hipótese de que o ouvinte compartilha o mesmo conhecimento e informação daquele que fala. "Ele me deu isso", quando o ouvinte não sabe nem quem é "ele" nem o que é "isso", são exemplos de código restrito. Bernstein (1966) sugeriu que um código de expressão restrito restringe o pensamento, mas a evidência para isso é discutível. Alguns pesquisadores verificaram que as crianças de classe pobre têm mais dificuldade de comunicação e menor habilidade gramatical, mas questiona-se se isto não é apenas porque em sua cultura se fala uma língua com regras sistemáticas, mas que divergem da linguagem padrão da classe média. Uma excelente discussão dessa problemática no contexto brasileiro é apresentada por Nicolaci da Costa (1987), sob o título: "O sujeito no discurso da diferença de classe: inferior, carente, ou apenas diferente?", concluindo que:

> [...] O profissional de classe média que lide com sujeitos das camadas populares terá sempre que conviver com dúvidas sobre a adequação de qualquer tipo de intervenção. Terá sempre a incômoda consciência de que, ao participar de um programa congênere, estará intervindo numa cultura cuja organização e processos de manutenção e reprodução desconhece [...]. E mais, terá que assumir os riscos de ser um agente de aculturação e/ou desorganização, ou ainda, o que muitas vezes parece ser o mais difícil, poderá ser levado a vislumbrar os limites de sua atuação (p. 42).

De acordo com o psicólogo russo Vygotsky, o pensamento e a fala têm raízes separadas mas depois se unem. "O pensamento e a palavra não são ligados por um elo primário. Origina-se uma conexão, modifica-se e cresce no curso da evolução do pensamento e da fala" (VYGOTSKY, 1934: 119). As raízes pré-intelectuais da fala são expressões emocionais – o choro e o balbucio da criança e talvez mesmo suas primeiras palavras. Vygotsky propôs um período inicial em que o pensamento não é tocado pela fala e nem a fala pelo pensamento. Quando as crianças têm aproximadamente 2 anos de idade, essas duas linhas de desenvolvimento, pensamento e fala, encontram-se. A fala começa a servir ao intelecto, tornando-se racional, e os pensamentos se tornam verbalizados. A criança parece ter descoberto a função simbólica da linguagem. A união de pensamento e fala é marcada pela curiosidade da criança a respeito das palavras e os pedidos para saber o nome das coisas, assim como um aumento rápido de vocabulário. Daí em diante, as crianças falam cada vez mais consigo mesmas. Inicialmente descrevem o que acabaram de fazer. Por exemplo, uma menina acaba de tirar os sapatos e diz: "tirar o sapato". Depois descreve o que está fazendo, durantes as ações: "botar o gatinho no berço. Cobrir com o cobertor". Gradualmente, por volta de 4 anos, a linguagem ajuda a criança a formar ideias e ela diz alto o que vai fazer a seguir.

De acordo com Vygotsky, a fala privada se origina da fala social, tornando-se mais abreviada e internalizada, e é chamada de fala interior, que é crucial para a organização do pensamento. Para Vygotsky, o desenvolvimento intelectual depende tanto da fala interna quanto da fala social. Acredita que as crianças retêm um pouco de pensamento não linguístico e de fala não intelectual, que é usada inicialmente para resolver problemas e só mais tarde se encarna em palavras. Mas na maioria das atividades intelectuais a fala e o pensamento, que inicialmente se desenvolveram por dois caminhos, estão inextricavelmente ligados.

Em conclusão, podemos dizer que a área de desenvolvimento da linguagem é uma das mais fascinantes, mais importantes e mais controvertíveis da Psicologia do Desenvolvimento. Como diz Clifton (1970): "Em algumas das áreas especializadas da Psicologia da Criança pode-se encontrar um consenso a respeito dos tipos de perguntas científicas que podem legitimamente ser formuladas e um consenso a respeito da maneira apropriada de se tentar responder a estas questões. A área de aquisição da linguagem não é uma área em que tal consenso seja encontrado. Em vez disso, os psicólogos modernos parecem adotar um número incomensurável de enfoques do problema da aquisição da linguagem. Esta falta de consenso é surpreendente quando nos damos conta de que o problema de como uma criança aprende linguagem é um dos problemas mais antigos reconhecido pela psicologia" (SPENCER & KASS, 1970: 127).

8

Agressão

O comportamento agressivo sempre foi objeto de interesse por parte dos psicólogos. É óbvio que o comportamento agressivo representa um problema de extrema gravidade e importância para a humanidade. Com o aumento progressivo nas últimas décadas dos instrumentos de destruição, com as circunstâncias da vida urbana e da superpopulação nas grandes cidades, o potencial destrutivo do homem tornou-se ainda mais perigoso. Consideramos, pois, este tema como dos mais importantes a serem tratados pela Psicologia do Desenvolvimento, pois é de importância crucial para a própria sobrevivência da espécie humana que se compreendam os mecanismos pelos quais a agressão é adquirida e mantida, para que possa controlá-la.

Em primeiro lugar, deparamo-nos com o problema da definição. Uma das definições tradicionais de agressão é a proposta por Dollard, Doob, Miller, Mowrer e Sears (1939): "Agressão é qualquer sequência de comportamentos, cujo objetivo é causar dano à pessoa a quem é dirigida". A maior parte das teorias e pesquisas posteriores adotou o elemento "objetivo de causar dano" como um aspecto essencial da agressão (BERKOWITZ, 1962; FESHBACH, 1970; SEARS, MACCOBY & LEVIN, 1957). Bandura (1973), um dos mais importantes teóricos do comportamento agressivo na Psicologia atual, considera que uma das maiores limitações dessa definição é pressupor que a agressão serve apenas a uma finalidade de infligir dano. Haveria porém outros tipos de agressão. Outros autores, como Berkowitz (1965) e Feshbach (1970), tentaram solucionar este problema distinguindo entre dois tipos de agressão, a *agressão instrumental*, que seria aquela cujo objetivo é obter recompensas extrínsecas (e não o sofrimento da vítima, como no caso de assaltar para roubar), e a *agressão hostil*, que seria aquela cujo objetivo único é o de infligir sofrimento a outrem.

Como era costume antigamente enfatizar-se o papel dos instintos agressivos, a agressão instrumental foi pouco estudada. Mas se deixarmos de fora a agressão instrumental poderíamos dizer que qualquer ato de guerra seria mero ato instrumental e não agressão verdadeira ou hostil. Por outro lado, a distinção é muito sutil, pois a agressão hostil também é um instrumento para se obterem resultados de sofrimento alheio. Um ato agressivo sempre trará outras consequências além do sofrimento da vítima. Como classificaríamos o ato de um delinquente que esfaqueia e mata um transeunte desconhecido, sem ser para roubar, simplesmente para demonstrar valentia perante o grupo? Segundo Bandura, a agressão seria melhor definida como comportamento que resulta em dano pessoal e em destruição de propriedade. Este dano pode ser tanto psicológico (sob forma de desvalorização) tanto quanto físico. Além disso, é preciso considerar-se o contexto social. O comportamento de indivíduos que ferem outros enquanto desempenham uma função socialmente aprovada, por exemplo, o comportamento de dentistas e cirurgiões, não seria considerado agressivo. Da mesma forma, o comportamento de operários que derrubam uma construção velha não seria considerado agressivo. A teoria da aprendizagem social considera, portanto, tanto o comportamento como os julgamentos sociais.

Teorias de agressão

As primeiras teorias psicológicas procuravam explicar o comportamento humano principalmente em termos de forças instintivas. Na época em que estas teorias estavam em voga, muitos autores acreditavam que o ser humano é por natureza agressivo. Embora a ideia de instinto tenha há muito caído em descrédito, há remanescentes dela nas teorias que ainda falam em impulsos agressivos, principalmente entre os seguidores da psicanálise ou da etologia.

A posição psicanalítica

Freud inicialmente considerou a agressão como parte do instinto sexual ou como uma resposta primária à frustração de comportamentos de busca ao prazer ou de fuga da dor (1920). Nesta concepção inicial, Freud falava em dois conjuntos de instintos: os sexuais e os de autopreservação. Mais tarde, a fim de melhor abranger fenômenos que não se enquadravam nessa concepção, tais como o sadismo e autodestruição, Freud modificou sua concepção sobre os instintos, classificando-os em dois grupos: os instintos de vida (Eros), que compreendiam o instinto sexual, bem como os de autopreservação, por um lado, e os instintos de morte (Thanatos), que compreendiam os instintos de agressão e de destruição. A autodestruição era tão importante que a agressão a objetos externos era considerada decorrente do impulso à autodestruição. As implicações dessa teoria não conduzem a muito otimismo. O próprio Freud (1922, 1950) afirmava que já que a destruição satisfazia um impulso instintivo, seria infrutífero tentar eliminar a agressividade na tentativa de poupar à humanidade guerras futuras. No entanto, a posição de Freud é atenuada pela ideia de que a agressão poderia ser canalizada e sua expressão diminuída e modificada para formas socialmente mais úteis. Comentando sobre o impulso autodestrutivo, diz Bandura (1973):

> Poucas pessoas aderiram à posição de Freud, mesmo entre os entusiastas da teoria psicanalítica. Aparentemente, a noção de que as pessoas possuem um impulso inato lutando constantemente para destruí-las excedia os limites da credibilidade (p. 13).

Gillespie (1971) em um recente congresso psicanalítico sobre agressão comentou que a maior parte dos psicanalistas aceitou apenas em parte a proposição de Freud, considerando a agressão como um impulso instintivo, porém rejeitando a ideia de um instinto de morte autodirigido. Em termos científicos, o maior problema reside na não testabilidade dessa proposição. Não se pode testar experimentalmente se existe um impulso inato à agressividade ou não. Além disso, os impulsos instintivos, concebidos como sistemas geradores de energia, deveriam ter uma fonte biológica identificável, tais como a privação de comida no caso da fome, privação de água no caso da sede e hormônios e estímulos externos no caso do instinto sexual. Sua intensidade é portanto modificável externamente e é mensurável, pelo menos indiretamente. Tal não ocorre com o chamado instinto agressivo.

A posição da etologia

Os trabalhos dos etologistas levaram a uma renovação do interesse em explicações instintivistas da agressividade. Lorenz (1966), com seu livro intitulado *On Aggression*, é um dos principais nomes dessa corrente. Outro autor, Ardrey (1966), anteriormente autor de peças teatrais, contribuiu para essa linha de pensamento, popularizando a noção de "imperativo territorial", sustentando que as pessoas são motivadas por um instinto de propriedade. Lorenz considera que a agressão envolve um sistema de instintos que gera sua própria fonte de energia, independente da estimulação externa. Essa propriedade autogeradora explica o perigo e a dificuldade de se controlar a agressão.

Nas espécies subumanas os animais, no decorrer do processo evolutivo, teriam desenvolvido inibições que os impedem de destruir membros da própria espécie. Segundo Lorenz, quando os animais atacam outros de sua espécie, fazem-no de maneira ritualizada e inofensiva, e as "vítimas" emitem sinais de apaziguamento que instintivamente inibem o ataque do agressor. O homem seria dotado do mesmo instinto agressivo que os animais, porém essa agressão é malcontrolada, porque o homem não tem as inibições inatas contra matar ou ferir membros da mesma espécie. O porquê dessa diferença seria explicado da seguinte maneira: A seleção natural garantiu que os animais dotados de alto potencial destrutivo desenvolvessem mecanismos poderosos de inibição da agressão a fim de impedir a autoexterminação da espécie. Como o homem é basicamente uma criatura inofensiva, onívora, sem presas naturais com as quais possa destruir o adversário, ele nunca desenvolveu mecanismos inibidores inatos como aconteceu com os animais carnívoros ferozes. Embora a natureza não tenha dotado o homem de presas perigosas, sua inteligência lhe permitiu inventar armas letais para as quais ele não tem mecanismos inibidores inatos. No entanto, se olhamos as espécies extintas, como os dinossauros, por exemplo, e o domínio do homem sobre a Terra atual, é difícil acreditar-se que a inteligência seja prejudicial à sobrevivência da espécie. Montagu (1968) argumenta que o homem tem sido favorecido na seleção natural justamente porque a maior parte de seu comportamento não está sob controle instintivo.

Bandura (1973) cita trabalhos de outros etologistas que não confirmam as observações de Lorenz. Barnett (1967), por exemplo, afirma que os animais não possuem sinais inatos para terminar os ataques dos adversários e que os sinais estereotipados que eles usam têm efeitos variados sobre as respostas dos inimigos. Os animais derrotados conseguem evitar danos maiores rendendo-se, desistindo do objeto de luta, ou fugindo. Aqueles animais que não têm habilidade para se defenderem ou fugirem realmente são feridos ou mortos. Sob condições de confinamento, também já verificou que animais matam membros de sua própria espécie. No final do livro *On Aggression*, Lorenz dá algumas sugestões sobre como controlar a agressão, mas como seu modelo é um modelo hidráulico, como o freudiano, a agressão fatalmente surge e deverá ser canalizada para alguma finalidade. Lorenz sugere esportes e competições internacionais como uma maneira para reduzir agressão entre países. Nas palavras de Bandura (1973), "Nos círculos profissionais, os trabalhos de Lorenz e Ardrey foram admirados por suas qualidades literárias, porém severamente criticados por seu baixo conteúdo científico" (p. 16-17).

Um volume editado por Montagu (1968) contém críticas que vários cientistas fizeram a essas posições, e é recomendado ao leitor que desejar se aprofundar sobre o assunto. Montagu refere-se, entre outros, a experimentos clássicos como os de Kuo (1930) que já fornecem evidência contrária à posição instintivista. Kuo relata experimentos em que gatos foram criados sob várias condições: em isolamento, com mães que matavam ratos, ou com companheiros-ratos. Dentro de cada uma dessas três condições experimentais, metade dos gatos foi criada vegetariana e metade carnívora. As diferentes condições experimentais produziram gatos "pacifistas" ou "ferozes". Os gatos criados com mães que matavam ratos tornaram-se ávidos matadores de ratos (85% deles matavam ratos); menos da metade dos gatos criados em isolamento (45%) nunca veio a matar um rato. Os gatos criados junto com ratos desenvolveram uma ligação forte aos ratos, e raramente matavam outros ratos (17% apenas mataram ratos). O vegetarianismo reduziu o comportamento de comer ratos, mas não o de matar ratos. Gatos que não atacaram nenhum rato durante vários meses de testagem, sob condições de fome ou de saciação, foram depois expostos a influências modeladoras nas quais assistiram a gatos adultos matando ratos. A modelação da agressividade converteu 82% dos gatos pacifistas criados em isolamento em matadores de ratos, porém nem com o poder do exemplo e sob condições de fome conseguiu converter a maioria dos gatos criados com ratos a matar ratos (apenas 7% o fizeram).

Segundo Bandura (1973), vários pesquisadores (HINDE, 1960; LEHRMAN, 1953; SCOTT, 1972) levantam críticas ainda mais sérias ao modelo de Lorenz, salientando que não existe evidência neurofisiológica de que atividades funcionais gerem sua própria energia motivadora, que se acumularia com o tempo, na ausência de estimulação externa. Nem existe maneira alguma pela qual a energia possa ficar "represada" no sistema nervoso, necessitando de descarga ou transferindo-se para centros cerebrais que controlam outras atividades. Em outras palavras, os mecanismos neurofisiológicos mediadores da agressão não criam eles próprios estímulos para a agressão, o que pressupõem tanto Lorenz quanto Freud.

Outro ponto criticado em Lorenz é a extrapolação de observações de espécies inferiores (gansos, peixes) para o comportamento humano (uma crítica tantas vezes feita aos behavioristas). Estudos etológicos bem conduzidos, como os de Carthy e Ebling (1964) e Van Lawick-Goodall (1971), dão bastante evidência descritiva de comportamentos agressivos controlados por estímulos ambientais. Por exemplo, os peixes-espinho (*stickleback*) atacam membros de sua própria espécie quando estes estão com uma coloração vermelha na barriga. Atacam também fac-símiles de formas bem diferentes, desde que tenham a coloração vermelha, o que demonstra que o comportamento agressivo neste caso foi determinado por estímulos externos (TINBERGEN, 1951). Em resumo, a etologia oferece pouca evidência de que o comportamento agressivo do ser humano seja instintivo.

As diferenças entre agressão humana e não humana têm despertado interesse nas dimensões cognitivas da agressão (PARKE & SLABY, 1983). Tirar a boneca favorita da irmã quando esta não a deixa brincar com suas letras magnéticas como uma criança de 14 meses fez em um estudo conduzido por Dunn e Kendrick (1982) requer pensamento. Como afirma Maccoby (1980), para executar um ato que magoa outro a criança deve ter alguma compreensão de quem a está atrapalhando e o que pode ferir essa pessoa. A agressão verbal requer um processamento de informação ainda mais complexo.

A posição genética

Outra linha de argumentação a favor da inevitabilidade da agressão humana baseia-se em estudos de influências hormonais sobre o comportamento agressivo e estudos de indivíduos portadores de distúrbios cromossômicos.

Estudos de influências hormonais têm demonstrado que o andrógeno, hormônio sexual masculino, facilita a agressividade em animais (CONNER & LEVINE, 1969; ROTHBALLER, 1967). Estudos com animais também têm demonstrado que a administração de testosterona em fetos ou fêmeas recém-nascidas aumenta sua agressividade. Em seres humanos, porém, o excesso de andrógenos em fetos, seja por defeitos de enzimas, seja por administração de progesterona a mães grávidas causa a masculinização dos genitais externos das filhas. No entanto, essas meninas não são fisicamente mais agressivas (EHRHARDT, EPSTEIN & MONEY, 1968), de forma que não parece haver base suficiente para se atribuir a maior agressividade dos homens a fatores genéticos ou constitucionais. É sabido que o controle do comportamento sexual pelos hormônios diminui à medida que se avança na escala filogenética. Nas espécies inferiores, o comportamento sexual é determinado por hormônios. Já no ser humano, a excitação sexual é extremamente variável e independente de secreções hormonais (BEACH, 1969; FORD & BEACH, 1951). Há diferenças culturais quanto a partes do corpo consideradas eróticas. Assim como está provado que no ser humano os estímulos ambientais e a aprendizagem têm maior importância na determinação do comportamento sexual, também não se poderia extrapolar de espécies inferiores para o ser humano quanto a comportamentos agressivos. Mesmo se as espécies animais tiverem o comportamento agressivo determinado por fatores endógenos, isto não significaria que no ser humano o comportamento agressivo tivesse a mesma origem.

Uma linha de pesquisa que se tem desenvolvido bastante na direção de atribuir agressão a fatores constitucionais ligados ao sexo é constituída pelas pesquisas sobre o cromossoma sexual masculino Y. Os homens normais possuem um par de cromossomas XY e as mulheres têm o par XX, sendo portanto o Y o determinante da masculinidade. Em 1965 Jacobs, Brunton e Melville publicaram um trabalho relatando a incidência mais alta do síndrome XYY (um cromossoma Y a mais) em deficientes mentais internados por crimes violentos (2,9%), em comparação com a população geral (0,2%). A confirmação desses resultados traria forte evidência para a ideia de que a agressividade estaria associada a sexo masculino. Em uma revisão extensa das pesquisas sobre o assunto, que se seguiram às de Jacobs et al. (1965), Jarvik, Klodin e Matsuyama (1973), em um artigo intitulado "Agressão humana e o cromossoma Y extra: fato ou fantasia?", analisam cuidadosamente essas pesquisas, concluindo pela opção "fato", isto é, que realmente haveria bastante evidência empírica a favor da relação entre agressividade e o cromossoma Y extra. No entanto, Bandura (1973) ainda apresenta sérias críticas, apoiado em outros pesquisadores, que questionam a adequação da metodologia utilizada nas pesquisas sobre o síndrome XYY e questionam também a validade das conclusões. Segundo Bandura, ficou esquecido, no meio da publicidade que se fez em torno, o fato de que os prisioneiros da pesquisa original de Jacobs et al. raramente agrediram pessoas e que 88% de suas ofensas foram contra a propriedade. Os prisioneiros XYY de fato tinham uma incidência mais baixa de agressões físicas e sexuais do que um grupo de controle adequadamente emparelhado (PRICE & WHITMORE, 1967). Outros pesquisadores citados por Bandura, que criticaram a referida posição, foram Kessler e Moos, 1970; Owen, 1972; Shah, 1970. Um ponto importante da crítica é que os estudos de prevalência de XYY em prisioneiros confundiu, entre outras coisas, anomalia cromossômica com altura e influências sociais. Se o cariótico XYY é mais comumente encontrado em homens altos, como é o fato, sua prevalência entre prisioneiros altos deveria ser comparada não com a população geral, mas com uma subamostra de indivíduos não institucionalizados altos, equiparados aos primeiros em fatores sociais conducentes à agressão. Os resultados tendenciosos produzidos por essas amostras foram comentados por Clark et al. (1972), que relatam que, quando apenas prisioneiros *altos* são selecionados para a análise cromossômica, a prevalência de XYY é mais alta (2,7%) do que quando prisioneiros com menos de 1,80m de altura são também incluídos (1,8%).

Quanto a influências sociais, os portadores de XYY têm um histórico de ter sido presos numa idade mais tenra e mais frequentemente. Este padrão diferencial de aprisionamento pode ter um impacto sobre o comportamento futuro e pode ser relacionado com a estatura física. Os meninos mais altos tendem a andar em companhia de rapazes mais velhos. Numa briga, podem ser considerados pelos policiais como mais perigosos ou mais velhos, enquanto um menino menor pode escapar sem ser preso. A convivência numa prisão ou reformatório para delinquentes geralmente lança o rapaz numa carreira de crime, seja qual for sua composição genética. Dentro dessa linha de pensamento, torna-se plausível que a relação entre XYY e agressividade seja espúria, ilustrando um defeito do método correlacional já discutido, o de que não se pode inferir relações de causa e efeito. É possível que XYY determine estatura mais alta. Esta, por sua vez, poderia engendrar uma série de situações sociais como as descritas acima, resultando em maior agressividade.

Outro estudo que levanta sérias dúvidas quanto a essa hipótese de relação entre XYY e agressividade é o de Clark et al. (1972): Como é sabido, o cromossoma Y extra tem sido responsabilizado por hipermasculinidade. Da mesma forma, o síndrome de Klinefelter (XXY), ou seja, um cromossoma X a mais, estaria associado com tendências não agressivas. Clark e seus colaboradores conduziram um estudo de análise cromossômica em várias instituições penais e verificaram que o síndrome XYY não é mais comum (1,8% de incidência) do que o síndrome XXY (2,6%), nem se encontram diferenças entre os históricos criminais dos dois grupos.

Em suma, Bandura conclui por discordar da evidência proposta pelos estudos de etologia e pelos estudos genéticos que afirmam ser a agressividade instintiva ou constitucional. Por outro lado, sua posição *não* é a de um ambientalista radical. Em suas próprias palavras:

A visão dicotômica de que o comportamento ou é aprendido ou é inato tem pouco apoio à medida que nosso conhecimento sobre o comportamento humano aumenta. Embora hereditaristas e ambientalistas radicais ainda existam, a maioria dos teoristas reconhece que influências sociais e fisiológicas não podem ser facilmente isoladas, já que os dois conjuntos de influências interagem de maneiras sutis na determinação do comportamento. Como certo equipamento biológico é necessário para realizar comportamentos agressivos manuais, fatores estruturais, que têm uma base genética, podem em parte determinar se a agressividade inicial tem sucesso e progride em seu desenvolvimento ou se ela falha e é abandonada. Ser fisicamente forte, por exemplo, aumenta a probabilidade de que os atos agressivos tenham sucesso (p. 26). Por exemplo: um menino forte que bate nos coleguinhas da mesma idade tem mais probabilidade de conseguir o que queria (talvez o brinquedo do outro) do que uma criança fisicamente miúda. A agressividade da criança forte é nesse caso reforçada positivamente e tende a se repetir e estabelecer como um padrão de comportamento. Já um menino fraco que bate num colega, porém sai perdendo e não consegue seu objetivo, facilmente desiste da agressão física (esta é extinta por falta de reforço positivo). As características físicas também têm uma influência indireta sobre o comportamento. Por exemplo: meninos de maternal que são fisicamente fracos ou pouco desenvolvidos para a idade tendem a se associar a outros meninos fracos. Os fortes, que gostam de brincadeiras mais violentas (como "lutar de brincadeira") tendem a se associar entre si também, e assim os padrões de comportamento vão se fixando, através dos exemplos e do reforço.

Os exemplos acima demonstram como o comportamento agressivo pode ser entendido em termos de interação entre fatores biológicos e sociais, numa posição equilibrada, que não recorre a construtos não demonstráveis como os instintos, nem cai num ambientalismo radical. É importante notar, porém, que o problema central não é se a agressão tem causas múltiplas, e sim descobrir o grau em que fatores biológicos, psicológicos e sociais contribuem para as variações em agressão que encontramos entre os indivíduos, ou no mesmo indivíduo em ocasiões diferentes.

A posição das teorias de *drive*

Muitos autores abandonaram a noção de um instinto agressivo inato e elaboraram teorias cujo elemento principal é um *drive* (motivo) produzido pela frustração. De acordo com essas teorias, os homens são motivados a se comportar de maneira agressiva por um *drive* produzido pela frustração e não mais por causa de uma força agressiva inata. Esta posição foi apresentada originariamente por Dollard et al. (1939) e referendada posteriormente, como vemos nas publicações de Feshbach (1964, 1970), Sears, Whiting, Nowlis e Sears (1953), Whiting e Child (1953). É geralmente chamada de *hipótese de frustração-agressão*. Esta hipótese afirmava que a interferência com uma atividade dirigida a um objetivo induz um *drive* agressivo, o qual, por sua vez, motiva comportamentos que visam danificar a pessoa a quem se dirigem. Infligir dano reduziria o *drive* agressivo. Na forma em que foi originariamente proposta, a hipótese pressupunha que a frustração sempre gera agressão. Em modificações posteriores da hipótese, a agressão era ainda considerada como a resposta naturalmente dominante à frustração; porém admitiam que outros tipos de respostas, não agressivas, poderiam ocorrer se as agressivas tivessem sido previamente eliminadas através de punição ou de não recompensa.

Embora alguns membros do grupo de Yale (MILLER, 1941; SEARS, 1941) tivessem abandonado a noção de que a agressão é a única resposta não aprendida à frustração, continuou-se a considerar que sempre que houvesse agressão podia-se supor que fora precedida por frustração. A hipótese de frustração-agressão foi muito criticada. Antropólogos como Bateson (1941) apresentaram dados sobre culturas em que a agressão não é de maneira alguma uma resposta típica à frustração. Barker, Derribo e Lewin (1941) e Wright (1942, 1943) demonstraram que crianças pequenas tendiam mais à regressão do que à agressão quando frustradas. Os experimentos de laboratório em que a frustração foi sistematicamente manipulada não dão muito apoio à hipótese de frustração-agressão. Em alguns experimentos, a frustração aumentou a agressão (BERKOWITZ, 1965a; HARTMANN, 1969; ULRICH, HUTCHINSON & AZRIN, 1965); porém, em outros experimentos não se verificaram efeitos sistemáticos da frustração sobre a agressão (BUSS, 1966a; JEZARD & WALTERS, 1960; WALTERS & BROWN, 1963); e finalmente em outros experimentos verificou-se que a frustração pode reduzir o comportamento agressivo (KUHN, MADSEN & BECKER, 1967). Nos experimentos que relatam efeitos positivos, o efeito da frustração geralmente influencia o comportamento agressivo somente quando é acompanhado por um treinamento anterior em agressão ou por exposição a modelos agressivos.

O saldo desses estudos sugere que a frustração é apenas um fator, e não necessariamente o mais influente, na determinação do comportamento agressivo. Um ponto importante nessa formulação teórica refere-se à *catarse*. Uma vez que o *drive* agressivo tenha sido estimulado, ele permaneceria ativo como uma força motivadora até que fosse descarregado de alguma forma por comportamentos agressivos. A expressão do *drive* reduziria a agressão e essa descarga de energia é o que se chama catarse. Grande número de pesquisas experimentais tem demonstrado, porém, que a participação direta ou vicária (assistir a filmes ou a espetáculos violentos) tende a manter ou aumentar o comportamento agressivo e não a diminuí-lo (BANDURA, 1973).

Feshbach (1970) apresenta a versão mais recente das teorias de *drive* agressivo. Este autor retém a noção de que a frustração provoca um *drive* agressivo que faz as pessoas agredirem; porém, reformula alguns aspectos da teoria. Feshbach acredita que a participação direta ou vicária em atos agressivos pode ter três efeitos diferentes: 1) pode reduzir o *drive* agressivo; 2) pode reforçar comportamentos agressivos; 3) pode alterar a intensidade de inibições sobre a agressão. Feshbach insiste também em que o objetivo importante na redução do *drive* não é infligir dano a outrem, porém restaurar a *autoestima* do sujeito. Embora seja fato que um aumento de autoestima reduz a agressividade, essa explicação peca por não enquadrar como é que um *drive* pode ser reduzido por uma atividade não diretamente relacionada. Feshbach afirma também que a agressão pode ser eliminada quando as pessoas reestruturam as situações que tinham sido erroneamente interpretadas como insultantes. Mas aqui também fica inexplicado como o *drive* ficaria reduzido, uma vez que a noção de catarse, central às teorias de *drive*, exige uma descarga através de comportamentos diretamente relacionados ao *drive*.

Embora as forças motivadoras da agressão sejam diferentes, conforme postuladas pelas teorias instintivas e pelas teorias de *drive*, as duas posições são muito semelhantes quanto a suas implicações para o comportamento humano. Como a frustração está sempre presente, o ser humano sempre teria uma carga de energia agressiva que requer descarga periódica e ambas as posições pressupõem que a agressão é reduzida quando nos comportamos de maneira agressiva.

A posição da aprendizagem social

O desenvolvimento da Psicologia da Aprendizagem cada vez mais levou os psicólogos na direção de causas ambientais para os comportamentos. A atribuição do comportamento a forças motivadoras internas tem sido comparada às explicações primitivas em outros ramos da ciência. Antigamente, reações químicas eram supostamente causadas por movimentos de uma substância chamada *flogiston*, objetos físicos eram movidos por essências intangíveis e a doença mental causada por demônios. Essas outras ciências progrediram no sentido de identificar fatores e causas extrínsecas. Há, porém, bastante resistência à noção de que o comportamento humano esteja sujeito ao controle de estímulos ambientais, embora haja bastante evidência empírica para isto. Aqui, novamente, a posição de Bandura é tão lúcida, que preferimos citá-lo textualmente:

> Para a maioria das pessoas, isto infelizmente implicava em um processo de influência unilateral que reduzia o homem a um reator sem defesa, ao sabor de recompensas e punições externas, e trazia associações macabras de *1984* e *Admirável mundo novo*, nas quais as pessoas eram manipuladas à vontade por tecnocratas ocultos. Associando o termo "behaviorismo" com imagens odiosas de cães salivando e animais motivados por cenoura e couve, os críticos dos enfoques comportamentais habilmente empregam procedimentos de condicionamento pavloviano, a fim de dotar o ponto de vista behaviorista com propriedades degradantes. O fato de que a valorização de pessoas, lugares ou coisas é afetado por nossas experiências emocionais, seja de medo, humilhação, desgosto ou prazer, não significa que esta aprendizagem reflita um processo animal baixo. De fato, esperar que as pessoas permaneçam não afetadas por suas experiências é considerá-las menos do que humanas. O que é mais, ser sensível às consequências que nossas ações têm (reforços) é sinal de inteligência e não de funcionamento subumano (1973: 42).

Uma crítica mais válida do determinismo situacional extremo, no afã de evitar causas internas espúrias, ignorou determinantes do comportamento humano que surgem do funcionamento cognitivo. O ser humano é um organismo pensante, possuidor de aptidões que o tornam capaz de algum poder de autodireção. As pessoas podem representar influências externas simbolicamente e usar posteriormente essas representações para guiar suas ações; os seres humanos podem solucionar mentalmente os problemas sem "viver" todas as alternativas; e eles podem prever as consequências prováveis de determinadas ações e alterar seu comportamento de acordo com isto (1973: 42).

No ser humano, então, o comportamento agressivo, como qualquer outro comportamento, seria controlado basicamente por três sistemas reguladores: fatores antecedentes (estímulos) que levam o sujeito a se comportar de determinada maneira, *feedback* de respostas (contingências e reforço, incluindo o reforço vicário e o autorreforço), e processos cognitivos que incluem a representação cognitiva das contingências de reforço. O diagrama abaixo ilustra as diferentes implicações das teorias instintivas, de *drive* e de aprendizagem social, para o comportamento agressivo.

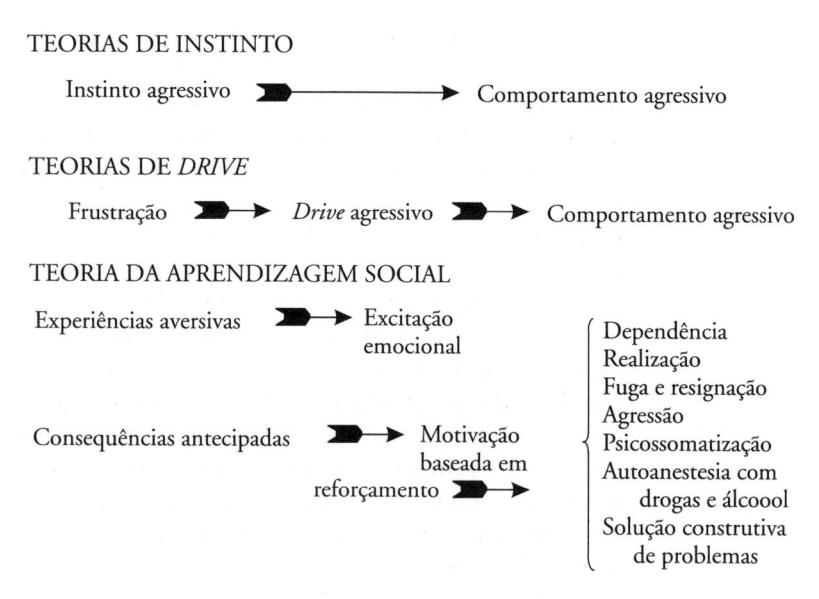

Fig. 28. Teorias da agressão (adaptado de BANDURA, 1973: 54).

Como se deduz da figura acima, nas teorias instintivas ou de *drive*, a agressão é inevitável, seja porque a frustração gera um *drive* agressivo, que por sua vez leva a comportamentos agressivos. Em ambos os casos é preciso haver uma descarga de energia. No terceiro enfoque (aprendizagem social), vemos que as experiências aversivas (termo mais amplo do que frustração) e as consequências cognitivamente antecipadas levam a um estado de excitação emocional difuso, que poderá acarretar qualquer comportamento (dependência, agressividade, psicossomatização, fuga, solução destrutiva de problemas), dependendo do histórico da aprendizagem da pessoa. Por exemplo, para uma pessoa que aprendeu a reagir com agressão diante de experiências aversivas, este comportamento se manifestará. Já para outra pessoa que foi positivamente reforçada por reagir com dependência este será o comportamento mais provável de se manifestar.

Há bastante evidência de que os componentes neurofisiológicos de emoções diferentes (medo e ódio, por exemplo) são indistinguíveis. A identificação correta de uma emoção depende do conhecimento que temos do contexto social. Schachter e Singer (1962), por exemplo, dão evidência de que as pessoas em estado de excitação emocional causada por drogas, e que não sabem a que fatores atribuir essas reações fisiológicas de excitação emocional, experienciam a excitação como agressão quando observam outras pessoas no grupo se comportarem de maneira hostil, mas vivenciam o mesmo estado como euforia se veem outras pessoas se comportarem de maneira brincalhona. Estas pesquisas questionam a existência de um instinto ou *drive* agressivo. O que parece mais plausível é que o estado de excitação emocional difuso causado por estímulos aversivos facilita o aparecimento de comportamentos dominantes na hierarquia de hábitos da pessoa. Ainda mais, Bandura afirma que a frustração, ou mesmo a excitação emocional, não é condição necessária para a agressão. Uma cultura pode produzir pessoas altamente agressivas, apenas valorizando as conquistas agressivas, fornecendo modelos agressivos e garantindo que os comportamentos agressivos recebam recompensas, mesmo se o grau de frustração for muito baixo. A seguir, citamos algumas pesquisas que demonstram como a agressão pode ser adquirida, aumentada ou diminuída através dos princípios básicos da aprendizagem social.

O papel do reforço positivo: Patterson, Ludwig e Sonoda (1961) verificaram experimentalmente que crianças que recebem elogios por baterem aumentam o comportamento agressivo mais do que as que não recebem aprovação. Adultos elogiados por administrarem choques de alta intensidade a outra pessoa tornam-se cada vez mais punitivos, ao passo que sujeitos não reforçados apresentam um nível relativamente baixo de agressão (GEEN & STONNER, 1971). O reforço social não aumenta apenas o tipo de comportamento agressivo reforçado, mas pode aumentar outros tipos de agressão não explicitamente reforçados. Tanto crianças (LOVAAS, 1961) como adultos (LOEW, 1967; PARKE, EWALL & SLABY, 1972), que receberam reforço social por fazerem comentários hostis, demonstraram mais agressão física num pós-teste do que aqueles que receberam reforço por fazerem comentários positivos. O esquema de reforçamento também é uma variável de grande importância. Cowan e Walters (1963) reforçaram meninos com bolas de gude por baterem num palhaço automático. Em uma condição experimental, o reforço foi dispensado num esquema de razão fixa 1:6; na segunda condição experimental o esquema foi de razão fixa 1:3; e na terceira condição experimental o esquema foi de reforço contínuo. Uma vez retirado o reforço na fase de extinção, os meninos reforçados no esquema contínuo revelaram-se menos agressivos, enquanto que os reforçados no esquema 1:6 foram os mais agressivos. As respostas reforçadas intermitentemente persistem mais, portanto, ou, em outras palavras, são mais resistentes à extinção. Além disso, as respostas reforçadas intermitentemente também tendem a se generalizar para outras situações. Walters e Brown (1963) reforçaram meninos com bolas de gude por baterem num palhaço, sob três condições: 1) Reforço contínuo; 2) Razão fixa 1:6; 3) Nenhum reforço. Um quarto grupo, de controle, não recebeu nenhum treinamento. Depois deste treinamento as crianças foram submetidas a uma experiência frustradora ou a uma experiência agradável, e sua agressividade em relação a outra criança foi medida em situações livres e situações de jogos competitivos. Os meninos que haviam recebido reforço intermitente por comportamentos de bater no palhaço na fase de treinamento tiveram duas vezes mais comportamentos agressivos interpessoais no pós-teste do que os que receberam reforço contínuo, nenhum reforço ou nenhum treinamento de agressão. As diferenças entre esses três últimos grupos não foi estatisticamente significante.

O que sobressai nos resultados desse experimento é que o reforço intermitente de um comportamento de agressão física, numa situação não frustradora, teve efeito sobre agressão interpessoal posterior.

O papel do modelo: Uma das grandes contribuições de Bandura ao ponto de vista do behaviorismo consiste na ênfase na aprendizagem por observação de modelos. Não é essencial executar-se a resposta e esta ser reforçada para que ocorra a aprendizagem. Muitos padrões de comportamento são aprendidos através da observação de modelos, mesmo se não identificamos nem mesmo uma atuação de reforçamento vicário (reforço ao modelo, tendo um efeito sobre o comportamento do observador).

Há três efeitos que os modelos podem produzir:

1) Aquisição de novos comportamentos.

2) Aumento ou diminuição de inibições do comportamento observado (isto ocorre geralmente através da observação de prêmios ou punições aos modelos).

3) Facilitação social, ou seja, aparecimento de comportamentos que não são novos no repertório do observador, mas que não podem ser atribuídos a fatores de inibição ou desinibição, por se tratar de comportamentos socialmente aceitos.

Há vários estudos de observação antropológica em que se vê que padrões de comportamentos agressivos ou não agressivos são transmitidos aos membros mais novos de uma cultura através de modelos. Gardner e Heider (1969) apresentam uma análise de como as crianças da tribo guerreira Dugum Dani em Nova Guiné aprendem a ser agressivos através da observação dos adultos. Levy (1969) apresenta um contraste interessante, analisando como as crianças de Taiti se tornam afáveis e pouco agressivas. Estudos com delinquentes também indicam que o comportamento agressivo predomina quando os modelos agressivos são abundantes e onde a agressividade é considerada uma qualidade valorizada, sejam estes modelos fornecidos pela pessoa do pai ou por outros adultos e companheiros. McCord, McCord e Zola (1959) verificaram que os filhos de criminosos tendiam a se tornar criminosos principalmente se o pai era cruel e rejeitador (85%); porém a ocorrência de pai rejeitador apenas estava associada com uma incidência menor de criminalidade (40%) em famílias em que o pai não era um modelo criminoso. Glueck e Glueck (1950) também relatam incidência maior de modelo paterno agressivo entre delinquentes do que entre jovens não delinquentes.

A transmissão social de agressão através de modelos tem sido demonstrada também abundantemente em situações experimentais controladas. Estes experimentos tipicamente usam o paradigma original de Bandura, Ross e Ross (1961), no qual as crianças observam modelos comportando-se de maneira agressiva (agressão física e verbal) em relação a um boneco plástico cheio de ar, tipo joão-teimoso. O modelo exibe comportamentos agressivos, tais como bater na cabeça do boneco com um martelo, sentar no boneco e bater-lhe no nariz, chutá-lo, atirar bolas nele, etc. Além disso, o modelo faz comentários verbais hostis. Depois de expostos ao modelo agressivo, as crianças são colocadas em situações de brinquedo livre, com vários brinquedos que podem ser usados para brincadeiras agressivas ou não agressivas. Os efeitos de aprendizagem dos comportamentos agressivos do modelo são medidos através do registro dos comportamentos espontâneos da criança, ou pedindo-lhe que reproduza os comportamentos do modelo. Esta segunda medida utilizada por Bandura (1965a) é considerada um índice melhor, porque as pessoas geralmente aprendem mais do que aquilo que manifestam espontaneamente. (Outra contribuição importante de Bandura é a distinção entre aprendizagem e desempenho. Contrário ao behaviorismo ortodoxo, Bandura admite essa distinção.)

A importância do fator *modelo* é enorme, principalmente numa sociedade tecnológica. As crianças aprendem não apenas o que lhes é dito que devem fazer, mas principalmente o que veem ser feito por outras pessoas. Enquanto que antigamente os modelos eram quase que exclusivamente os pais e membros mais chegados da família, atualmente os modelos são fornecidos amplamente pela comunicação de massa (jornais, revistas, cinema e, especialmente, a televisão). Bandura, Ross e Ross (1963a), Bandura e Mischel (1965), Prentice (1972), Grusec (1972) e vários outros estudos demonstraram que tanto as crianças como os adultos podem adquirir atitudes, comportamentos emocionais e padrões complexos de comportamento através de modelos pictóricos. Estas pesquisas chegaram a despertar a preocupação do governo norte-americano com os efeitos dos desenhos animados e filmes agressivos com que é bombardeada a criança norte-americana pela televisão. A preocupação com este problema foi gradualmente crescendo nos Estados Unidos, a ponto de, em 1969, o Senador John O. Pastore pedir ao secretário de Saúde, Educação e Bem-Estar (Health, Education and Welfare que solicitasse ao "Surgeon

General"* um estudo sobre o impacto da violência televisionada. Em resposta a esse pedido, foi nomeada uma Comissão Científica Consultora para Televisão e Comportamento Social, composta de doze cientistas do comportamento, em junho de 1969. Ao mesmo tempo, um milhão de dólares foi destinado à pesquisa sobre este problema e um grupo do National Institute of Mental Health foi nomeado para coordenar o programa de pesquisas. Durante os dois anos seguintes, um total de 23 projetos de pesquisa foram realizados em várias universidades e centros de pesquisa. Os 60 relatórios sobre esses trabalhos foram estudados pela Comissão Consultora em 1971, e o relatório final, intitulado "Television and Growing Up: The Impact of Televised Violence", foi apresentado ao "Surgeon General". Este relatório e mais cinco volumes contendo relatórios de pesquisa foram publicados em 1972. Essas pesquisas focalizaram três questões principais:

1) As características dos conteúdos dos programas de televisão.

2) As características da audiência: quem assiste ao que, por quanto tempo.

3) O impacto potencial da violência na televisão sobre as atitudes, valores e comportamentos do espectador.

Alguns dos resultados mais marcantes, relativos à primeira questão, são os de Gerbner (1972): De 95 desenhos animados analisados, apenas dois em 1967, um em 1968 e um em 1969 *não* continham violência. Em média, em 1967, uma hora de desenhos animados continha três vezes mais episódios violentos do que os programas para adultos. Em 1969, uma hora de desenho animado já continha seis vezes mais episódios violentos do que uma hora de programação para adultos. Barcus (1971) relatou resultados semelhantes: 71% dos segmentos de desenhos animados analisados continham pelo menos um episódio de violência humana.

Quanto à segunda questão, os resultados indicaram que as crianças pequenas estão entre os que mais assistem a televisão. Vários estudos (LYLE & HOFFMAN, 1972a, 1972b; MURRAY, 1972) demonstraram que crianças pequenas passam duas a três horas por dia vendo televi-

---

* Representante do governo sobre assuntos de saúde.

são e veem mais ainda nos fins de semana do que durante a semana. Em média, as crianças em idade pré-escolar passam a metade de uma semana de trabalho do adulto defronte da televisão.

Estender-nos-emos mais a respeito da terceira questão. Já que é ponto pacífico que há bastante violência apresentada na televisão e que as crianças passam muitas horas assistindo à TV, o que revelam os estudos sobre efeitos de violência na televisão sobre o comportamento de crianças? Stein e Friedrich (1972) avaliaram o efeito de expor programas de televisão antissociais, pró-sociais ou neutros. Os sujeitos, crianças de idade pré-escolar, foram observados durante um período de nove semanas, que consistiu de duas semanas antes da exposição aos programas, quatro semanas de exposição e três semanas de *follow up*. Todas as observações foram feitas enquanto as crianças realizavam as atividades normais do maternal. Os observadores registraram várias formas de comportamento que podiam ser descritas como pró-sociais (por exemplo: ajudar, compartilhar, brincar de forma cooperativa, tolerar demoras) ou antissociais (por exemplo: discutir, empurrar, quebrar brinquedos). Os resultados indicaram que as crianças julgadas inicialmente um tanto mais agressivas tornaram-se significativamente mais agressivas como resultado de ver os programas antissociais, tais como "Batman". Por outro lado, as crianças que viram 12 episódios de programação pró-social tornaram-se significantemente mais cooperativas, dispostas a emprestar brinquedos e a ajudar outras crianças.

Em outro estudo, Liebert e Baron (1972) avaliaram a disposição de crianças para machucar outra criança, depois de verem programas de televisão agressivos ou neutros. A situação experimental consistia de uma situação em que as crianças poderiam apertar um botão que "ajudaria" ou "prejudicaria" outra criança supostamente na sala ao lado. As crianças que haviam assistido aos programas agressivos apertaram o botão de "prejudicar" mais cedo e por períodos mais longos do que as do grupo de controle. Além disso, quando as crianças foram observadas depois, durante um período de brincadeira livre, as que haviam assistido ao programa agressivo demonstraram maior preferência por brincar com armas e brinquedos agressivos do que as crianças que assistiram aos programas neutros.

Outros estudos tentaram investigar os efeitos cumulativos, a longo prazo, da exposição a modelos agressivos na televisão. Vários investigadores notaram uma relação consistente entre preferência por programas de televisão agressivos e envolvimento em atos agressivos e delinquentes. Um dos estudos mais importantes nessa linha, citado por Murray (1973), é o de Lefkowitz, Eron, Walder e Huesman (1972). Este estudo investigou o desenvolvimento de comportamentos agressivos dos mesmos meninos e meninas, por um período de dez anos, desde a idade de 8 até 18 anos. Verificaram que, na amostra de meninos, os resultados indicaram que a preferência por programas violentos na idade de 8 anos estava relacionada significantemente com comportamento delinquente aos 18 anos. Para meninas, a relação foi menos marcante.

Em conclusão, podemos dizer que há bastante evidência fornecida por estudos experimentais que utilizaram metodologia rigorosa de que, a curto prazo, a exposição a modelos agressivos na televisão conduz a comportamentos agressivos nas crianças espectadoras. Estas pesquisas confirmam a posição teórica de Bandura a respeito do fator *modelo* na aquisição e manutenção de comportamentos.

A evidência a respeito dos efeitos cumulativos, a longo prazo, provém de estudos de natureza correlacional, que, como vimos no capítulo 2, não permitem inferências tão seguras a respeito de causalidade. Poder-se-ia objetar, quanto às conclusões do estudo de Lefkowitz et al., por exemplo, que algum fator não identificado é que teria causado os meninos preferirem programas agressivos aos 8 anos e teria causado os comportamentos agressivos aos 18 anos. De fato, sabemos que num estudo correlacional uma relação entre A e B tanto pode indicar que A causou B, como B causou A (nesse caso impossível, devido às relações temporais) como ainda que tanto A como B foram causados por um terceiro fator, C. No entanto, considerando-se o contexto teórico e os resultados experimentais a respeito dos efeitos a curto prazo, é muito mais plausível supor-se que a evidência correlacional sugere uma relação de causalidade. De qualquer forma, o que está bem claro nos estudos mais recentes é que a hipótese de catarse tem muito pouco apoio. Assistir a filmes agressivos não tem um efeito catártico de reduzir a agressividade de crianças.

O leitor ávido de conhecer mais sobre a realidade brasileira talvez tenha estranhado a discussão detalhada que apresentamos aqui sobre a preocupação manifestada por autoridades governamentais norte-americanas com o problema da agressividade na programação de televisão infantil. A finalidade dessa discussão foi a de salientar a gravidade do assunto e a estimular que nossos psicólogos investiguem esse problema em nosso meio. O que está acontecendo com a criança brasileira em termos de audiência à televisão, conteúdos de programas e efeitos sobre o comportamento? Se temos programas de conteúdo pró-social, também temos inúmeros de conteúdo agressivo. Será que em nosso meio a violência na televisão tem o mesmo efeito que parece ter sobre as crianças norte-americanas, ou será ela contrabalançada por outros fatores?

Perspectivas de que a criança não é um mero recipiente passivo das mensagens da televisão e de que está ativamente engajada em processamento da informação e em atividades interpretativas e avaliativas reforçam, segundo Lewin (1987a), a noção de que "o conteúdo de um programa mediatizado pela televisão não é um bom preditor de seus efeitos". A noção de que os efeitos da televisão não são absolutos tem exercido, segundo a autora, um impacto considerável sobre perspectivas teóricas modernas e tem afastado os pesquisadores do foco predominante de exame da relação entre violência televisionada e as atitudes e comportamentos das crianças.

De acordo com Lewin e Berry (1987), "tem sido bastante reconhecido recentemente que a relação da criança com a televisão não pode ser considerada como um fenômeno isolado. A crítica inicial a respeito da televisão e seus efeitos tem sido substituída pela promissora noção de que a televisão não somente influencia, mas também é influenciada pelos seus contextos sociais". O enfoque apresentado pelos autores substitui a questão a respeito do efeito da televisão sobre a criança por outras questões que envolvem os processos mediante os quais a família filtra as influências educacionais da televisão.

Lewin (1987b) focaliza criticamente, de um ponto de vista cognitivo-evolutivo, o problema do efeito e propriedade dos conteúdos de televisão dirigidos à audiência infantil. A autora favorece o argumento de que o problema requer um foco multieducacional, mediante a consideração de uma perspectiva de teoria de aprendizagem aplicada à implementação de projetos para o desenvolvimento da leitura crítica da televisão. Argumenta, também, a respeito da importância das pesquisas empíricas, tentando desvelar os processos de desenvolvimento em suas conexões com as respostas de crianças ao caráter persuasivo dos comerciais de televisão e a outros conteúdos. A autora analisa diferentes pesquisas evolutivas em relação ao seu potencial para alimentar as decisões a respeito de normas e práticas que regulam os comerciais de televisão dirigidos à audiência infantil.

O papel desempenhado pela televisão educativa na solução de inúmeros problemas educacionais em realidades brasileiras é focalizado no trabalho *Educational Television in Brazil: The State of the Art* (LEWIN, 1987c). Menciona a autora, entre outros dados, que no Estado do Ceará a televisão educativa atinge 68 cidades e tem 42.000 alunos matriculados. No Maranhão, a televisão educativa provê instrução para 23.000 estudantes de 5ª a 8ª série. Sem televisão educativa, este número expressivo de alunos estaria privado de uma escolarização completa. Como se vê, a televisão educativa está desempenhando um papel crucial em algumas áreas pobres do país.

O controle da agressão

A discussão acima indica que os comportamentos agressivos muitas vezes aprendidos de modelos são mantidos porque têm consequências reforçadoras. Muito se tem discutido a respeito dos efeitos da punição sobre a agressão. Até poucos anos atrás a teoria da aprendizagem social mantinha a noção de que a punição não era um meio eficiente de controlar a agressão, principalmente porque, embora se estejam fornecendo consequências não reforçadoras ao comportamento agressivo, o agente punitivo estaria fornecendo um modelo agressivo, ao punir, que favoreceria a manutenção dos comportamentos agressivos, superando os efeitos da punição. Os trabalhos de Bandura e Walters (1959) e Bandura (1960) indicaram que a punição poderia no máximo inibir temporariamente o comportamento agressivo, que não seria desaprendido e poderia reaparecer em contextos diferentes. Mais recentemente se tem verificado que a situação descrita acima é resultante de situações em que a punição é excessiva, como no caso de pais enfurecidos que espancam filhos na tentativa de eliminar comportamentos agressivos. Hoffman (1960) relatou que mães que forçam a obediência através da coação tinham crianças que também usavam táticas agressivas ao lidar com seus companheiros. Mais recentemente tem-se visto que punições brandas (especialmente críticas verbais) podem reduzir a agressão.

Um dos experimentos mais interessantes sobre punição de comportamentos agressivos é o de Deur e Parke (1970). Numa etapa inicial, de aquisição, crianças foram submetidas a uma das três condições experimentais seguintes:

1) Reforço positivo contínuo de respostas agressivas (bater).

2) Reforço inconsistente I (50% das respostas agressivas receberam reforço positivo e 50% receberam punição).

3) Reforço inconsistente II (50% das respostas agressivas receberam reforço positivo e 50% não receberam nenhum reforço).

Numa segunda etapa, de extinção, cada uma das três condições experimentais foi subdividida em dois grupos (A e B). O grupo A foi submetido a extinção propriamente dita (nenhum reforço) e o grupo B foi submetido a punição. O delineamento pode ser esquematizado da seguinte maneira:

I. FASE DE AQUISIÇÃO	II. FASE DE EXTINÇÃO
1. Reforço contínuo	A. Nenhum reforço B. Punição
2. Reforço inconsciente I (50% reforço positivo, 50% punição)	A. Nenhum reforço B. Punição
3. Reforço inconsciente II (50% reforço positivo, 50% nenhum reforço)	A. Nenhum reforço B. Punição

Os resultados mostraram que a redução de comportamentos agressivos foi significativamente maior no grupo 1, do que nos grupos 2 e 3, tanto sob a condição A quanto sob a condição B. A interpretação que se pode fazer é que crianças que são consistentemente recompensadas por seus atos agressivos facilmente os abandonam quando percebem que eles não estão mais trazendo recompensas. Já as crianças que receberam reforços inconsistentes (quando a agressão às vezes traz recompensas e às vezes traz punições ou é ignorada) não abandonam os comportamentos agressivos tão facilmente. Na vida diária, dificilmente uma criança teria seus comportamentos agressivos sempre recompensados. O mais provável é que os comportamentos agressivos às vezes tenham consequências positivas, às vezes tenham consequências negativas e às vezes não tenham nenhuma consequência. Isto explicaria por que o comportamento agressivo é geralmente difícil de ser reduzido.

Os princípios de aprendizagem social podem ser aplicados na modificação de comportamentos agressivos. Segundo Bandura (1973), questões éticas tornam-se irrelevantes quando o sujeito escolhe seus próprios objetivos. Assim, uma pessoa cujos comportamentos agressivos lhe causem dificuldades nas relações sociais poderia procurar o terapeuta, solicitando um tratamento que reduza os comportamentos agressivos. Já uma pessoa cujos problemas sejam os de não saber se afirmar nem reagir ao ponto de ser explorada por outras pessoas poderá pedir um tratamento em que comportamento de autoafirmação e mesmo comportamentos agressivos adequados à situação sejam fortalecidos.

Uma das melhores maneiras de reduzir a agressão é através do fortalecimento de outras respostas que tenham valor funcional. Verifica-se, por exemplo, que pessoas que recorrem à agressão física para resolver seus conflitos interpessoais geralmente têm baixa habilidade verbal (daí a maior incidência de agressão física na classe social baixa). Uma vez aprendendo a resolver verbalmente este tipo de conflito, o comportamento de agressão física decresce. Outra maneira de modificar o comportamento agressivo é por meio da apresentação de modelos que exibam respostas socialmente aceitas (cooperação, por exemplo). Já em 1942 Chittendem demonstrou como esses efeitos podem ser obtidos. Crianças muito dominadoras e agressivas observaram e discutiram sobre uma série de interações representadas em teatrinho de bonecos, em que estes, representando crianças, demonstravam alternadamente maneiras agressivas e cooperativas de resolver conflitos interpessoais típicos a crianças. Além disso, as consequências da agressão apareciam como desagradáveis e as de cooperação como agradáveis. Em uma das situações, por exemplo, dois meninos brigavam para ficar com um carro; durante a briga, o carro quebrou-se e os dois meninos terminaram tristes. Em contraste, a alternativa cooperativa mostrou os meninos divertindo-se enquanto alternavam a vez de brincar com o carro. Chittendem utilizou-se principalmente do efeito de modelo e de reforço vicário. Modernamente recomenda-se uma combinação desses fatores com reforços ao sujeito também. Uma vez adquirido o comportamento desejado, deve-se arranjar situações em que o comportamento receba reforços positivos. No caso de uma criança hiperagressiva, deve-se arranjar situações para que os comportamentos cooperativos ainda fragilmente estabelecidos através da exposição a modelos cooperativos recebam reforços positivos; do contrário, pode-se não conseguir o efeito desejado. Suponhamos uma situação em que uma criança acostumada a obter o brinquedo que quer, arrancando-o das mãos dos companheiros, é exposta a modelos cooperativos e tenta agora obter o brinquedo pedindo ao companheiro se pode brincar junto. Se a consequência for positiva (o companheiro concorda), o comportamento tenderá a se fortalecer; já se o pedido recebe um não, o comportamento cooperativo dificilmente tenderia a se manter.

Mesmo na pré-escola, algumas crianças são bem mais agressivas do que outras. Patterson (1982) estudou um grupo de meninos de 3 a 8 anos de idade, que tinham sido rotulados como "sem controle" pela escola ou pelos pais. Depois de estudar esses meninos em seus lares, ele concluiu que a agressão é um problema de ambiente familiar. Patterson e seus colaboradores registraram cada vez que um membro da família criticou outro, resmungou, recusou-se a atender a um pedido ou ordem, gritou, destruiu um objeto, bateu, empurrou, ou atirou um objeto, implicou, comandou ou chorou. Para a finalidade da pesquisa, todos esses atos foram classificados como coercitivos. Os eventos foram registrados em sequência temporal, de modo que os episódios completos pudessem ser analisados posteriormente. Famílias que não tinham crianças-problema foram observadas para comparação.

Patterson verificou que as crianças "sem controle" se envolviam em um número três vezes maior de atos coercitivos do que as outras crianças.

Mas os membros de suas famílias também usavam ameaças e força. Em outras palavras, as relações de família são mutuamente coercitivas. Patterson salienta que o comportamento agressivo não é um ato isolado, mas uma cadeia de interações. Patterson melhorou o comportamento dessas crianças ensinando aos pais a modificar seu comportamento coercitivo: a serem claros e consistentes a respeito do que esperam da criança; a reagir com firmeza, mas de forma não violenta quando a criança não obedece; a deixar a criança "esfriar" quando está encolerizada; a recompensar o bom comportamento com abraços, elogios e privilégios; e a discutir maneiras não coercitivas de resolver os problemas quotidianos da criança.

Inúmeros tópicos poderiam ainda ser discutidos com relação a agressividade. Este capítulo focalizou alguns enfoques mais recentes e salientou a importância do assunto para uma Psicologia do Desenvolvimento que traga contribuições relevantes aos problemas da sociedade contemporânea.

As pesquisas brasileiras sobre agressão têm seu fundamento em diversas correntes teóricas. Um exemplo de trabalho dentro de orientação psicanalítica é o de Sattler (1979) sobre a relação entre acidentes infantis e agressão. A autora argumenta que ambientes seguros não resolvem o problema da predisposição para acidentes, porque há fatores psicológicos que levam a acidentes. Como evidência para isso, cita estudos sobre suicídio na infância e na adolescência, relacionados com comportamentos autodestrutivos na primeira infância. Heinman (1969), Menninger (1971), Knobel (1972) e outros fornecem a fundamentação teórica para esse estudo de Sattler. A hipótese explícita foi a de que manifestações agressivas no Teste de Atitudes Familiares (JACKSON, 1973) são mais frequentes em crianças que tiveram acidentes do que entre as que não os tiveram. A amostra foi constituída por 60 sujeitos cuja idade variava de 6 a 11 anos, de ambos os sexos. O grupo I era constituído por crianças que se acidentaram e foram atendidas no Hospital Municipal de Pronto Socorro de Porto Alegre por causa de ferimentos *não* causados por outrem ou pelo ambiente. O grupo II era formado por crianças de três escolas públicas e uma particular, que não tiveram atendimento médico nem presumivelmente tinham sofrido tal tipo de ferimento. Foi utilizado o sistema de avaliação do teste elaborado por Cibils (1978), e uma avaliação "cega" foi feita por outra pesquisadora. Os resultados revelaram que as crianças acidentadas tinham mais sentimentos de rejeição e ansiedade persecutória. Sattler concluiu que a agressão autodirigida contribui para acidentes e discute seus resultados no contexto das noções teóricas de Melanie Klein e outros autores de orientação psicanalítica. Este estudo foi aqui mencionado porque constitui um dos poucos estudos psicanalíticos brasileiros que utiliza um modelo empírico e quantitativo.

Vasconcellos (in: FLECK, 1981) estudou a agressão em menores institucionalizados de Porto Alegre. Seu resultado principal, contrário às expectativas, foi de que jovens de 16 a 18 anos, que roubam, mostram a mesma quantidade de agressão que aqueles que matam. Além disso, ambos os grupos demonstraram maior agressão do que um grupo de controle. Com base na teoria psicanalítica, Vasconcellos sugere que fatores internos como ansiedade, culpa e depressão levam à delinquência. Embora ela admita o papel do ambiente, especialmente as condições de pobreza, e aprendizagem de mais comportamentos agressivos nos reformatórios, sua ênfase é nitidamente em fatores internos. De acordo com a teoria psicanalítica, ela trata a delinquência como um efeito da insegurança, que, por sua vez, leva à ansiedade. Quando a ansiedade se torna insuportável, precisa ser expressa, e a pessoa se torna agressiva. A agressão interna predisporia ao roubo ou ao assassinato. Uma vez que o crime é realizado, maior ansiedade geraria culpa e depressão, e a pessoa ficaria presa de um círculo vicioso.

Como esses dois exemplos de pesquisa demonstram, a teoria psicanalítica da agressão parece ser muito popular entre os psicólogos brasileiros. Jablonsky (1978) devotou uma tese de mestrado a um exame crítico da noção de catarse. Jablonsky defende a noção de que embora a teoria psicanalítica permita uma noção de catarse da agressão, Freud mesmo nunca afirmou explicitamente isso, nem mesmo em sua famosa carta a Einstein ("Por que guerra?"). Jablonsky acha que Freud supôs que a possibilidade de o ser humano ter agressão diminui à medida que a energia é canalizada para outros objetivos num processo semelhante ao da sublimação da libido. É um modelo hidráulico, mas é interessante notar que Freud nunca falou de sublimação da agressão da mesma forma que falou de sublimação da libido. Isto pode ter levado à confusão e à noção popular de que catarse da agressão é uma noção freudiana. Em suma, Jablonsky afirma que a catarse da agressão é teoricamente possível como implícita no quadro teórico de Freud, mas que não foi afirmada por Freud.

Dentro do enfoque da Aprendizagem Social, Socci (1977) investigou os efeitos da observação de modelos agressivos mediados por filmes, em corrente natural. Os sujeitos foram adolescentes institucionalizados, de uma instituição pública (Funabem). Nesta instituição, em particular, não havia adolescentes com registros de comportamento antissocial. A escola era localizada no Rio de Janeiro. O estudo baseou-se no conhecido trabalho de Bandura (1973) sobre agressão, que considera agressão como um comportamento aprendido e não inato e enfatiza o papel dos modelos e, em grau menor, o do reforço do comportamento agressivo. O estudo de Socci foi inovador porque foi conduzido num ambiente natural, com os sujeitos desconhecendo que um experimento estava em curso. A amostra consistiu de 48 adolescentes, de ambos os sexos, com idades de 11 a 18 anos, e frequentando a 5ª, 6ª e 8ª séries, não apresentando dificuldades escolares. Todos os sujeitos pertenciam ao nível socioeconômico baixo. As hipóteses do estudo foram:

1) Há um número maior de comportamentos imitativos agressivos nos grupos mais jovens do que nos mais velhos;

2) Os meninos apresentam maior número de comportamentos agressivos do que as meninas.

3) Haverá maior incidência de comportamentos agressivos depois da exposição a filmes agressivos do que a filmes neutros.

As hipóteses são baseadas na teoria de Bandura e em pesquisas específicas como as de Fein (1973) que verificou que crianças mais jovens imitam mais do que crianças mais velhas, em situações de solução de problemas e de competição.

O procedimento foi descrito da seguinte maneira: Depois das atividades diárias e do jantar, os estudantes podem usar livremente as salas de recreação onde podem jogar, ver televisão, assistir filmes no auditório, praticar esportes, ficar no pátio, ou mesmo, no caso dos mais velhos, ir a um cinema ou festa fora da instituição. No pavilhão masculino, doze inspetores em cada uma das três turmas, supervisionam a disciplina durante este período livre. No pavilhão feminino, também há um período de recreação antes da hora de dormir. Esta foi a hora destinada ao trabalho experimental.

As categorias de comportamento agressivo foram definidas operacionalmente da seguinte maneira: Agressão física direta (brigar, bater, socar, chutar, arranhar, beliscar, dar com o cotovelo, atirar um objeto, bater com um objeto); agressão indireta (recusar um favor, desobedecer, debochar, bater portas ou janelas, atirar objetos no chão, destruir propriedade alheia, ofender com gestos); e agressão verbal direta (provocação verbal com ou sem palavrões, desafiar, criticar, humilhar, debochar, ridicularizar, praguejar, dizer coisas ruins a respeito de um colega para outro, perturbar).

Os inspetores que trabalhavam regularmente com as crianças foram treinados para ser os observadores. Durante o período de treinamento dos observadores, os seis inspetores mais eficientes foram selecionados para participar no projeto de pesquisa. O experimentador enfatizou a importância de não discutir o tópico da pesquisa com os sujeitos. Durante o período de treinamento, a fidedignidade entre os observadores foi de 92% (valor médio).

Os sujeitos foram levados para a sala de projeção e assistiram a filmes (descritos a seguir) juntamente com os seis inspetores que tinham sido treinados como observadores para a finalidade da pesquisa. A observação começou logo depois de terminada a projeção, quando os sujeitos saíam da sala, preenchiam um questionário e caminhavam para seus aposentos.

O experimento foi apresentado aos sujeitos como um levantamento das preferências de adolescentes em relação a filmes comerciais. O questionário distribuído ao final da sessão justificava esta explicação, embora sua finalidade real fosse a de verificar se os filmes agressivos eram realmente percebidos como agressivos, o grau de interesse despertado, etc. A experimentadora assistiu ao filme da cabine do operador, e deixou a instituição depois de recolher os questionários. O procedimento experimental não interferiu absolutamente com a rotina dos alunos, uma vez que era costume assistirem a um filme uma vez por semana. Dois filmes neutros foram mostrados antes do procedimento experimental começar.

Os filmes eram filmes comerciais comuns, obtidos de uma rede de televisão, escolhidos pela experimentadora, de acordo com seu conteúdo agressivo. O primeiro filme era neutro, para a finalidade de estabelecer uma linha de base de comportamentos agressivos. Na segunda semana, um filme agressivo foi mostrado. Os filmes agressivos tinham sido escolhidos não apenas em termos de seu conteúdo agressivo, mas também como uma tentativa de eliminar outros conteúdos culturalmente irrelevantes, como filmes de guerra, *cowboys*, *gangsters* e índios. Duas semanas depois, foi mostrado outro filme agressivo, a fim de permitir a verificação do efeito cumulativo de modelos agressivos. Um quarto filme, uma semana mais tarde, foi neutro, e serviu à finalidade de *follow up*. Uma análise de conteúdo das respostas aos questionários confirmou que os filmes "agressivos" escolhidos pela experimentadora foram percebidos como mais violentos, brutais, agressivos e cruéis, ao passo que os filmes neutros foram considerados como divertidos.

Os resultados confirmaram a segunda hipótese, com meninos demonstrando maior agressão imitativa do que as meninas.

A hipótese 1, no entanto, não foi confirmada. Não houve efeito significativo do fator idade. Houve apenas uma diferença significativa entre o grupo de 14-15 anos e o de 17-18, no primeiro filme agressivo. Um teste dos efeitos de *follow up* mostrou que, depois de uma semana, não houve resíduos da exposição ao modelo agressivo. Os efeitos cumulativos da exposição aos filmes agressivos ocorreram para meninos, mas não para meninas. Socci (1977) especulou que a diferença de idade pode não ter aparecido porque o grupo mais jovem era fisicamente menor, e pode não ter expressado comportamentos agressivos imitativos por causa do medo de retaliação pelos grupos mais velhos.

Considera-se este estudo um exemplo de uma pesquisa cuidadosamente realizada sobre agressão, executada no Brasil, de acordo com o paradigma da teoria de aprendizagem social, tendo como sua maior contribuição o fato de que foi conduzida num ambiente natural, mas preservando muito do rigor experimental.

Outro estudo bem feito nessa linha foi o de Aragão (1975) que tentou um procedimento de modificação de comportamento empregando modelos cooperativos apresentados em oito sequências de *slides*, cada série consistindo de um episódio cooperativo significativo, acompanhado de gravação sonora. Um exemplo de tal sequência mostra um menino e uma menina um pouco mais nova, tentando abrir um copo de iogurte, e obviamente tendo dificuldade para isso. O menino ajuda, eles conseguem abrir o copo e ambos tomam o iogurte, demonstrando satisfação, com dois canudinhos no mesmo copo. O objetivo do trabalho era diminuir comportamento agressivo através do aumento de comportamentos cooperativos.

Um exemplo de pesquisa baseada na teoria de atribuição e na teoria de *drive* de agressão é a pesquisa descrita a seguir, de Rodrigues e Jouval (1969). Fundamentada na teoria de atribuição de Heider (1958) e nos acréscimos de Berkowitz à hipótese de frustração-agressão, as seguintes hipóteses foram testadas: 1) Em qualquer relação interpessoal frustradora, a ligação afetiva entre as pessoas frustradas e as frustradoras determinará as atribuições da primeira; 2) Qualquer evento interpessoal frustrador sempre leva à raiva na pessoa frustrada; 3) Reações agressivas ocorrerão apenas quando a pessoa frustrada atribuir causalidade pessoal ao agente frustrador.

O procedimento experimental consistiu em mostrar um *slide* apresentando uma versão modificada do teste de Rosenzweig, a 84 estudantes do primeiro ano da PUC-Rio. Houve duas condições experimentais e uma de controle, cada uma com 14 rapazes e 14 moças, aleatoriamente distribuídos. Os sujeitos foram instruídos a colocar-se na posição da pessoa frustrada que aparecia no *slide*, e escrever sua resposta ao agente frustrador. A seguir, foram solicitados a indicar em uma escala de 90 milímetros: a) a probabilidade de um motivo indicando causalidade impessoal que tenha sido razão para o frustrador; b) a intensidade da raiva mobilizada pelo evento frustrador; c) a intensidade da agressão instigada pelo evento frustrador.

Em uma das condições experimentais, os sujeitos foram informados de que duas pessoas envolvidas na interação interpessoal eram amigas, e, na outra, de que eram inimigas. Nada foi dito a respeito da ligação afetiva entre as duas pessoas na condição controle. Os resultados confirmaram a primeira hipótese e dão apoio relativo às outras duas.

L. Camino, Leyens e Cavell (1979) na Universidade Federal da Paraíba acrescentam uma dimensão política a essa corrente teórica no Brasil. Em um estudo experimental, esses autores testaram três hipóteses: 1) Recorrer à violência é mais provável quando um senso de competência é levantado em grupos minoritários; 2) A violência é mais forte quando as minorias atribuem responsabilidade por sua situação à maioria e não a uma causa impessoal; 3) Controle da agressão aparece entre minorias que esperam uma melhora de sua situação, dependendo essa melhora do grupo majoritário.

Os sujeitos foram voluntários, estudantes da UFPb, a quem foi dito que estavam participando de um jogo de economia. Estes grupos perdiam nos jogos continuamente, e as duas variáveis independentes foram atribuição de responsalidade e probabilidade de melhora no futuro.

O procedimento foi engenhoso e merece descrição detalhada. No primeiro experimento, 30 grupos de quatro sujeitos cada participaram, sendo cinco grupos em cada condição experimental. Oito sujeitos eram chamados de cada vez. Eles eram recebidos em uma sala de espera, pelo experimentador, que apresentava o estudo como lidando com decisões de grupo em economia. O jogo consistia basicamente de uma competição entre dois grupos, o objetivo sendo o de obter o máximo possível de dinheiro na Bolsa. Cada grupo iniciava com a mesma quantia de dinheiro e ações de indústrias fictícias. O jogo consistia de sete tentativas de 15 minutos cada, durante as quais os grupos deveriam comprar e vender ações uns dos outros. Os grupos não podiam comunicar-se diretamente, mas tinham que agir através da intermediação de uma agência, que, depois de cada tentativa, informaria os grupos sobre os novos valores de suas ações. As razões invocadas pelo experimentador a fim de explicar a mudança de valores das ações constituía a manipulação da "atribuição de responsabilidade". Na condição de "responsabilidade pessoal", o experimentador explicava que as mudanças de valor dependiam de um programa aleatório estabelecido por um computador localizado na agência.

O jogo prosseguia. Depois de quatro tentativas todos os grupos ficavam na situação que os autores chamaram de "minoria". Eles perdiam consistentemente, e parecia que não tinham controle sobre a situação. Neste momento, uma segunda variável independente era introduzida. Por causa das perdas repetidas do grupo, a agência enviava um especialista em economia que chamava a atenção dos jogadores para sua situação catastrófica e explicava seu futuro provável. Para alguns grupos, o experimentador declarava que, de acordo com uma conhecida lei da economia, eles tinham uma chance de 100% de melhorar, porque o grupo tinha comprado ações de determinada maneira ("responsabilidade pessoal") ou porque o programa de computador as tinha desvalorizado ("responsabilidade impessoal"). Para outros grupos, o especialista invocava as mesmas razões para declarar que eles tinham uma chance de 50% de melhorar. Para um terceiro conjunto de grupos, o especialista explicava que seria impossível reverter a situação de perdedores contínuos (condição de 0%). Em todas as três condições, a palestra do especialista era apoiada por gráficos, ilustrativos das diversas tendências.

Nesse momento, o especialista dizia que eles podiam expressar seus sentimentos e fazer pressão sobre o outro grupo por meio de choques elétricos. Depois disso, dois questionários eram preenchidos por cada indivíduo. O primeiro questionário consistia em avaliar o outro grupo na base de uma lista de adjetivos bipolares apresentados em escalas de sete pontos. O segundo questionário tinha o objetivo de avaliar o próprio grupo.

A hipótese a respeito do controle estratégico foi a única confirmada quando os dados foram analisados por meio de uma análise de variância. Os grupos que não tinham certeza de seu futuro e que acreditavam que seu futuro dependia dos grupos "majoritários" revelaram o menor grau de agressão. A discussão da pesquisa focalizou a hipótese de frustração-agressão e questões metodológicas.

Em outro estudo, L. Camino e Troccoli (1981) investigaram a percepção da violência como função do nível de crença em um mundo justo, e do tipo de motivação subjacente a atos violentos. Três amostras (professores de psicologia, alunos iniciantes de psicologia e alunos de nível intermediário) responderam a questionários a respeito de crença em um mundo justo e tipos de violência. Os atos violentos foram categorizados em quatro tipos quanto à motivação (autopreservação, mudança social, interesse próprio e vandalismo). Os sujeitos foram classificados em altos, médios, ou baixos em "crença em um mundo justo". Os resultados a respeito da violência não legal indicaram que os professores de psicologia e os alunos iniciantes, com baixa crença em um mundo justo, perceberam os atos violentos motivados pela mudança social como menos violentos do que os de crença alta ou média. Não houve diferenças significantes com relação a outros tipos de motivação. Com relação à violência exercida por agentes sociais legais, os professores de psicologia com baixa crença no mundo justo classificaram a violência motivada por mudança social como muito mais violenta do que o fizeram os de crença média ou alta. Além disso, uma relação negativa entre crença no mundo justo e participação em atividades políticas foi encontrada.

Os estudos relatados aqui não constituem uma cobertura completa das pesquisas sobre agressão no Brasil. O objetivo foi apenas o de ilustrar as tendências de pesquisa, realizadas sob diferentes enfoques teóricos e em diversos centros de pesquisa.

9

Desenvolvimento moral: I. Aspectos cognitivos*

Desenvolvimento moral – considerações gerais

A aquisição de comportamentos e valores morais é um tema que sempre despertou o interesse de filósofos, psicólogos e sociólogos. É bastante significativo o fato de que Freud (1922, 1949), Durkheim (1953), G. Mead (1934), T. Parsons (1958) e outros acharam necessário o conceito de atitude moral como fundamental à teoria psicológica. McDougall (1908) também já afirmava que o problema fundamental da psicologia social é a moralização do indivíduo pela sociedade. Além do interesse teórico, houve pesquisas empíricas sobre o comportamento moral de crianças, desde a década de 1920, destacando-se dentre essas pesquisas mais antigas as de Hartshorne e May (1928, 1930).

A moralidade ou consciência é geralmente vista pelos psicólogos como o conjunto de regras culturais que foram internalizadas pelo indivíduo. As regras dizem-se internalizadas quando são obedecidas na ausência de incentivos ou de sanções sociais. Assim, um dos problemas centrais para a Psicologia do Desenvolvimento é o seguinte: Como é que a criança que nasce "amoral" torna-se capaz de moralidade, ou seja, de atuar em termos de padrões internalizados? Em resposta a esta pergunta fundamental, o desenvolvimento moral tem sido estudado através de vários enfoques teóricos, que focalizam diferentes conteúdos ou objetos de estudo e utilizam metodologias diversas.

---

* Trechos deste capítulo foram reproduzidos de artigos da própria autora, publicados na *Revista Brasileira de Psicologia Aplicada*: "Desenvolvimento moral – análise psicológica", 1972, 24, p. 7-40, e "Uma comparação transcultural de estudantes brasileiros e norte-americanos na medida de julgamento moral de Kohlberg", 1975.

Uma classificação que englobasse os três aspectos (teoria, conteúdo e metodologia) nos levaria ao seguinte esquema:

TEORIAS	CONTEÚDOS ENFATIZADOS	METODOLOGIA
Psicanalítica	Complexo de Édipo, formação do superego, culpa	Clínica e especulativa.
Aprendizagem social	Comportamentos manifestos de resistência à tentação; alttruísmo; alguma atenção a reações de culpa e a aspectos cognitivos.	Pesquisa empírica de natureza correlacional e especialmente experimental.
Cognitiva	Julgamento moral.	Clínica, especulativa e algumas pesquisas empíricas.
	Dissonância cognitiva.	Pesquisas empíricas.

Como o enfoque desta terceira parte do livro é em áreas de pesquisa, não discutiremos aqui a contribuição psicanalítica, que consiste em especulações baseadas em casos clínicos. Não podemos deixar de mencionar, porém, o impacto de conceitos teóricos como os de superego, culpa, repressão e outros sobre o conhecimento psicológico a respeito do problema do desenvolvimento moral.

As críticas que a psicologia científica faz à teoria psicanalítica já foram discutidas. Entre estas destacam-se a falta de especificidade e operacionalidade dos construtos e a consequente impossibilidade de teste empírico das hipóteses derivadas da teoria. O desenvolvimento moral é considerado função do complexo de Édipo, um dos aspectos mais questionados e não testáveis da teoria freudiana. A teoria psicanalítica gerou poucas pesquisas a respeito do desenvolvimento moral, destacando-se apenas alguns estudos sobre culpa, nela inspirados, e levados a efeito por autores da teoria de aprendizagem social (WHITING & CHILD, 1953; ALLINSMITH et al., 1960). Estes estudos serão discutidos na seção sobre comportamento moral.

Julgamento moral

A concepção de moralidade de Piaget definiu e limitou o campo de suas investigações ao desenvolvimento do julgamento moral das crianças. Para Piaget (1932), a moralidade é concebida como um sistema de regras. A essência da moralidade está no respeito que o indivíduo adquire pelas regras. O objetivo de Piaget foi o de analisar como a criança chega a obedecer e a respeitar as regras.

Num nível superficial, a aceitação dessa definição significa ignorar qualquer possível finalidade última da moralidade ou as funções a que a moralidade possa servir, bem como os processos psicológicos relacionados a tal finalidade. Piaget, porém, não ignora totalmente esse problema. Ele sugere que o comportamento moral em relação a outras pessoas, tal como não mentir, não roubar, é necessário para promover na criança a confiança e a boa vontade nas relações sociais. O resultado final do desenvolvimento moral da criança é a aceitação da moralidade por essa razão. Ao invés de considerar toda a amplitude de comportamentos que foram descritos como morais, Piaget concentrou sua atenção em certas situações interpessoais, tais como jogos infantis, e o julgamento da adequação do castigo por várias más ações infantis. Um aspecto do desenvolvimento das crianças de grande interesse para Piaget foi o de como elas chegam a entender e aceitar as regras dos jogos como gude (para meninos) e amarelinha (para meninas). Os estágios de desenvolvimento eram semelhantes nos dois casos, mas o jogo de bola de gude ilustra mais claramente os pontos da teoria de Piaget. A investigação consistia em perguntar às crianças o que elas achavam das regras, quais eram as regras, quem as fez, e se elas poderiam alguma vez ser desobedecidas. Entrevistando crianças de várias idades e anotando a frequência de diferentes tipos de resposta, Piaget concluiu que há quatro estágios na prática destas regras:

O primeiro estágio, que também pode ser considerado um pré-estágio, é o da criança de dois ou três anos, que não tem nenhuma noção dos jogos como instituições em que todos devem seguir certas regras. Quando se dão bolinhas de gude a uma criança dessa idade, ela pode estabelecer rapidamente padrões ritualizados de lidar com elas. Piaget explica que isto é devido em parte à tendência inata (e de outra forma seria inexplicável) na criança de realizar rituais e em parte à sua reação à repetição e à regularidade que a criança vê na vida diária. Piaget salienta que as crianças experimentam a repetição em suas vidas e de início não sabem distinguir aquela que é parte necessária do ambiente da que é imposta por exigências sociais potencialmente sujeitas a mudança. Por exemplo, se a criança vai com a mãe dar um passeio a pé todas as manhãs, ela pode ver o mesmo panorama sem se dar conta de que esta regularidade tem uma origem diferente do hábito que sua mãe estabeleceu de levá-la a passear todos os dias. Ambas são aceitas igualmente como leis da natureza.

O segundo estágio é o estágio egocêntrico, no qual a criança toma consciência de que outras pessoas jogam de acordo com as regras, mas ela própria ainda não joga com as outras. A criança tem grande respeito pelas regras e as considera como sagradas e imutáveis, oriundas de seu pai, de Deus, da professora, ou de alguma outra autoridade. As regras, como muitas outras coisas na vida da criança, são impostas a ela por uma autoridade. Enquanto a criança não interage com outras de forma a poder aprender que as regras são parte necessária da cooperação na vida social, a criança permanece em um estágio egocêntrico. Piaget chamou de heteronomia este respeito unilateral pelas regras, característico dessa fase.

O terceiro estágio, começando por volta de 8 ou 9 anos, ocorre quando a criança começa a jogar com outras e se dá conta de que todos devem jogar da mesma maneira, isto é, usar as mesmas regras. As crianças atingem um consenso a respeito das regras através da imitação e da interação com outras crianças.

O estágio final ocorre dos 11 aos 14 anos, quando as regras se tornam codificadas. As crianças mais velhas conhecem todas as regras e todas as suas variações. Perdem o respeito místico pelas regras e sabem que elas são sujeitas a mudanças se todas as crianças concordarem com as mudanças. A esta característica Piaget chamou de autonomia.

As alterações na prática das regras são acompanhadas por alterações nas atitudes em relação a elas. Piaget propõe que as mudanças em prática levam a mudanças em atitude, e não vice-versa. Além disto, ele sugere que há um hiato entre o que a criança pratica no momento e o que ela pensa ou diz a respeito. A atitude verbal vem a refletir exatamente a prática real apenas depois de certo tempo. Piaget descreve três estágios na evolução das atitudes em relação às regras:

1) O primeiro estágio ocorre na criança muito pequena, que não considera as regras como mandatórias para ela. Seu jogo é individual; quando ela joga em presença de outros, não está de forma alguma jogando com eles, ou fazendo a mesma coisa que eles fazem.

2) Quando a criança descobre que há regras segundo as quais todo mundo joga, ela tende a superestimar sua importância e valor. Elas são consideradas como imutáveis, provavelmente porque a criança acredita que são oriundas de autoridades adultas que são perfeitas e oniscientes na percepção da criança. Este estágio ocorre na mesma época em que a criança se comporta de forma egocêntrica em sua prática das regras e dura enquanto ela está começando a aprender a cooperar com os outros nos jogos.

3) O terceiro estágio é o que a criança atinge depois de aprender a cooperar com os outros nos jogos. Através de sua interação com outros, ela aprende que as regras existem porque os participantes no jogo concordaram sobre elas. Elas podem ser mudadas se todos concordarem com as mudanças. Este estágio não ocorre logo que se inicia a cooperação. Ao invés disso, a cooperação precisa ser praticada, para que suas consequências sejam plenamente compreendidas. É só então que a atitude verbal correspondente ocorre. O resultado final da compreensão das regras é a noção de que elas podem ser mudadas por consentimento mútuo, sendo as decisões a respeito das mudanças feitas à base do mérito das mudanças propostas, a noção de que as regras não são necessariamente eternas e de que elas são parte de uma realidade social que tem organização racional e moral.

Piaget discorda da posição de Durkheim de que a moralidade é apenas aprendida por meio da imposição por uma autoridade. Suas observações levaram-no a crer que a cooperação com os colegas é necessária para que a pessoa internalize e aceite certos valores morais. Enfatizou o desenvolvimento da autonomia no indivíduo, que é progressivamente libertado da coerção pela autoridade, e o desenvolvimento de uma atitude em relação à moral que se baseia no respeito mútuo. Piaget contrasta o respeito unilateral pela autoridade e a coerção moral com o respeito mútuo e a autonomia.

Outro aspecto do desenvolvimento moral que Piaget investigou foi a obediência às regras e às autoridades. Interessou-se em particular pelo problema das circunstâncias sob as quais o realismo moral se desenvolve e é mantido. Realismo moral é a tendência a considerar o dever e o valor correspondente a ele como autossubsistente e independente da mente, e como impondo-se, quaisquer que sejam as circunstâncias nas quais o indivíduo se encontre. O realismo moral pode ser resumido nas seguintes afirmações: a obediência a qualquer regra é uma coisa desejável; a letra, e não o espírito da lei, é que é importante; as ações devem ser avaliadas em termos de sua conformidade com as regras (responsabilidade objetiva), e não de acordo com sua intenção.

Piaget elaborou histórias nas quais as crianças faziam coisas como quebrar xícaras, roubar, mentir e desobedecer aos pais. A quantidade do prejuízo, a gravidade da mentira, ou o valor do objeto roubado variavam. A outra variável era a intenção ou responsabilidade do ator. Assim, perguntava-se às crianças: "Quem merece maior castigo, o menino que quebrou um copo de propósito, ou aquele outro que quebrou 12 copos sem querer?" (Esse é o paradigma essencial das histórias.)

Duas categorias principais de respostas são obtidas: responsabilidade objetiva, na qual a quantidade de prejuízo ou a gravidade da mentira determinam a gravidade da ação, e responsabilidade subjetiva, na qual a intenção do agente determina a gravidade da ação, independente da quantidade e prejuízo. Ambos os tipos ocorrem em todas as idades, porém as respostas de responsabilidade objetiva diminuem nas crianças mais velhas e as respostas de responsabilidade subjetiva aumentam.

Piaget explicou a predominância do realismo moral em crianças menores da seguinte forma: o pensamento nos primeiros anos da infância é egocêntrico. As crianças têm a tendência a distorcer objetos ou acontecimentos de acordo com seus desejos ou fantasias. Assim, elas são levadas a contar mentiras pela própria natureza de seu pensamento espontâneo. Os adultos castigam as crianças por suas mentiras. Portanto, as crianças tendem a avaliar a verdade muito objetivamente. Não entendem por que devem dizer a verdade, não roubar, ou não fazer muitas coisas que lhes são proibidas. O resultado desse conflito é o realismo moral. Mais tarde, quando a criança interage com os colegas, ela aprende que a mentira e o roubo são maus, porque impedem a confiança e a cooperação. Neste ponto, a criança adquire a noção de responsabilidade subjetiva, que avalia os atos de acordo com as intenções. As crianças parecem atravessar três estágios no desenvolvimento destes comportamentos:

I) Não é errado mentir ou roubar se a gente não for castigado.

II) A mentira e o roubo são maus, independente de se ser punido.

III) A sinceridade e a honestidade são necessárias para a reciprocidade e a harmonia. As ações são julgadas por sua motivação.

Um terceiro aspecto que Piaget focalizou na área do desenvolvimento do julgamento moral foi o da justiça e castigo. Ele identificou dois tipos de castigo: o expiatório, no qual a punição é infligida em proporção direta ao prejuízo causado e as intenções do agente não são levadas em conta, e o castigo recíproco, no qual a punição está contida nos resultados da ofensa, principalmente no efeito de rompimento do laço social. Um exemplo do primeiro tipo de castigo seria uma surra por ter quebrado uma janela enquanto jogava bola, e um exemplo do segundo seria não se ter confiança em um menino que mente o tempo todo.

Piaget notou vários estágios no desenvolvimento do conceito de justiça:

1) A justiça está subordinada a uma autoridade adulta que decide sobre o mérito de um ato, independente da criança. A obediência é importante e inquestionável. A punição expiatória é aceita.

2) Equalitarismo progressivo, no qual o castigo recíproco é esperado, e a ação moral é valorizada por si mesma, independente de prêmios e castigos. Predomina a igualdade entre os colegas.

3) Equidade. Neste estágio mais alto, a "expiação" é completamente eliminada do castigo, e o perdão pode ser posto acima da retribuição. Alguns adultos ou culturas inteiras nunca atingem essa fase.

Pesquisas de outros autores, referentes ao trabalho de Piaget, foram revistas por Bronfrenbrenner (1962). Ele conclui que as sequências maturacionais postuladas por Piaget podem necessitar modificações, à luz de estudos sobre influências sociais e situacionais sobre o desenvolvimento moral. Entre outros, menciona o trabalho de Havighurst e Neugarten (1955) que estudaram crianças índias norte-americanas de seis tribos diferentes e verificaram que a crença em justiça imanente (punição acidental através de forças da própria natureza) aumentava ao invés de diminuir com a idade, de acordo com o sistema predominante de crenças nas diferentes culturas. Isto é oposto ao que seria predito pela teoria de Piaget e ilustra a relativa ineficácia do enfoque cognitivo para lidar com variáveis ambientais. A linha S-R também critica bastante o esquema evolutivo de Piaget, destacando-se o experimento de Bandura e McDonald (1963), em que os autores conseguiram alterar a fase de julgamento moral das crianças por meio da manipulação de reforços. Mais especificamente: após avaliar o estágio de desenvolvimento moral em que se encontravam os sujeitos, estes foram reforçados por emitirem respostas contrárias à sua orientação predominante. No pós-teste, crianças que haviam apresentado um tipo de julgamento mais evolutivo no pré-teste reverteram em um nível de julgamento moral mais primitivo, enquanto que as crianças que se revelaram mais imaturas no pré-teste conseguiram responder de maneira mais avançada no pós-teste. A durabilidade e possibilidade de generalização do efeito, porém, são questionáveis.

Dentre as pesquisas brasileiras sobre julgamento moral na linha de Piaget destacam-se as de C. Camino (1979), a respeito das relações entre maturidade de julgamento moral e técnicas disciplinares, as de Sordi (1983) a respeito das relações entre julgamento moral e internalidade de *locus* de controle em crianças de diversos níveis socioeconômicos e diversas faixas etárias, e as de Bristoti (1987) a respeito do julgamento moral de retardados mentais.

Kohlberg (1963, 1964, 1970), e com ele Kramer (1969), é um psicólogo norte-americano que apresenta muitos pontos em comum com Piaget, pois enfatiza a importância da maturação de estruturas cognitivas, bem como postula uma sequência invariante de estágios no desenvolvimento do julgamento moral. A posição de Kohlberg é, porém, radicalmente diferente da de Piaget e da maioria dos psicólogos que tentam explicar o desenvolvimento moral porque Kohlberg acredita na universalidade de princípios morais. A maioria dos psicólogos parte da premissa de que não há princípios morais universais e que cada indivíduo adquire os valores morais da cultura em que é socializado. Embora haja divergências fundamentais entre as explicações psicanalíticas, sociológicas e de aprendizagem, todas definem o desenvolvimento moral em termos da internalização direta de normas culturais. A teoria psicanalítica considera a moral em termos de desenvolvimento do superego. As teorias de aprendizagem enfatizam o papel de reforços e punições na aquisição dos padrões morais. Outra premissa geralmente aceita por psicólogos e que está intimamente relacionada com o relativismo moral é a de que o desenvolvimento moral é uma questão de processos irracionais e emocionais.

O ponto de vista de Kohlberg questiona ambas essas premissas. Afirma que os princípios éticos são distintos de regras e crenças convencionais e arbitrárias e que além disso têm uma sequência evolutiva invariante, muito semelhante às postuladas por Piaget para o desenvolvimento cognitivo em geral. Kohlberg justifica sua posição com pesquisas que verificaram a mesma sequência de estágios em várias culturas e subculturas.

Kohlberg também dá ênfase maior aos fatores cognitivos do que aos emocionais e irracionais, no desenvolvimento moral. Kohlberg, que há mais de 15 anos se dedica ao estudo do julgamento moral, chegou a postular os estágios de desenvolvimento moral a partir de considerações teóricas e filosóficas (tais como o "imperativo categórico" de Kant), bem como a partir do que crianças e adolescentes realmente dizem diante de dilemas morais propostos sob forma de pequenas estórias. Um exemplo de uma das estórias usadas do Kohlberg é apresentada a seguir:

> Na Europa, uma mulher estava quase à morte, com um tipo de câncer. Havia um remédio que os médicos achavam que poderia salvá-la. Era uma forma de radium que um farmacêutico na mesma cidade tinha descoberto recentemente. O remédio era caro para se fazer e o farmacêutico estava cobrando dez vezes mais do que ele lhe custava na fabricação. Ele pagava Cr$ 1.000,00 pelo radium e cobrava Cr$ 10.000,00 por uma dose pequena de remédio.
>
> O marido da mulher doente, Heinz, foi a todo mundo que ele conhecia para pedir dinheiro emprestado, mas só conseguiu aproximadamente Cr$ 5.000,00, o que é a metade do preço do remédio. Ele disse ao farmacêutico que sua mulher estava morrendo, e pediu-lhe para vender o remédio mais barato ou deixá-lo pagar depois. Mas o farmacêutico disse: "Não, eu descobri o remédio e vou ganhar dinheiro com isto". Então Heinz ficou desesperado e assaltou a farmácia para roubar o remédio para sua mulher [sic].

Os seis estágios postulados por Kohlberg enquadram-se em três níveis: pré-convencional, convencional e pós-convencional:

Nível I – PRÉ-CONVENCIONAL (ou pré-moral).
Estágio 1. – Orientação para a punição e a obediência.
Estágio 2. – Hedonismo instrumental relativista.

Nível II – CONVENCIONAL (moralidade de conformismo ao papel convencional).
Estágio 3. – Moralidade "bom garoto", de manutenção de boas relações e de aprovação dos outros.
Estágio 4. – Autoridade mantendo a moralidade.

Nível III – PÓS-CONVENCIONAL (moralidade de princípios morais aceitos conscientemente).
Estágio 5. – Moralidade de contrato e de lei democraticamente aceitos.
Estágio 6. – Moralidade de princípios individuais de consciência.

Vejamos o que caracteriza cada um desses estágios:

Nível I – Pré-convencional ou pré-moral: Neste nível a criança responde a regras culturais e rótulos de bom e mau, certo ou errado, mas interpreta estes rótulos em termos das consequências físicas ou hedonistas da ação (punição, prêmio) ou em termos do poder físico daqueles que mandam. O nível está dividido nos seguintes estágios:

Estágio 1) Orientação para a punição e a obediência.
As consequências físicas da ação determinam o julgamento moral dessas ações. Por exemplo: se um ato recebeu castigo, então foi um ato moralmente mau. Se recebeu prêmio, foi moralmente bom. A fuga ao castigo e o respeito inquestionável à autoridade são valorizados por si próprios e não em termos de respeito a uma ordem moral subjacente mantida por punição e autoridade (o que ocorre no estágio 4).

Estágio 2) Hedonismo instrumental relativista.

Aqui, as ações moralmente corretas consistem naquelas que satisfazem instrumentalmente as necessidades da própria pessoa e ocasionalmente de outras. A reciprocidade é vista em termos de "uma mão lava a outra" e não em termos de lealdade, gratidão ou justiça. Essencialmente, se uma ação me dá prazer, ou satisfaz uma necessidade minha, então ela é moralmente correta.

Nível II – Convencional: Neste nível, manter as expectativas da família, do grupo, ou da nação é considerado valioso em si mesmo, sem se levar em conta outras consequências óbvias e imediatas. A atitude não apenas revela conformismo à ordem social, mas envolve também um engajamento ativo em manter essa ordem social e justificá-la. Neste nível há os dois estágios seguintes:

Estágio 3) Moralidade do bom garoto, de manter boas relações.

O bom comportamento é aquilo que agrada aos outros ou ajuda aos outros e recebe aprovação. Há muito conformismo a noções estereotipadas do que é "natural" ou "de se esperar". O comportamento é frequentemente julgado de acordo com a intenção. A ideia de "a intenção foi boa" pela primeira vez se torna importante na avaliação de um comportamento. Ganha-se aprovação por "ser bonzinho".

Estágio 4) Autoridade mantendo a moralidade.

Esta é a orientação para "a lei e a ordem". Há um grande respeito à autoridade, a regras fixas e à manutenção da ordem social. O comportamento moralmente correto consiste em cumprir o dever, mostrar respeito pela autoridade e manter a ordem social vigente.

Nível III – Pós-convencional (moralidade de princípios morais aceitos conscientemente): Neste nível, há um esforço nítido para definir valores morais e princípios que tenham validade e aplicação independente da autoridade. Os dois estágios pertencentes a este nível são caracterizados assim:

Estágio 5) Moralidade do contrato social e de lei democraticamente aceitos.

Aqui, os comportamentos corretos são definidos em termos de direitos individuais gerais e de padrões que foram criticamente examinados e aprovados pela sociedade como um todo. Há uma consciência de relativismo de valores pessoais e opiniões e uma ênfase correspondente nos métodos para atingir esse consenso. O resultado é uma orientação legalística, porém diferente da do estágio 4, pois há a possibilidade de mudar as leis considerando-se racionalmente a utilidade social (ao invés de "congelar" a lei, como no estágio 4). A aquiescência livre ao contrato assumido adquire caráter de obrigatoriedade.

Estágio 6) Orientação para princípios individuais de consciência.

O "certo" é definido por uma decisão de consciência individual, de acordo com princípios éticos escolhidos pela própria pessoa, princípios esses que apelam para a lógica, a universalidade e a consistência. Estes princípios são abstratos e éticos como os princípios de justiça, de reciprocidade e igualdade de direitos humanos e o respeito pela dignidade dos seres humanos.

A maneira de se avaliar em que estágio o sujeito se encontra é bastante complexa e um tanto subjetiva, porém permite chegar-se a um escore numérico (KOHLBERG, 1972). Baseia-se na avaliação de vários conceitos morais básicos, tais como "valor da vida humana", "motivos para a ação moral", "bases para o respeito pela autoridade moral", etc., que são avaliados nas respostas a cada estória. Os estágios de que fala Kohlberg são estágios modais, no sentido em que as pessoas raramente respondem no mesmo nível em todas as estórias ou em todos os conceitos, por exemplo: uma pessoa pode dar predominantemente respostas de estágio 4, porém geralmente dará também algumas de estágio 3, algumas de estágio 5 ou mesmo dos outros estágios mais distantes. O estágio em que se classifica a pessoa é, portanto, o estágio predominante.

Um dos conceitos analisados, o "valor da vida humana", é definido abaixo, em termos de cada um dos estágios, com exemplos de respostas realmente obtidas por uma amostra de sujeitos norte-americanos. Estes exemplos foram traduzidos de *Developmental Psychology Today*, 1970.

Estágio 1: Nenhuma diferenciação entre o valor moral da vida e seu valor físico ou de *status* social.

Tommy, 10 anos (Pergunta: Por que o farmacêutico deveria dar a droga para a mulher que iria morrer, se o marido dela não podia pagar?).

"Se uma pessoa de importância está num avião, e a aeromoça não lhe dá o remédio porque não tem que chegue e há outra pessoa doente lá atrás que é amiga dela, eles provavelmente mandariam a aeromoça para uma cadeia de senhoras porque ela não ajudou a pessoa importante."

(Pergunta: É melhor salvar a vida de uma pessoa importante ou muitas vidas de pessoas que não são importantes?). "De todas as pessoas que não são importantes, porque um homem tem apenas uma casa, talvez uma porção de mobília, mas uma porção de pessoas tem grande quantidade de mobília e algumas dessas pessoas pobres podiam ter muito dinheiro e ninguém saber."

Estágio 2: O valor da vida humana é visto como instrumental à satisfação de necessidades da própria pessoa, ou de outras. A decisão de permanecer vivo é prerrogativa da própria pessoa.

Jim, 13 anos (Pergunta: deve o doutor praticar eutanásia em uma paciente desenganada que pede isso devido à dor forte?).

"Se ela pede, quem decide é ela. Ela sente tanta dor, a mesma coisa que se faz a toda hora com animais doentes".

Estágio 3: O valor da vida humana é baseado na empatia e afeição dos membros da família. O valor da vida humana, enquanto baseado na comunidade social e amor, é diferenciado do valor instrumental e hedonista aplicado aos animais também.

Tommy, 16 anos (mesma pergunta acima): "Poderia ser melhor para seu marido – é uma vida humana – não como a de um animal, que não tem a mesma relação que um ser humano tem com sua família. Você pode ficar ligado a um cachorro, mas não é nada como a um ser humano".

Estágio 4: A vida é concebida como sagrada em termos de seu lugar em uma ordem moral ou religiosa, de deveres e direitos. (O valor da vida humana, como membro categórico de uma ordem social, é diferenciado de seu valor para outras pessoas da família. O valor da vida é ainda parcialmente dependente do grupo, do Estado ou de Deus).

Jim, 16 anos (mesma pergunta acima): "Eu não sei. De certa forma, é assassinato, não é um direito ou privilégio humano decidir quem deve viver e quem deve morrer. Deus deu a vida a todos na Terra e você está tirando da pessoa uma coisa que veio diretamente de Deus, e você está destruindo uma coisa que é muito sagrada, e de certa forma parte de Deus e é quase como se se destruísse uma parte de Deus quando se mata uma pessoa. Há um pouco de Deus em cada pessoa".

Estágio 5: A vida é valorizada tanto em termos de sua relação com o bem comum como em termos de ser um direito humano universal. (A obrigação de respeitar o direito básico à vida é diferenciada do respeito generalizado pela ordem social e moral. O valor geral da vida humana independente é um valor primário e autônomo, independente de outros valores.)

Jim, 20 anos (mesma pergunta: "Dada a ética do médico que assumiu responsabilidade por salvar vidas humanas – deste ponto de vista ele provavelmente não deve, mas há outro lado da questão, há cada vez maior número de médicos que pensam que é uma carga muito grande para a própria pessoa e para a família, quando já se sabe que a pessoa vai morrer. Quando a pessoa é mantida viva por meio de um pulmão artificial ou um rim, é mais como se fosse um vegetal do que um ser humano. Se a pessoa quer morrer logo, eu acho que há certos direitos e privilégios que pertencem à condição de ser humano. Eu sou um ser humano e tenho certos desejos pela vida e acho que todo mundo também tem. Você tem um mundo do qual também é o centro, e, nesse sentido, somos todos iguais".

Estágio 6: A crença no caráter sagrado da vida humana como representando um valor humano universal de respeito pelo indivíduo. O valor moral de um ser humano com o objeto de um princípio moral é diferenciado de um reconhecimento formal de seus direitos.

Jim, 24 anos (Deve o marido roubar a droga para salvar a mulher? E se fosse para salvar uma pessoa que ele não conhece?).

"Sim. Uma vida humana tem precedência sobre qualquer outro valor moral ou legal, seja quem for. Uma vida humana tem um valor inerente, seja qual for o valor que tenha para um indivíduo em particular".

É importante notar que não é exatamente o conteúdo das respostas que determina o estágio, mas o raciocínio utilizado para justificá-lo. Tanto a pessoa que responde que Heinz devia roubar o remédio como uma que diga que ele não devia roubar o remédio podem ser classificadas em qualquer um dos seis estágios. A seguir são dadas afirmações pró e contra, classificadas em cada um dos seis estágios, utilizadas por Turiel (1969):

Estágio 1: Pró: "Se você deixa sua mulher morrer, você se mete numa encrenca. Você será acusado de não gastar o dinheiro para salvá-la, e haverá uma investigação ou um processo contra você e contra o farmacêutico, por terem deixado sua mulher morrer".

Contra: "Você não deveria roubar o remédio porque seria apanhado e mandado para a cadeia. Se você conseguisse fugir, sua consciência o incomodaria, pensando que a polícia poderia apanhá-lo a qualquer minuto". Vemos que embora no primeiro caso a pessoa indique que o marido deveria roubar o remédio e no segundo caso indique que não deveria roubá-lo, ambas as respostas são classificadas como estágio 1, pois em ambas domina a orientação para o castigo. A ação é julgada em termos das consequências, isto é, o julgamento se deve ou não roubar o remédio é feito considerando as possibilidades de punição.

Estágio 2: Pró: "Se acontecer de você ser apanhado, você poderia devolver a droga e não pegaria uma sentença muito grande. Não lhe pareceria tão ruim passar um tempinho na cadeia se você tiver sua mulher quando sair de lá".

Contra: "Ele pode não pegar uma pena muito grande se roubar o remédio, mas sua mulher provavelmente morrerá antes de ele sair da cadeia, portanto não vai adiantar de nada ao marido roubar o remédio. Se a mulher morrer, ele não deve se culpar, não é culpa dele que ela tenha tido câncer".

Aqui, tanto na resposta favorável como na contrária a roubar o remédio, nota-se a orientação hedonista: a consideração principal no julgamento é o ganho que o marido tirará da situação.

Estágio 3: Pró: "Ninguém vai pensar que você é mau se você roubar o remédio, mas sua família achará você desumano se não roubar. Se você deixar sua mulher morrer, você nunca terá coragem de encarar ninguém".

Contra: "Não é só o farmacêutico que pensará que você é um criminoso, todo mundo pensará. Depois de roubar você se sentirá mal, achando que trouxe desonra para sua família e para você mesmo: você não poderá encarar ninguém".

Aqui vemos nitidamente a ênfase na aprovação dos outros.

Estágio 4: Pró: "Se você tiver senso de honra, você não deixará sua mulher morrer, porque você tem medo de fazer a única coisa que poderia salvá-la. Você sempre se sentirá culpado de ter causado a morte dela se não cumprir seu dever para com ela".

Contra: "Você estaria desesperado e poderia não saber que estava cometendo um erro quando roubasse o remédio. Mas você saberia que fez mal depois de ter sido punido e mandado para a cadeia. Você sempre se sentirá culpado por sua desonestidade e por desobedecer à lei".

Em ambos os casos vemos a ênfase no "dever" e na lealdade a um grupo ou à ordem sociomoral vigente.

Estágio 5: Pró: "Você perderia o respeito de outras pessoas, ou não o ganharia, se deixasse de roubar o remédio. Se você deixar sua mulher morrer, seria por causa do medo, e não uma coisa racional. Assim, você perderia o autorrespeito e provavelmente o respeito dos outros também".

Contra: "Você perderia sua posição na comunidade e o respeito dos outros se violasse a lei. Você perderia o respeito por si próprio se se deixasse levar pelas emoções e esquecesse o ponto de vista menos imediato".

A ênfase é no respeito da comunidade e no respeito a si próprio e não mais a preocupação com a punição institucionalizada (cadeia).

Estágio 6: Pró: "Se você não roubar o remédio e deixar sua mulher morrer, você sempre se condenaria por isto depois. Você não seria acusado e você teria se mantido fiel à lei externa, mas você não teria satisfeito seus próprios padrões de consciência".

Contra: "Se você roubasse o remédio, você não seria acusado por outras pessoas, mas você poderia condenar-se por ter violado seus padrões de honestidade".

A preocupação é nitidamente com princípios morais autônomos e sua violação. (Por quê?) "A dignidade intrínseca do ser humano é o valor central em um conjunto de valores, onde os princípios de justiça e amor são normativos para todas as relações humanas". Os estágios de desenvolvimento moral parecem ser universais.

Kohlberg estudou culturas ocidentais e não ocidentais e seus resultados parecem indicar que os valores morais básicos são encontrados em todas as culturas e que se desenvolvem na mesma ordem.

Resultados bem semelhantes foram encontrados por Kohlberg com sujeitos de Formosa, México e Turquia. Embora detalhes de regras morais possam variar com a cultura, Kohlberg encontrou os mesmos valores básicos nas várias culturas, bem como as mesmas sequências de estágios. Por exemplo: um garoto americano, estágio 2, respondeu à pergunta: "Deve o médico praticar eutanásia com uma paciente desenganada?", da seguinte maneira: "Talvez fosse bom aliviá-la de sua dor, ela estaria melhor assim. Mas o marido não ia querer isto, não é como se faz com um animal. Se um animal de estimação morre você pode se arranjar sem ele – não é uma coisa que você realmente precise, como uma esposa. Bem, você pode arranjar outra esposa, mas não é a mesma coisa". Numa adaptação da história do remédio roubado, crianças de Formosa, no estágio 2, provavelmente teriam respondido algo como: "Ele deveria roubar para salvar a mulher, porque se ela morresse ele teria de pagar o enterro e isto custa um dinheirão". Em ambos os casos vemos a orientação hedonista. O julgamento é feito na base das consequências para o marido.

Biaggio (1973) realizou um estudo comparativo entre estudantes universitários de uma universidade estadual do Meio-Oeste americano e universitários brasileiros, utilizando traduções de três das estórias de Kohlberg. Foram estudados 25 sujeitos de cada grupo. Apesar do número pequeno de sujeitos e do grau de subjetividade envolvido nas avaliações, os resultados obtidos para a amostra americana foram extremamente semelhantes aos obtidos por Kohlberg. Embora a amostra brasileira tenha obtido um escore médio de maturidade moral superior ao da amostra americana, a diferença não foi significante estatisticamente. No entanto, uma comparação nos perfis dos dois grupos revela alguns dados interessantes, que mostram que os dois grupos diferem (fig. 29, abaixo). Os sujeitos americanos tiveram uma percentagem significantemente maior de respostas, estágio 4 ("lei e ordem"), do que os brasileiros (55% *versus* 26%, t = 2.9, p < .01). Esta diferença coincide com observações informais que sugerem que o brasileiro típico é menos rígido na observância a leis do que o americano típico. O mesmo tipo de resultado foi encontrado por Rodrigues e Comrey (1974) em uma comparação de estruturas de personalidade de brasileiros e norte-americanos nas Escalas de Personalidade de Comrey, na escala "Conformismo Social *versus* Rebelião".

A teoria de julgamento moral de Kohlberg evoluiu nos últimos anos como a mais profícua teoria sobre este assunto (KURTINES & GEWIRTZ, 1984). A universalidade dos estágios tem recebido bastante apoio, como demonstra a revisão de Snarey (1985), que fez um levantamento de 46 estudos realizados em 25 culturas, comprovando-se basicamente a universalidade dos estágios, embora haja restrições, no que se refere aos estágios mais avançados, difíceis de serem identificados nas culturas diferentes das ocidentais. É possível, portanto, que na China ou na Índia, onde a velhice é mais respeitada, e o respeito aos pais, avós e antepassados é maior, haja respostas que Kohlberg classificaria em nível convencional (estágios 3 ou 4), mas que realmente representem um pensamento mais amadurecido, dado o nível pós-convencional da maioria dos sujeitos. Da mesma forma, na cultura indiana, onde o respeito à vida animal e a todas as formas de vida faz parte da filosofia e da religião do povo, respostas do tipo "Heinz deve roubar o remédio para salvar a vida de um animal de estimação" não estejam apenas no estágio 3 ("bom garoto").

Outro aspecto bastante explorado tem sido o das relações entre o julgamento e a ação moral. Será que o julgamento moral amadurecido garante um comportamento moral amadurecido? Kohlberg argumenta que há correlação entre os dois aspectos, embora a relação não seja biunívoca, ou seja, o julgamento moral amadurecido é necessário, mas não suficiente para garantir o comportamento moral. Pesquisas com ativistas estudantis na década de 1960, nos Estados Unidos, revelaram um maior número de sujeitos pós-convencionais entre os participantes da ocupação da reitoria da Universidade de Berkeley em 1966 do que numa amostra aleatória de estudantes dessa mesma universidade, bem como um maior número de pós-convencionais entre os participantes que foram presos nessa demonstração do que entre os que não o foram (KOHLBERG & CANDEE, 1984).

Em outro estudo foram avaliados os níveis de julgamento moral de estudantes que participaram do famoso experimento de Milgram (1974) sobre obediência à autoridade. Foi encontrada uma maior incidência de pensamento pós-convencional entre os que resistiram e se negaram a aplicar choque elétrico no suposto sujeito que estaria na sala ao lado do que entre os que obedeceram ao experimentador e continuaram aplicando o choque.

Um problema ainda por resolver refere-se à mensuração do julgamento moral. A técnica original de Kohlberg é bastante complexa e um tanto subjetiva, apesar das diversas revisões e aperfeiçoamento. Outros métodos têm sido desenvolvidos. Rest (1974), criou o *Defining Issues Test*, que foi adaptado para o Brasil por Bzuneck (1980), consistindo numa técnica objetiva em que o sujeito tem de ordenar por preferência os argumentos que usaria para resolver os dilemas morais. Os resultados nesse instrumento correlacionam-se em torno de 0,60 com os obtidos com o instrumento de Kohlberg. Gibbs (1984) também elaborou um instrumento de reflexão sociomoral com uma forma de múltipla escolha, em que a cada alternativa corresponde um estágio kohlbergiano.

As aplicações da teoria de Kohlberg começaram a partir de meados da década de 1970, com os trabalhos de Blatt e Kohlberg (1975) com dinâmicas de grupo visando promover o amadurecimento do julgamento moral. Baseiam-se esses estudos na premissa de que o conflito cognitivo é a base da aceleração da passagem a estágios superiores. Assim, quando sujeitos são defrontados com argumentos mais amadurecidos, em grupos de 10 a 12 participantes, pode-se obter um amadurecimento do julgamento moral. Vários trabalhos desse tipo têm sido desenvolvidos no Brasil por Rodrigues (1977) e Biaggio (1982, 1985).

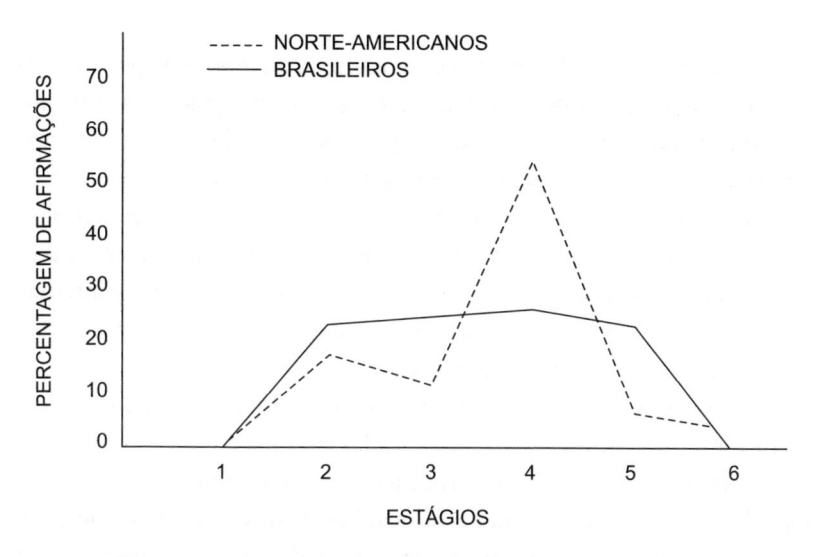

Fig. 29. Percentagem de afirmações classificadas em cada estágio,
por sujeitos americanos e brasileiros.

As implicações sociais da teoria de Kohlberg são muito grandes. Através das dinâmicas de grupo pode-se favorecer não apenas a passagem de indivíduos no nível pré-moral para o nível convencional, como também promover o desenvolvimento do pensamento pós-convencional, que contém a semente da transformação social, por consistir no questionamento do *status quo*, da lei e da moral vigentes. Para uma discussão de caráter mais sociológico, cf. Biaggio e Morosini (1987) e Morosini e Biaggio (1986).

O enfoque da teoria de dissonância cognitiva

Aronson e Carlsmith (1963) aplicaram noções da teoria de dissonância cognitiva de Festinger, teoria de grande importância na Psicologia Social, ao problema de internalização de valores e comportamentos morais nas crianças. Segundo Festinger, quando um indivíduo realiza uma ação que não se coaduna com suas crenças ou cognições, ele experimenta um estado desagradável. O indivíduo tentará então reduzir a dissonância, tornando as suas cognições mais congruentes. Um dos métodos de se reduzir a dissonância é a desvalorização de um objeto ou ação.

Segundo a teoria de dissonância cognitiva, quando uma pessoa obedece a uma proibição, deixando de fazer algo que lhe agrada, ela entra em estado de dissonância. Se a ameaça de punição é grande, isto já é uma justificativa suficiente para ela ter obedecido e a dissonância é pequena. Porém, se a ameaça é fraca, a pessoa fica sem uma justificativa para ter obedecido, a dissonância é maior, e um dos métodos de reduzi-la seria a desvalorização do objeto ou ação proibida, o que seria equivalente à internalização de valores morais. A pessoa deixa então de cometer uma ação proibida porque passa realmente a desvalorizá-la.

Aronson e Carlsmith (1963), dentro desse esquema teórico, formularam a hipótese de que crianças colocadas em uma condição de ameaça leve desvalorizariam mais um brinquedo proibido do que aquelas submetidas a uma ameaça severa de punição, pois estas já teriam na possibilidade de punição severa uma justificativa suficiente para não brincar com o brinquedo proibido, ao passo que as primeiras, na falta de tal justificação, a fim de reduzir a dissonância causada por desejarem brincar com determinado brinquedo atraente e terem deixado de fazê-lo, passariam a desvalorizar o brinquedo. O procedimento usado por Aronson e Carlsmith consistiu primeiro em fazer as crianças avaliarem cinco brinquedos em ordem de preferência, e então proibi-las de brincar com um deles, especificamente o segundo colocado pela criança, a fim de que o brinquedo proibido fosse suficientemente atraente e ao mesmo tempo possibilitasse verificar também um possível aumento de atração pelo brinquedo. Usou uma ameaça leve em uma das condições experimentais, e uma ameaça severa na outra condição experimental. Posteriormente as crianças reavaliaram suas preferências pelos brinquedos. Os resultados revelaram que na condição de ameaça leve, oito entre doze sujeitos diminuíram sua atração pelo brinquedo, colocando-o mais para trás em sua ordem de preferência, enquanto que na condição de ameaça severa, dos 14 sujeitos, nenhum diminuiu sua atração pelo brinquedo proibido. Esta diferença foi significante ao nível de 0,003, confirmando assim a hipótese. Nota-se que nenhuma criança desobedeceu à ordem de não tocar no brinquedo proibido.

Aronson (1966) sugere que melhor controle social pode ser obtido através do uso de ameaças leves, sendo que ameaças severas só seriam eficientes para obter a obediência em presença do agente punitivo ("at that time while you are there watching him"), ao passo que ameaças leves levariam a pessoa a realmente não desejar cometer a desobediência, obtendo-se assim um controle interno, ou seja, conformidade mesmo na ausência de possibilidade de punição.

Em seu experimento, Aronson e Carlsmith obtiveram 100% de obediência à ordem proibida, sendo as diferenças obtidas na variável "desvalorização do objeto proibido". Parece então que não ficou provado muito claramente que as ameaças leves são mais eficientes para obter-se internalização, ou seja, obediência na ausência de possibilidade de punição, enquanto as ameaças severas só funcionariam quando houvesse essa possibilidade de punição, uma vez que os referidos autores não manipularam a variável probabilidade de punição. Esta foi mantida constante, a um nível baixo.

Em um experimento com sujeitos brasileiros, Biaggio e Rodrigues (1969) investigaram esse problema, usando um procedimento semelhante ao de Aronson e Carlsmith (1963), porém manipulando também a probabilidade de ser apanhado em flagrante, além do grau de severidade da ameaça. As seguintes hipóteses foram testadas: 1) ameaças severas de punição levam a maior obediência quando a probabilidade de ser apanhado em flagrante é grande, porém a pouca obediência quando a probabilidade é pequena, ao passo que as ameaças leves levam a maior obediência (internalização) qualquer que seja a probabilidade de ser apanhado em flagrante; 2) entre os sujeitos que obedecem à proibição, a desvalorização do objeto proibido deve ser mais alta de todas na condição que combina ameaça leve e probabilidade baixa de ser apanhada em flagrante; deve ser a menor de todas na condição de ameaça severa, probabilidade alta, e intermediária nas outras duas condições experimentais, uma vez que a dissonância deveria atingir sua intensidade mais alta na condição que combina ameaça leve e probabilidade pequena de ser apanhado em flagrante, e sua intensidade mínima na condição de probabilidade alta de ser apanhado e ameaça severa. Nas outras duas condições, alta probabilidade de ser apanhado deveria reduzir a ressonância na condição de ameaça leve, e a alta probabilidade de ser apanhado deveria causar alguma dissonância no grupo submetido a ameaça severa.

A ameaça foi manipulada nos moldes de Aronson e Carlsmith (1963), dizendo-se basicamente "[...] se você tocar no (brinquedo proibido), eu ficarei aborrecida com você" (ameaça leve), ou "muito zangada com você" (ameaça severa). A probabilidade de ser apanhado em flagrante foi manipulada, dizendo-se "[...] eu voltarei já" (probabilidade alta), ou " [...] eu estarei muito ocupada e não poderei vir buscá-lo, porém, quando você ouvir esta campainha tocar, abra a porta e venha até minha sala, que fica aqui, venha ver [...]" (probabilidade pequena).

Um observador, atrás de um espelho de visão unilateral, anotava as preferências pelos brinquedos, se a criança obedecia à proibição ou não, e tocava a campainha ao final de 10 minutos no caso da probabilidade de ser apanhado em flagrante.

Os resultados relativos à primeira hipótese não revelaram diferenças significativas, não confirmando portanto a hipótese.

Quanto à segunda hipótese, uma análise da variância para dois fatores revelou diferenças significantes para o fator probabilidade de ser apanhado em flagrante ($F = 6,53$, p $0,05$), porém no sentido contrário ao predito, e não revelou significância do fator severidade da ameaça, nem da interação.

Os resultados, portanto, não confirmaram as predições derivadas da teoria de dissonância cognitiva, de que a ameaça severa só seria eficiente quando houvesse alta probabilidade de ser apanhado em flagrante, porém que a ameaça leve seria eficiente qualquer que fosse a probabilidade de ser apanhado, tendo, como variável dependente, obediência à proibição. Não confirmaram também as predições de que ameaça leve e pequena probabilidade de ser apanhado em flagrante levariam a maior dissonância e consequentemente maior desvalorização do brinquedo proibido entre os sujeitos que obedecem à proibição. Apesar de negativos, os resultados são de especial interesse quando se considera que este estudo foi realizado no Brasil, em uma cultura diferente da norte-americana na qual foram realizados os outros experimentos de desvalorização do objeto proibido. O experimento de Biaggio e Rodrigues (1969), embora não planejado com essa finalidade específica, parece ter interesse quanto ao problema da aplicabilidade universal de conceitos da teoria de dissonância cognitiva. Em estudo recente, Ostfeld e Katz (1969) demonstram que crianças de nível socioeconômico diferente reagem de forma diferente ao paradigma de "severidade da ameaça". Estes autores verificaram que sujeitos de alto nível socioeconômico revelam maior desvalorização do brinquedo proibido sob ameaça leve, porém os sujeitos de nível socioeconômico baixo revelam desvalorização sob ameaça severa. Ostfeld e Katz explicam seus resultados em termos de uma hipótese de familiaridade do reforço, isto é, os sujeitos reagem melhor àquele tipo de reforço com que estão mais familiarizados em sua vida diária sendo que os sujeitos de classe alta estariam mais acostumados com ameaças leves, e os de classe baixa com ameaças severas. No estudo de Biaggio e Rodrigues, os sujeitos pertenciam à classe média-baixa, que, à primeira vista, parece possuir valores e atitudes, e provavelmente técnica de disciplinar os filhos mais semelhantes à classe baixa do que à classe média e alta americanas. Em outro estudo, Biaggio (1969), numa comparação entre pré-adolescentes norte-americanos e brasileiros, revelou que o índice de culpa internalizada era significantemente maior na amostra norte-americana do que na brasileira. Se realmente na cultura brasileira as técnicas de disciplinar crianças não favorecem a internalização, isto corrobora a explicação de Ostfeld e Katz baseada na familiaridade do reforço, explicando também a não confirmação por Biaggio e Rodrigues dos resultados de Aronson e Carlsmith.

10

Desenvolvimento moral:
II. Aspectos comportamentais

O desenvolvimento de resistência a transgressões

O enfoque comportamental considera o desenvolvimento moral em termos de princípios de aprendizagem. Basicamente, os pais formam o comportamento dos filhos de três maneiras: premiando-os, punindo-os, e através do exemplo. Em termos técnicos mais precisos, diríamos que os pais se utilizam de princípios de reforçamento positivo, reforçamento negativo e modelação, conforme foi visto no capítulo 4.

Outra característica do enfoque comportamental é o uso de pesquisas empíricas, principalmente experimentais. Uma grande contribuição do enfoque comportamental foi a ênfase em comportamentos manifestos da criança em situações que envolvem decisões morais, ao invés do estudo do que a criança acha certo ou errado ou como ela se sente a respeito de transgressões. Grinder (1961) elaborou uma técnica original, o "revólver de raios" ("raygun"), que consiste em um jogo em que a criança atira em alvos rotativos e recebe prêmios se atingir determinados escores. O aparelho é programado eletronicamente de forma a marcar escores preestabelecidos pelo experimentador, independente do desempenho da criança. A criança pode jogar sozinha em uma sala e anotar numa folha de papel os escores que obtém nas várias tentativas. As falsificações que as crianças cometem ao relatar seus escores servem como medida operacional de seu comportamento moral. O revólver de raios de Grinder foi utilizado em muitos experimentos sobre "resistência à tentação". (Apesar das possíveis conotações teológicas, a expressão "resistência à tentação" tem sido utilizada pelos autores behavioristas para designar os estudos em que se estuda experimentalmente o comportamento moral de crianças.) As situações experimentais do tipo do revólver de raios podem ser criticadas por não corresponderem às situações de tentação na vida diária, fora do laboratório. Também pode acontecer que as diferenças obtidas em resistência à tentação sejam devidas a outros fatores, tais como o valor subjetivo que o incentivo utilizado tenha para cada sujeito, ou a estimativa subjetiva que o sujeito faz dos riscos de ser apanhado em flagrante. No entanto, há maneiras de o experimentador minimizar o papel desses fatores e pode-se considerar que este tipo de situação experimental tem sido muito útil no sentido de se chegar a um estudo objetivo do comportamento moral.

Estudos sobre os antecedentes familiares da "resistência a tentação"

O ponto de vista do behaviorismo enfatiza a importância da maneira como a criança é criada como fator primordial na aquisição de comportamentos morais. Isto é reconhecido por quase todas as pessoas, mas a contribuição maior do enfoque behaviorista tem sido a investigação sistemática desses fatores. De nada nos adianta saber que a maneira de educar as crianças é importante se não soubermos exatamente que estímulos ambientais têm quais efeitos.

Os primeiros autores da corrente de aprendizagem social contribuíram com estudos que correlacionavam práticas disciplinares maternas com comportamentos indicativos de resistência à tentação. Wright (1971) afirma que apenas três estudos realmente atacaram o problema de correlacionar práticas disciplinares com situações comportamentais de resistência à tentação: Burton, Maccoby e Allinsmith (1961), Grinder (1962) e Sears, Rau e Alpert (1965).

No primeiro e no terceiro estudos, as crianças tinham entre 4 e 5 anos, quando os dados foram coletados; no segundo, os pais foram entrevistados quando as crianças tinham 5 anos, e as situações de comportamento moral foram aplicadas quando as crianças tinham 11 anos. A maior parte das variáveis de comportamento ou atitude maternas não se correlacionou com resistência à tentação, nem mesmo a variável "afetividade materna", um fator que todos pensam ser importante no desenvolvimento moral. É provável que a não significância encontrada para esse fator seja devida ao fato de que nas amostras utilizadas todas as crianças eram suficientemente amadas por suas mães, ou seja, acima de um mínimo normal de afeição, diferenças em grau de afetividade materna não causam diferenças no nível de desenvolvimento moral de seus filhos. É sabido, porém, que a ausência de afeição materna afeta o desenvolvimento moral. Examinando os três estudos, Wright (1971) chama atenção para o fato de que os correlatos familiares de resistência à tentação diferem para meninos e meninas. Os resultados mais importantes dos três estudos para meninos são os seguintes:

Burton et al. (1961) verificaram que os sujeitos "honestos" tinham tido um treinamento de hábitos higiênicos mais demorado, tinham mães que foram severas no desmame, porém pouco rígidas com relação à limpeza em geral. As mães desses meninos usavam pouco a técnica de "raciocinar" com a criança (a fim de explicar o porquê das proibições, explicar o certo e o errado, explicar consequências dos atos praticados), usavam mais punição física e a técnica de isolamento (deixar a criança sozinha quando se comporta mal). No estudo de Grinder (1962), as mães dos meninos "honestos" estabeleciam padrões elevados de ordem, e os meninos demoraram mais a atingir o controle higiênico. No estudo de Sears et al. (1966), nenhuma medida de comportamento materno se correlacionou significantemente com resistência à tentação, mas, ao contrário dos outros dois estudos, Sears et al. usaram várias medidas de comportamento paterno e verificaram que várias dessas medidas correlacionaram-se com comportamento moral nas situações experimentais de resistência à tentação. Os meninos "honestos" eram bastante ligados ao pai e distantes em relação à mãe. O pai era geralmente muito ambivalente em relação ao filho, sendo muito ligado a ele e ao mesmo tempo um pouco hostil, e acreditava firmemente na importância de ensinar o que é certo e o que é errado.

Quanto às meninas, os resultados foram os seguintes:

No estudo de Burton et al. (1961), as meninas "honestas" caracterizavam-se por ter atingido o treinamento higiênico mais tarde, ter revelado pouca ansiedade em relação a diferenças de sexo e terem mães que se utilizavam muito de zangas verbais, e punições físicas, e se utilizavam pouco da técnica de "raciocinar" com a criança. No estudo de Grinder (1962), as meninas "honestas" se caracterizavam por terem completado o treinamento higiênico cedo. O estudo de Sears et al. (1965) chamou a atenção para a importância da figura paterna. As meninas "honestas" tinham pais que eram relativamente distantes, críticos e insatisfeitos com suas filhas, e as ridicularizavam bastante. Ambos, pai e mãe, encorajavam suas filhas a serem independentes, mas as mães eram mais acessíveis e "raciocinavam" com as filhas, com o fim de levá-las a compreender o porquê de se "comportar bem".

A natureza desses resultados é bastante contraditória, porém é possível tirar as seguintes conclusões gerais: 1) Em famílias normais, onde a relação com a mãe não varia muito, o papel do pai é importante na determinação do comportamento moral da criança; 2) Os antecedentes de resistência à tentação são diferentes para meninos e meninas.

Outros estudos investigaram as relações entre antecedentes familiares e outros índices de desenvolvimento moral que não a resistência à tentação observada em situações experimentais. Temos, por exemplo, o estudo de Heinicke (1953) que encontrou uma relação positiva entre manifestações de culpa nas crianças e afetividade materna; e o estudo de Sears, Maccoby e Levin (1957) que encontraram uma relação positiva, porém não estatisticamente significante entre essas duas variáveis. Whiting e Child (1953) argumentam que técnicas disciplinares "psicológicas" (tais como negação de afeto, negação de recompensas, raciocinar com a criança) levam a maior internalização de valores morais dos pais do que as técnicas "materiais" (punição física). Whiting e Child nesse estudo, bem como Allinsmith (1960), encontraram relações positivas entre culpa e o uso de disciplina psicológica. Whiting e Child verificaram também que a idade precoce do desmame estava positivamente associada à severidade da consciência, medida por um índice de culpa. Allinsmith (1960) verificou que tanto a idade de término do desmame como a precocidade do início de treinamento higiênico estavam positivamente relacionados à severidade do superego. Heinicke (1953) encontrou relações positivas entre culpa e severidade do desmame.

Os estudos de antecedentes familiares do comportamento moral mencionados até aqui foram realizados por autores que chamamos de pioneiros da corrente de aprendizagem social, autores esses que tentaram testar hipóteses inspiradas em noções psicanalíticas, através de métodos aceitáveis pela Psicologia empirista (cf. capítulo 5). Notamos essa influência psicanalítica na própria escolha das variáveis estudadas: culpa, severidade de desmame (reflexo da importância atribuída à chamada fase oral), severidade do treinamento de hábitos higiênicos (reflexo da importância atribuída à fase anal).

Devido à dificuldade de se obterem dados fidedignos a respeito das práticas disciplinares maternas (uma vez que as mães podem facilmente esquecer ou distorcer dados), este tipo de estudo tem sido abandonado ultimamente. À medida que a teoria da aprendizagem social foi se desligando dos propósitos iniciais do chamado grupo de Yale (Miller, Dollard, Mowrer, Sears), que eram de traduzir noções psicanalíticas em termos de teorias da aprendizagem, e se foi tornando cada vez mais uma teoria de desenvolvimento de comportamentos humanos complexos baseada em princípios de aprendizagem per se, os estudos de desenvolvimento moral passaram a focalizar variáveis situacionais que influenciaram o comportamento moral, em situações de laboratório, em que se atinge um controle muito mais preciso dos fatores ambientais estudados. A ênfase passou a ser então no estudo dos efeitos de reforçamento (especialmente através de estimulação aversiva) e de modelos sobre o comportamento moral.

Efeitos de reforço positivo sobre comportamento moral

Há poucos estudos sobre o efeito de reforçamento positivo sobre o comportamento de resistência à tentação. Aronfreed (1969) relata que aprovação verbal combinada com um reforço material (balas) foi eficaz na redução do número de transgressões em crianças. La Voie (1974) afirma que nenhum estudo experimental verificou efeitos da combinação de elogios com punições sobre resistência à tentação. Há muitos estudos sobre os efeitos de reforço positivo sobre um comportamento moralmente reprovável – o comportamento agressivo. Por exemplo, Patterson, Ludwig e Sonoda (1961) verificaram que crianças que tinham recebido reforço verbal por baterem num boneco de ar tipo joão-teimoso tiveram maior número de respostas agressivas numa sessão subsequente do que as crianças que não haviam recebido reforço. Bandura e Walters (1963) discutem também os efeitos da permissividade sobre comportamento agressivo. Mesmo em situações em que o comportamento agressivo não recebe reforço positivo, a mera permissividade tem o efeito de aumentar o número de respostas agressivas, possivelmente porque a permissividade em uma situação que normalmente é punida atua como uma aprovação tácita ou reforço positivo. Isto é provavelmente o que ocorre nas sessões de psicoterapia em que o terapeuta se mantém neutro e explicaria por que é comum observar-se que pessoas adultas ou crianças submetidas a psicoterapias desse tipo se tornam mais agressivas.

Os estudos sobre reforçamento de comportamentos agressivos foram discutidos de maneira mais completa no capítulo 8, bastando aqui notar-se que o reforço positivo de um comportamento considerado moralmente positivo ou negativo aumenta a ocorrência desse tipo de comportamento.

Efeitos de punição sobre resistência à tentação

Walters e Parke (1967) argumentam que os estudos correlacionais de práticas disciplinares têm sido de pouca utilidade porque os vários aspectos da punição ficam confundidos. Os estudos de laboratório teriam a vantagem de permitir um exame mais detalhado e controlado desses fatores. Na maioria dos estudos recentes sobre punição de transgressões, a obediência a uma proibição de não tocar em um brinquedo atraente tem sido geralmente utilizada como variável dependente. La Voie (1974) salienta que, embora os efeitos das principais formas de punição (castigo físico, retirada de afeto e raciocinar com a criança) tenham sido discutidos amplamente e mesmo estudados através de estudos correlacionais, nenhum estudo experimental avaliara a relativa eficiência dessas várias formas de punição, sendo difícil inferir-se qualquer coisa a partir de estudos que compararam apenas duas dessas variáveis. La Voie (1973) comparou um estímulo aversivo (campainha alta) com "raciocinar" em um estudo com crianças de primeiro e segundo ano do primeiro grau. Verificou que o estímulo aversivo teve mais efeito do que "raciocinar" com a criança e que as meninas cometeram menos transgressões do que os meninos após a punição com estímulos aversivos. No entanto, Cheyne, Goyeche e Walters (1969) encontraram maior resistência a transgressões em meninos de segundo ano quando o "raciocinar" foi usado, enquanto que Parke (1969) demonstrou que a combinação de raciocinar com o uso de um estímulo aversivo aumentou a eficácia do estímulo aversivo. Grusec e Ezrin (1972) compararam a retirada de reforços materiais com a retirada de afeto e verificaram que ambos eram igualmente eficientes para se obterem respostas de autocrítica em crianças de jardim de infância e primeiro ano. Os estudos de Aronfreed (1963) e Aronfreed, Cutick e Fagen (1963) relatam que a retirada de reforços materiais reduz as transgressões. La Voie (1974) comparou os quatro tipos de punição mencionados anteriormente (estímulo aversivo, raciocinar, retirada de reforços materiais e retirada de afeto), verificando que o uso do estímulo aversivo foi mais eficaz do que os outros métodos. O uso de elogios por não transgredir em combinação com punições não teve efeito.

Os efeitos da punição também têm sido estudados com relação a diferenças de sexo. Estudos que usaram meninos e meninas como sujeitos geralmente obtiveram efeitos mais marcantes da punição com meninas do que com meninos. Parke (1967) verificou que a "retirada de afeto" era mais eficaz com meninas e La Voie (1973) verificou o mesmo com relação a "raciocinar" e uso de estímulo aversivo. Estas diferenças de sexo provavelmente resultam de diferenças na socialização. Aronfreed (1968) comenta que meninas são socializadas para obedecer e conformar-se a exigências externas, o que resulta em maior sensibilidade à punição. Bronfrenbrenner (1961) sugere que formas brandas de punição têm um efeito nas meninas que é equivalente ao de formas mais severas de punição em meninos. Estes resultados estão de acordo com os do estudo clássico de Sears, Maccoby e Levin (1957) que atribuem um desenvolvimento moral mais avançado a meninas. Os mesmos resultados foram observados em um estudo com crianças brasileiras e norte-americanas (BIAGGIO, 1969), em que as meninas de ambos os países revelaram maior índice de internalização de culpa, obtido por meio de um método projetivo de completamento de estórias inacabadas.

Outro aspecto de interesse que tem sido investigado é a duração do efeito da punição. Parke (1970) verificou que raciocinar produz resultados mais duradouros do que a inibição de transgressões por meio de estímulos aversivos.

A importância do momento em que se aplica a punição também tem sido objeto de interesse para os investigadores. A teoria de aprendizagem prediz que a punição que ocorre antes da transgressão tem mais efeito do que a punição depois do fato, pois no primeiro caso a ansiedade surge (como resultante de condicionamento) associada às respostas que precedem à transgressão, evitando que esta ocorra, ao passo que no segundo caso a ansiedade só surgiria depois de cometida a transgressão, pois no passado o estímulo aversivo atuou depois da transgressão. Isto geraria um padrão de alta culpa, porém de baixa resistência à tentação. Walters e Demkow (1963) investigaram esse problema da seguinte maneira: Dois grupos de crianças tiveram uma sessão de treinamento em que foram instruídos a ver um livro, escrito em russo, sem gravuras, enquanto o experimentador "trabalhava" em outra sala. Vários brinquedos ficavam expostos na frente das crianças que eram proibidas de tocar nos brinquedos durante a ausência do experimentador. Um observador, atrás de um espelho de visão unilateral, observava a criança e administrava as punições, na forma de um som alto aversivo, todas as vezes que a criança transgredia. As crianças do grupo "punição antes" recebiam a punição logo que estendiam a mão para apanhar um brinquedo, enquanto que as crianças da condição "punição depois" só eram punidas depois de haver tocado nos brinquedos. Em um dia subsequente, as crianças eram novamente trazidas ao laboratório e ficavam sozinhas com o livro e os brinquedos, dessa vez nada lhes foi dito a respeito de poder ou não mexer nos brinquedos. Os resultados dos meninos confirmaram a hipótese de que a "punição antes" é a mais eficiente. Entre as meninas, a hipótese não foi confirmada, o que foi atribuído a seu nível geral de inibição, bem mais alto do que o dos meninos. Outro estudo interessante sobre este problema é o de Aronfreed e Reber (1963): Em uma série de tentativas, apresentava-se aos sujeitos (meninos) a escolha entre um brinquedo atraente e um não atraente. Em uma das condições experimentais, a punição (som alto aversivo) era administrada logo que a mão da criança se aproximava do brinquedo atraente; na outra condição, a criança era punida depois de ter apanhado o brinquedo proibido. Houve também um grupo de controle. No pós-teste, verificou-se que a percentagem de transgressões (mexer no brinquedo) foi de 26% no grupo punido no início, 71% no grupo punido no fim e 80% no grupo de controle.

O papel da punição na formação de comportamentos é ainda bastante discutido. Tradicionalmente, a teoria de aprendizagem social tem mantido que o uso de estímulos aversivos apenas inibe temporariamente as respostas, podendo elas reaparecerem posteriormente, principalmente quando o contexto é diferente, ao passo que através da extinção (ignorar os comportamentos indesejáveis) e o uso do reforço positivo de outros comportamentos alternativos se obtém um resultado mais duradouro. Esta última é a posição de Skinner (1971) que não admite o uso da punição ou estimulação aversiva, apesar de muitos críticos que obviamente não leram sua obra acusarem Skinner de desejar utilizar choque elétrico para moldar o comportamento de crianças!

Outros investigadores têm estudado os efeitos de punição e afirmado que formas brandas de estimulação aversiva não têm os efeitos colaterais indesejáveis e podem ser bastante eficientes na modificação comportamental.

Efeitos de modelos sobre comportamento moral

Outro fator bastante enfatizado pela teoria de aprendizagem social na formação de comportamentos morais é a modelação ou exposição a modelos. Tem sido demonstrado e documentado, através de dados de estudos antropológicos de observação, bem como de estudos correlacionais que as crianças assimilam padrões de autocontrole dos mais velhos da cultura. Mischel (1961) comparou negros de Trinidad e de Granada verificando que os de Trinidad são mais impulsivos e indulgentes consigo mesmos do que os de Granada. Este padrão apareceu também em crianças dessas duas culturas nas situações experimentais de demora do reforço elaboradas por Mischel e que consistem em perguntar à criança se prefere uma barra de chocolate grande daqui a uma semana ou uma barra pequena na mesma hora. A capacidade de tolerar a demora do reforço está positivamente associada com capacidade de resistir à tentação segundo os estudos de Mischel.

Estudos experimentais também demonstram a importância dos modelos sobre o comportamento de resistir à tentação: S. Ross (1962) usou uma situação experimental de "loja de brinquedos" em que as crianças de maternal alternavam-se nos papéis de vendedor e comprador. Para as crianças na condição experimental "modelo desonesto", um modelo (colega da criança treinado para atuar como cúmplice do experimentador) informava à criança que quando terminassem a brincadeira ele poderia escolher *um* brinquedo apenas. O modelo então apanhava *três* brinquedos. Na condição "modelo honesto", o modelo apanhou apenas um brinquedo, comportando-se de acordo com a proibição verbal. As crianças do grupo de controle tiveram simplesmente a proibição verbal, sem nenhuma atuação do modelo no sentido de apanhar brinquedos. Em todas as condições a criança ficou sozinha na sala na hora de fazer sua escolha do brinquedo. Os resultados indicaram que em comparação com o grupo de controle e o grupo "modelo honesto", as crianças expostas ao "modelo desonesto" violaram mais vezes a proibição e demonstraram mais conflito, manifesto através de autoagressão, comentários moralísticos e preocupação em esconder o que tinham feito. Entre os experimentos mais recentes sobre o assunto, temos como exemplo o de Wolff (1973), que estudou o efeito de exposição a um modelo infantil televisionado que se conformava com uma proibição ou a transgredia. Esta proibição era imposta por um experimentador adulto que instruía os sujeitos a não brincarem com um determinado brinquedo dentre dois apresentados. Os sujeitos expostos a modelos "desobedientes" transgrediram mais num pósteste do que os expostos ao modelo obediente. Rosenkoetter (1973) analisou experimentalmente os efeitos inibitórios e desinibitórios de modelos, verificando que o efeito desinibitório é geralmente mais potente, isto é, a exposição a um modelo que transgride desinibe o espectador, facilitando as transgressões deste, ao passo que o efeito de um modelo que resiste à tentação tem algum efeito em inibir o sujeito, facilitando sua "resistência à tentação", mas o efeito é menos pronunciado. Este resultado confirma a noção popular de que "os maus exemplos são logo imitados, mas raramente se imitam os bons exemplos".

O volume de pesquisas nessa área é imenso e não nos podemos estender aqui em detalhes sobre cada experimento, nem fazer uma resenha exaustiva dos vários estudos publicados. Os experimentos mencionados acima dão uma ideia desse tipo de trabalho, porém o leitor interessado em se aprofundar poderá procurar os detalhes lendo as referências citadas no original.

Altruísmo

Mais recentemente, pesquisadores na área de desenvolvimento moral têm focalizado a aquisição de comportamentos positivos, isto é, têm estudado como as crianças adquirem os "bons comportamentos" a par dos estudos de como a criança deixa de ter "maus comportamentos", o que foi o enfoque das pesquisas sobre resistência à tentação. Nesta linha, podemos destacar os nomes de Rosenham (1969), Bandura (1969), White (1967), Grusec e Skubiski (1969), Hartup e Coates (1967), entre muitos outros.

Bryan e London (1970), em uma revisão exaustiva do tópico "Comportamento altruístico em crianças", chamam atenção para algumas características dos estudos empíricos sobre esse assunto. Em primeiro lugar, nota-se que os estudos sobre altruísmo em crianças referem-se mais a condições que eliciam a manifestação de comportamentos altruístas do que aos processos de aquisição dos mesmos, um ponto também enfatizado por Midlarsky (1968). A segunda característica é que, em contraste com os estudos sobre comportamentos altruístas em adultos, os estudos com crianças geralmente focalizam os comportamentos de generosidade ou de compartilhar, e raramente os comportamentos de socorrer outrem em aflição.

Os principais pontos teóricos que têm sido estudados com relação à aquisição ou eliciação de comportamentos altruístas são o papel do reforço e o papel do modelo. Vários teoristas (ARONFREED, 1968; ROSENHAM, 1969) têm argumentado que a aquisição de respostas altruístas requer um histórico de reforçamento e o desenvolvimento de um mecanismo de autorrecompensa. Estas recompensas autoadministradas são geralmente consideradas como de natureza afetiva e não material e tendo mais valor do que aquelas recompensas materiais que são sacrificadas em favor de outrem. Aronfreed e Paskal (1965) fornecem dados que apoiam a hipótese de que o afeto tem um papel importante no aparecimento de comportamento altruísta. Crianças de 6 a 8 anos participaram de um jogo que envolvia duas alavancas. Se a criança apertasse uma das alavancas, 60% das vezes ela recebia uma bala. Se apertasse a outra alavanca, acendia-se uma luz vermelha no painel do aparelho. Durante a fase de treinamento, uma experimentadora comportava-se de uma das três maneiras seguintes quando a luz acendia: Na primeira condição experimental, ela sentava-se perto da criança, exclamava "lá está a luz", sorria e abraçava afetuosamente a criança. Na segunda condição experimental, ela abraçava a criança sem dizer nada. Na terceira condição, ela dizia "lá está a luz", mas não abraçava a criança. Durante a fase de pós-teste do experimento, a luz em frente da criança era desligada e a experimentadora ia sentar-se de frente para a criança, tendo à frente a parte de trás do aparelho. Nesta parte de trás do aparelho havia uma luz vermelha funcionando que era vista pela experimentadora, mas não pela criança. Nesta fase, cada vez que a criança produzia a luz para a experimentadora, esta dizia: "lá está a luz".

É claro que a luz vermelha ativada pela alavanca é um estímulo neutro, não tendo significado especial. Porém, quando emparelhada com o comportamento da experimentadora, deverá adquirir significado, por condicionamento clássico. Deverá passar a significar "prazer para a experimentadora". A questão é: Qual das três condições será mais eficiente para associar a luz vermelha a prazer para a experimentadora, de forma que a criança venha a querer apertar aquela alavanca e ao mesmo tempo privar-se de balas? Os dados desse experimento indicaram que uma combinação de pistas expressivas ("aí está a luz") com afeição (sorrisos e abraços) foi tão potente que as crianças nessa condição experimental apertavam a alavanca de luz vermelha mais frequentemente do que a alavanca das balas. As crianças das outras duas condições experimentais escolheram a alavanca das balas mais frequentemente. Outras pesquisas confirmam a hipótese de importância do afeto, demonstrando que uma relação afetiva positiva com um agente socializador facilita o altruísmo.

Rutherford e Mussen (1968) realizaram um experimento com crianças de maternal, em que estas receberam cada uma 18 balas iguais, que podiam guardar para si próprias ou dividir entre elas e duas crianças de que gostassem mais em sua turma. As crianças generosas (isto é, aquelas que doaram 15 ou mais balas para outras) tendiam a perceber seus pais (embora não as mães) como gratificadores em uma situação de brinquedo com bonecos.

Tem-se verificado também que experiências temporárias de afeto positivo têm efeitos semelhantes aos de uma longa relação positiva. Uma série de experimentos realizados por Isen (1968) e Berkowitz e Connor (1966) revelaram que o sucesso em uma tarefa era significantemente mais eficiente para provocar generosidade em adultos do que o fracasso na tarefa. Em uma extensão desses estudos, com crianças, Isen, Horn e Rosenham (1971) verificaram que crianças induzidas a sucesso contribuíram mais para uma "Caixinha dos Órfãos" do que as que tinham sido induzidas experimentalmente ao fracasso.

Outro fator cujos efeitos sobre o altruísmo tem sido muito investigado é a influência de modelos. Os resultados são praticamente unânimes em demonstrar que a exposição a modelos generosos facilita a generosidade dos sujeitos. Um experimento clássico nessa linha é o de Rosenham e White (1967): Crianças de 4º e 5º anos do primeiro grau alternaram a vez de jogar em um jogo de boliche com um modelo adulto. Cada vez que o modelo obtinha um escore de 20 pontos, ele apanhava de uma pilha sobre a mesa cupões que poderiam depois ser trocados por um presente, no valor de 5 centavos de dólar. O modelo então depositava um dos cupões em uma caixa rotulada "Caixinha dos Órfãos de Trenton". Enquanto o sujeito jogava, o modelo olhava para o outro lado ostensivamente esperando sua vez. Isto foi feito para minimizar a possibilidade de que a atenção do adulto influenciasse a criança a dar. O modelo e a criança tiveram 10 jogadas cada um, durante as quais o modelo venceu e contribuía para a "Caixinha dos Órfãos" duas vezes. Depois de verificar se a criança queria jogar outra vez sozinha, o experimentador se retirava, dizendo à criança para voltar para sua sala quando terminasse. A criança jogava então 20 vezes e "ganhava" quatro vezes.

Os resultados indicaram que: 1) Não sendo expostas a um modelo generoso, nenhuma criança contribuiu; 2) Na presença do modelo generoso, 63% das crianças contribuíram; 3) Na ausência do modelo generoso que havia sido observado, 50% das crianças contribuíram. Os autores concluíram que nitidamente a observação de um modelo generoso facilitou o altruísmo, não só do tipo *normativo* (por conformismo, para agradar ao adulto), como se verificou na condição 2, mas também do tipo *autônomo* internalizado, como na condição 3. Além disso, não houve relação entre dar na presença do modelo e dar na ausência do modelo.

Outro experimento interessante foi o de Hartup e Coates (1967), em que crianças de maternal observaram um coleguinha (modelo) que em cada dez jogadas ficava com um dos brinquedos que ganhava e dava cinco para "Alec" ou "Kathy" (outras crianças do maternal). A popularidade das crianças (determinada pela quantidade de reforços positivos que recebiam durante amostras de observação tiradas num período de cinco minutos) foi uma variável independente medida. Outra variável independente foi o comportamento reforçador do modelo (se o modelo tinha dispensado muitos reforços à criança ou não). Os resultados indicaram claramente que a observação de um coleguinha (modelo) facilitava o altruísmo. Também foi interessantíssimo o efeito de interação obtido entre popularidade dos sujeitos e qualidade reforçadora do modelo: As crianças populares eram mais influenciadas por modelos que tinham sido bondosos (reforçadores) para com elas, mas as crianças não populares tendiam a imitar mais os modelos que não tinham sido reforçadores para com elas. Os autores concluem que o histórico de socialização da criança e sua relação com o modelo são fatores críticos na indução de altruísmo.

Outro tópico que tem sido alvo da atenção dos pesquisadores de altruísmo é a discrepância entre a "pregação moral" e a "prática". Frequentemente dizemos à criança o que é certo ou errado, o que deve fazer ou deixar de fazer. Qual o efeito dessas "pregações"? O que acontece quando o que é ensinado não coincide com o que a criança observa nos modelos que tem à sua volta?

White (1967) comparou os efeitos de se dizer a crianças que deviam contribuir para uma obra de caridade com observar um modelo caridoso e com observar e ensaiar com esse modelo. As crianças que foram instruídas verbalmente para contribuir deram muito mais do que as que observaram os modelos. No entanto, esse efeito apareceu apenas no pós-teste imediato. Depois de uma semana não houve diferenças entre o grupo de instrução verbal e os de modelo. Além disso, a estabilidade do comportamento (isto é, o fato de as crianças contribuírem consistentemente ou não nos dois testes) foi muito mais alta com as crianças que aprenderam por observação.

Quanto ao problema de discrepância entre "pregações morais" e exemplos (modelos), os experimentos de Bryan e seus colaboradores são diretamente relevantes (BRYAN, 1968, 1970; BRYAN & WALBECK, 1968, 1969). Seu procedimento básico consiste em utilizar um modelo que, na presença da criança, comporta-se de maneira caridosa ou gananciosa, enquanto pregando a caridade ou a ganância. As pregações do modelo são do tipo: "É bonito dar para crianças pobres". Os resultados desses experimentos são consistentes em revelar que a pregação moral tem menos efeito sobre o comportamento do que as práticas morais.

Correlatos do altruísmo

Idade: Há evidência bastante de que a aquisição e eliciação de comportamento generoso aumenta com a idade (HANDLON & GRON, 1959; MIDLARSKY & BRYAN, 1967; ROSENHAM, 1969). O trabalho de Hartup e Coates (1967) mostrou que a generosidade pode ser eliciada em crianças de maternal.

Desenvolvimento cognitivo: O trabalho de Piaget (1932) e Kohlberg (1963) sugere que crianças pequenas, não tendo ainda maturidade cognitiva suficiente, poderão revelar menor altruísmo por não compreenderem quais as necessidades dos órfãos, nem saberem se colocar no lugar de outrem. A distinção entre altruísmo normativo e autônomo também está bastante de acordo com o esquema evolutivo de estágios de desenvolvimento moral de Kohlberg. Este autor, como vimos anteriormente, afirma que o desenvolvimento do julgamento moral evolui de estágios em que predominam o medo da punição e o valor da recompensa, passando por um estágio de conformismo, até chegar a um estágio de autonomia e princípios individuais de consciência.

Em resumo, podemos dizer que na última década se tem acumulado bastante evidência de que a generosidade é um comportamento comum em crianças e que pode ser eliciado facilmente em várias situações naturais ou experimentais. Afeto positivo, reforçamento e imitação, todos parecem facilitar a ocorrência de comportamento altruísta. Da mesma forma, desenvolvimento cognitivo, especialmente a capacidade de assumir o papel de outras pessoas, é importante para o aparecimento do altruísmo.

Outro resultado bastante confirmado é o de que o fator imitação é mais potente do que a instrução verbal para conduzir ao altruísmo autônomo a longo prazo.

O estudo do comportamento moral obviamente é de grande importância para a sociedade e tem captado o interesse dos psicólogos do desenvolvimento. É um campo extremamente fértil para futuras pesquisas, pois, como em todas as áreas da Psicologia, muito resta ainda por se conhecer.

Chapman e colaboradores (1987) investigaram os fatores afetivos e predisponentes na motivação de ajuda das crianças. Os sujeitos foram 60 crianças do jardim de infância à sexta série, que foram observadas em incidentes desagradáveis no laboratório. Esses incidentes envolviam como possíveis recebedores de ajuda, um gato, um experimentador adulto, e uma mãe com bebê. Expressões de afeto positivas, negativas, e neutras foram observadas em dois incidentes, e as predisposições pró-sociais foram avaliadas através das atribuições feitas pelas crianças com relação aos motivos e sentimentos das personagens de oito histórias que envolviam pessoas em situações difíceis. Os resultados indicaram que a ajuda tendia a ser positivamente correlacionada com afeto negativo ou neutro. Outras evidências sugeriram que essas correlações podiam ser atribuídas principalmente a afeto positivo associado com a própria ajuda, ao invés de afeto experienciado ao ver a situação difícil do outro. Entre as atribuições nas histórias, as atribuições de culpa eram relacionadas mais forte e consistentemente com ajuda e expressão de afeto. Atribuições de empatia e altruísmo também se relacionaram com ajuda. Estes resultados foram interpretados como sugerindo que é possível que não seja apenas a motivação empática que é mais importante para a ajuda, mas também o significado subjetivo dessa motivação em termos de um senso de responsabilidade pela situação penosa em que se encontra a outra pessoa.

No Brasil, Bristoti (1984) investigou as relações entre altruísmo e percepção de atitudes maternas e paternas. O altruísmo foi medido por meio de uma adaptação da escala de Eisenberg-Berg, e a percepção de atitudes maternas e paternas foi avaliada através da escala de Schaefer (1965, *Children's Report of Parent Behavior Inventory*). Os resultados mostraram a importância do relacionamento afetivo, do controle ou estabelecimento de limites e da consideração pelos outros, demonstrados pelos pais, para o favorecimento do altruísmo na criança. Os dados também revelaram uma correlação negativa entre o desinteresse paterno e materno percebido pela criança e o nível de altruísmo. Mostraram também que o sexo feminino apresenta maior nível de altruísmo do que o sexo masculino, e que as crianças pertencentes ao nível socioeconômico baixo apresentam maior nível de altruísmo do que as de nível socioeconômico médio. Não parece, porém, haver diferenças de nível de altruísmo entre os sujeitos provenientes de famílias pequenas e os provenientes de famílias grandes.

Em outro estudo, Bristoti (1985) investigou as relações entre altruísmo e maturidade de julgamento moral. Encontrou uma correlação positiva e significante (0,68) entre essas variáveis.

Ainda no Brasil, Branco (1978) tem estudado comportamentos pró-sociais de crianças pré-escolares dentro de um enfoque ecológico.

O estudo do altruísmo tem-se desenvolvido a tal forma que Rushton e Sorrentino (1981) dedicam um livro inteiro ao estudo do altruísmo.

11

Motivação para a realização

Um dos construtos que tem sido bastante estudado por pesquisadores no campo da Psicologia do Desenvolvimento, Psicologia da Personalidade e Psicologia Social é o de "motivação para a realização" ("achievement motivation"), introduzido e aprofundado por David McClelland (1953, 1955, 1961, 1971a, 1971b). Motivação para a realização refere-se à motivação para sair-se bem, ter sucesso, realizar algo, ou competir com padrões de excelência. É obviamente um traço de personalidade de bastante interesse em qualquer cultura preocupada com desenvolvimento.

Fundamentos teóricos

McClelland inspirou-se na famosa tese de Max Weber, exposta na obra *A ética protestante e o espírito do capitalismo* (1904). Weber propôs a tese de que a Reforma Protestante produzira uma evolução caracterológica, infundindo um espírito mais vigoroso em trabalhadores e empreendedores, que teria levado ao capitalismo industrial moderno. Weber havia notado que o advento do protestantismo na Alemanha, Suíça, Inglaterra e Holanda coincidira com o advento do capitalismo e rápido desenvolvimento econômico. Weber observou que as moças protestantes trabalhavam mais rapidamente e com mais zelo do que as católicas, que elas mais frequentemente economizavam dinheiro para objetivos futuros. Da mesma forma, os protestantes subiam mais rápido no mundo dos negócios do que os católicos, embora a vantagem financeira inicial fosse geralmente dos católicos.

Weber descobriu nas crenças protestantes certas ideias que conduziriam ao espírito empreendedor e argumentou então que o movimento religioso teria causado o desenvolvimento econômico. O protestantismo em geral pregava que a salvação não era obtida através de uma retirada monástica do mundo, nem meramente pela observância escrupulosa dos ritos da Igreja, nem por "boas obras". Cada homem teria um chamado e o bom desempenho dos deveres impostos por esse chamado resultaria em acúmulo de riqueza. Por outro lado, o protestanismo era extremamente ascético e proibia o uso dessa riqueza para desfrutar prazeres, de forma que a única coisa que restava era investir o lucro em novos empreendimentos. No calvinismo, havia uma doutrina que, à primeira vista, poderia nos parecer incompatível com o desenvolvimento econômico – a doutrina da predestinação. Afirma esta doutrina que os eleitos, predestinados à salvação, estão salvos desde o começo dos tempos e nada que o ser humano possa fazer alteraria os desígnios de Deus com relação à sua salvação. Calvino percebeu que esta doutrina, se mal interpretada, poderia conduzir à preguiça, por isso recomendava que ela não fosse enfatizada nas pregações ao povo. No entanto, a doutrina da predestinação contém outros elementos: embora ninguém possa atingir a salvação se não pertencer ao grupo dos "eleitos", pode-se criar a convicção de salvação. Nenhum homem pode saber se será salvo, mas os eleitos poderiam ser reconhecidos por certos sinais exteriores, como simplicidade, piedade, devoção ao dever e autossacrifício. Havia também a crença de que Deus fazia seus eleitos prosperarem, de forma que o sucesso no mundo dos negócios podia ser tomado como sinal de que a pessoa pertencia ao grupo dos eleitos. Esta famosa tese de Weber estabelece uma ligação entre dois fenômenos de âmbito social amplo – a reforma protestante e o espírito do capitalismo. A originalidade da contribuição de McClelland consiste em ter sugerido mecanismos psicológicos intervenientes, como vemos na figura da página 256:

Weber:	Reforma Protestante → Espírito do capitalismo			
McClelland:	Reforma Protestante	Treinamento → precoce para a independência dos filhos	Alta motivação para a realização	Espírito do capitalismo

A evidência mais forte para esses mecanismos intervenientes sugeridos por McClelland proveio do estudo de M. Winterbottom (1953), a respeito de características comportamentais de mães de meninos com alta motivação para a realização e de mães de meninos com baixa motivação para a realização. Este estudo será discutido posteriormente, ao tratarmos dos antecedentes familiares da motivação para a realização.

McClelland (1961) testou a relação entre protestantismo e nível de desenvolvimento econômico. Comparou sistematicamente o desenvolvimento econômico em 1950, de todos os países da zona temperada. Usou como índice de desenvolvimento o consumo per capita de Kw/h de eletricidade. A diferença foi esmagadoramente a favor dos países protestantes. No entanto, esses resultados são difíceis de se interpretar, pois, como em todo estudo correlacional, não há base sólida para se inferirem relações de causa e efeito. As diferenças encontradas poderiam ser devidas a outras variáveis associadas com protestantismo; por exemplo, tem-se argumentado que os países protestantes estudados são mais ricos em recursos naturais, como fontes de água para energia elétrica.

Outra maneira de testar a relação entre a motivação para a realização e o desenvolvimento econômico, engenhosamente arquitetada por McClelland, consistiu em avaliar estórias contidas nos livros de leitura de crianças na fase de 8 a 10 anos, como uma medida de motivação para a realização. Partindo da premissa de que as estórias infantis contêm os valores que uma cultura provavelmente instila em seus futuros cidadãos, McClelland achou que as estórias revelariam o grau de motivação para a realização enfatizado em uma cultura. McClelland estudou 23 países, cujas estórias dos anos 1920 a 1929 foram avaliadas e 40 países para o estudo dos anos 1946-1950. Supõe-se também que a motivação para a realização entre 1920 e 1929 correlacionaria alta e positivamente com desenvolvimento econômico entre 1946 e 1950, pois as crianças que por volta de 1920 a 1929 liam as estórias se teriam tornado os homens de negócio por volta de 1946 a 1950. Se as estórias indicaram que a fase de 1920 a 1929 enfatizou um alto grau de motivação para a realização, o desenvolvimento econômico de 1946 a 1950 seria grande. Por outro lado, a motivação para a realização em 1946-1950 não correlacionaria com nível de desenvolvimento econômico em 1920-1929, porque a motivação posterior ao desenvolvimento não poderia ser causa do desenvolvimento. A medida de desenvolvimento econômico usada por McClelland aqui foi a "unidade internacional", definida por Collin Clark (1957).

Os resultados indicaram que as correlações entre nível de motivação para a realização em 1925 e índices de desenvolvimento econômico em 1946-1950 foram positivas.

Apesar das dificuldades de mensuração das variáveis envolvidas, vemos que um padrão tem emergido consistentemente – o de relação entre nível de motivação para a realização e desenvolvimento econômico. McClelland testou sua hipótese também utilizando dados de culturas antigas: Verificou que a Espanha atingiu o auge do desenvolvimento econômico no século XVI e a literatura espanhola (obras literárias como Dom Quixote) revela maior motivação para a realização nos dois séculos que precederam este auge do que posteriormente. McClelland também estudou amostras de literatura inglesa nos períodos de 1400 até o início da Revolução Industrial. Verificou que o nível de motivação para a realização descreve uma curva extraordinariamente semelhante à curva de desenvolvimento econômico, com a diferença que a curva de motivação para a realização está geralmente 30 a 50 anos na frente, isto é, alta motivação para a realização em um período é seguida por alto desenvolvimento econômico 30 a 50 anos mais tarde.

Outros testes engenhosos foram arquitetados por McClelland, com relação à Grécia Antiga e à civilização pré-incaica no Peru. Para a Grécia Antiga, entre os anos de 900 e 100 antes de Cristo, os níveis de motivação para a realização podiam ser estimados a partir da literatura, porém o desenvolvimento econômico seria obviamente difícil de avaliar numa sociedade que não deixou dados estatísticos a respeito. McClelland arquitetou o seguinte: A Grécia, naquele período, negociava principalmente com vinho e azeite de oliva e ambos eram transportados em vasos grandes de barro. Heichelheim (1938), um especialista em Grécia Antiga, elaborou uma lista de todos os lugares no Mediterrâneo onde tais jarros foram encontrados. Arqueólogos também dataram estes jarros de acordo com o século em que haviam sido feitos. Assim, era possível estimar a área total em que os gregos tinham negócios em um dado período, sabendo-se os locais e as datas dos jarros. O tamanho da área de negócios forneceu uma medida, se bem que rude, do nível de desenvolvimento econômico. Os resultados indicaram uma alta em motivação para a realização nos anos que precederam períodos de alto desenvolvimento econômico.

Se a Grécia Antiga é difícil de se estudar, em termos de motivação para a realização e desenvolvimento econômico, mais ainda o seria o Peru pré-incaico, aproximadamente entre 800 e 700 aC, pois não há fragmentos literários por onde se avaliar o nível de motivação para a realização. McClelland avaliou o desenvolvimento cultural através da quantidade de edifícios públicos construídos em vários períodos no Peru, segundo o método de Willey (1953). Como não havia material verbal para avaliar a motivação para a realização, McClelland utilizou o método de Aronson (1958), consistindo de avaliação de padrões gráficos e rabiscos que aparecem na decoração da cerâmica, especialmente nas urnas funerárias. No período histórico estudado, encontram-se duas épocas de grande desenvolvimento cultural (medido através do volume de edifícios públicos). Estes períodos foram precedidos por "altas" em motivação para a realização (medida por meio da avaliação dos desenhos das cerâmicas). Deve-se notar que o método gráfico de Aronson revelou correlações positivas com a medida verbal projetiva de McClelland, que será descrita posteriormente neste capítulo, em uma amostra de estudantes universitários norte-americanos. No entanto, quando McClelland obteve os dois tipos de medidas em estudantes do Brasil, Alemanha, Japão e Índia, nenhuma das correlações foi significantemente diferente de zero (BROWN, 1965).

Uma avaliação atual da teoria de McClelland, segundo Brown (1965), leva à reformulação de sua hipótese inicial. O problema parece estar na relação entre protestantismo, treinamento de independência em crianças e motivação para a realização. Na sociedade norte-americana atual, os três coexistem e é impossível testar se o protestantismo causou mudanças na maneira de se treinarem crianças. A filiação religiosa em si não correlaciona atualmente com motivação para a realização, de modo que a tendência atual nos estudos de motivação para a realização é deixar-se de lado a variável protestantismo. Resta bastante evidência para a associação entre motivação para a realização e desenvolvimento econômico, no plano nacional, e para a associação entre motivação para a realização e maneiras de criar crianças, no plano individual.

O instrumento de medida de motivação para a realização, de McClelland

McClelland criou uma medida para avaliar o grau de motivação para a realização que é uma medida projetiva, do tipo temático, consistindo de quatro figuras. A imaginação criativa do sujeito entra em jogo, porém o teste é avaliado focalizando-se determinado tipo de conteúdo, conteúdo este referente à motivação para a realização.

Os detalhes do sistema de avaliação são apresentados em Atkinson et al. (1958). A validade do teste é fornecida em termos de vários estudos de validade de construto, em que são comparadas as respostas de grupos de sujeitos submetidos a diferentes tipos de instrução (condições neutras, relaxadas e eliciadoras de realização (LOWELL, 1950; EVERETT, 1959; STRODTBECK, 1958; FRENCH, 1955; WENDT, 1955). A fidedignidade pode ser obtida através de treinamento de avaliadores. McClelland recomenda que pesquisadores que pretendem usar o teste estudem o manual, avaliem sozinhos algumas estórias contidas no manual e verifiquem se suas avaliações coincidem com as apresentadas no mesmo. Se não coincidirem, os avaliadores deverão treinar mais, até que uma correlação de 0,90 seja obtida entre as avaliações dadas no manual e as do pesquisador que está aprendendo a avaliar o teste. Assim, um teste que não é objetivo, no sentido em que inventários de lápis e papel têm avaliação objetiva, pode, no entanto, alcançar um alto grau de fidedignidade. A título de exemplo, apresentamos a seguir uma estória que recebe um escore alto de motivação para a realização:

> Este rapaz está meditando seriamente. Ele é um estudante de segundo ano de universidade e chegou a uma crise intelectual. Ele não consegue se decidir. Está perturbado, preocupado. Ele está tentando reconciliar as filosofias de Descartes e Tomás de Aquino – e nesta idade tão jovem, dezoito anos. Ele leu vários livros de filosofia e sente o peso do mundo sobre seus ombros. Ele quer apresentar uma síntese clara destas duas filosofias conflituantes para satisfazer seu ego e receber reconhecimento acadêmico por parte de seu professor... (BROWN, 1965).

Antecedentes familiares da motivação para a realização

Winterbottom (1953) obteve escores de motivação para a realização usando o instrumento de medida desenvolvido por McClelland (ATKINSON et al., 1958), numa amostra de 29 meninos normais, de 8 a 10 anos de idade. A atitude da mãe com relação a independência foi obtida a partir de um questionário aplicado à mãe em situação de entrevista. Abaixo reproduzimos parte do questionário, versando sobre demandas de independência:

> Ao lado de cada afirmação há dois espaços em branco. No primeiro, ponha um "X" se for uma das coisas que você deseja em seu filho, quando ele tiver dez anos de idade. No segundo espaço em branco, escreva a idade aproximada com que você pensa que seu filho deverá ter aprendido esse comportamento:
>
> (X 10) Obedecer a sinais luminosos e outros sinais de trânsito quando sair sozinho.
>
> Esta mãe marcou isto como uma das coisas que deseja em seu filho e espera que ele aprenda isto com a idade de 10 anos.
>
> Muitos livros têm sido escritos a respeito de como as mães devem lidar com os filhos, porém é surpreendente como temos pouca informação sobre o que as pessoas mais interessadas, as mães, realmente agem. Nós gostaríamos que você respondesse a estas perguntas, dizendo-nos o que você acha que dá mais certo para o seu filho.
>
> (_ _) Defender seus direitos quando brinca com outras crianças.
>
> (_ _) Conhecer bem a zona em que mora, de forma que possa brincar sozinho onde quiser, sem se perder.
>
> (_ _) Tomar parte nas conversas e interesses dos pais.
>
> (_ _) Pendurar suas roupas e cuidar das coisas que possui...

Os itens usados são provenientes de escalas desenvolvidas por Whiting e Sears, na Universidade de Harvard, e cada um dos itens foi reescrito em forma de uma "restrição" em outra parte do questionário. Por exemplo, o primeiro item da escala foi transformado em "(_ _) Não brigar com outras crianças para conseguir o que quer".

Os meninos foram classificados em dois grupos, os de alta motivação para a realização (AMR) e os de baixa motivação para a realização (BMR), com base no teste projetivo de McClelland.

Comparando-se as mães do AMR e BMR, os resultados revelaram que, embora o número total de exigências feitas pelas mães dos meninos com AMR e com BMR não diferisse, as mães dos AMR esperavam que seus filhos se tornassem independentes muito mais cedo. Por exemplo, as mães do AMR esperam o dobro de comportamentos independentes aos 8 anos do que as mães dos BMR. Vemos também que as mães dos AMR esperam que 60% das demandas assinaladas tenham sido aprendidas aos 7 anos, ao passo que as mães dos BMR esperam que apenas 33% das demandas assinaladas tenham sido aprendidas nessa idade. As mães dos BMR tendem a assinalar maior número de restrições em todas as idades. Como conclusão geral, vemos que as mães dos AMR fazem demandas de independência mais cedo do que as mães dos BMR. Viu-se também que as mães dos AMR fazem restrições cedo, porém relaxam as mesmas a partir dos 7 ou 8 anos, quando esperam que seus filhos já tenham capacidade suficiente. Elas demonstram fé na capacidade da criança, ao passo que as mães dos BMR continuam a restringi-los. Por exemplo, as mães dos AMR esperam que eles conheçam o caminho na zona em que moram e uma vez que essa exigência é atingida, deixam-no brincar fora, ao passo que as mães dos BMR não exigem esse conhecimento muito cedo e continuam a não permitir que a criança brinque fora de casa até mais tarde. Outro resultado interessante foi o de que mães dos AMR expressam mais afeição fisicamente (através de abraços e beijos) como recompensa por comportamentos independentes do que as mães dos BMR. Rosen e D'Andrade (1959) obtiveram resultados semelhantes aos de Winterbottom.

Pesquisas sobre motivação para a realização com sujeitos brasileiros

Angelini (1973) relata várias pesquisas em que ele e seus colaboradores testaram a adequação do método de McClelland e Atkinson para uso com sujeitos brasileiros e obteve dados comprovadores da validade do instrumento, através da verificação de alterações no escore de motivação para a realização observadas depois de manipulações experimentais análogas às feitas por McClelland e seus colaboradores, por exemplo, manipulando condições de aplicação do teste (neutras, relaxadas e eliciadoras de realização). A fidedignidade das avaliações feitas por juízes independentes também foi altamente satisfatória, obtendo-se coeficientes da ordem de 0,964 e 0,961. Além disso, Angelini adicionou figuras mais adequadas para testar o motivo de realização em sujeitos de sexo feminino. Angelini (1973) assim resume as conclusões de seus estudos sobre a motivação para a realização:

a) O motivo de realização é despertado mais por situações onde haja "envolvimento do ego" do que em situações neutras.

b) O malogro em atividades prévias tende a acentuar mais o motivo de realização; o sucesso tende a reduzi-lo.

c) Com "envolvimento do ego" suficientemente intenso, o sucesso na atividade imediatamente seguinte poderá não reduzir totalmente o motivo de realização, continuando este mais intenso do que em situação neutra.

d) Quando se procura relacionar a clássica lei do efeito ao motivo de realização, vê-se que essa lei é suficiente na explicação do mesmo.

e) Os resultados do teste aplicado ao sexo feminino, inéditos na literatura concernente ao método, confirmaram os resultados obtidos no sexo masculino.

f) Os resultados no MPAM ("Medida Projetiva de *Achievement Motivation*") de brasileiros e norte-americanos, quando comparados, revelaram de modo geral não haver grandes diferenças quanto à intensidade do motivo de realização nesses dois grupos. Esta conclusão deve ser tomada com reserva, pois é possível que diferenças reais entre os grupos comparados tivessem sido anuladas por diferenças sistemáticas que poderiam haver entre os avaliadores, cada qual pertencente à cultura dos respectivos examinandos (ANGELINI, 1973).

Tentativas experimentais de modificar o nível de motivação para a realização

Pesquisadores em Psicologia do Desenvolvimento geralmente acreditam, seja baseados na teoria behaviorista de aprendizagem, seja na teoria psicanalítica, que os traços de personalidade, entre os quais poderiam colocar a motivação para a realização, estabelecem-se bem cedo na infância e são difíceis de ser modificados posteriormente. McClelland (1965) chama a atenção para o fato de que dois grupos profissionais distintos mantêm uma fé incondicional na plasticidade do comportamento – os missionários e os condicionadores operantes. Nesta publicação, McClelland relata experiências em que tentou manipular o nível de motivação para a realização de homens de negócios. McClelland também fez experimentos de motivação para a realização em sujeitos de aldeias na Índia (McCLELLAND, 1969), bem como de jovens, em contextos escolares (McCLELLAND, 1972b).

Um dos trabalhos que nos parece bastante interessante para ser relatado em maior detalhe é o de Kolb (1963). Kolb relata um programa experimental de treinamento da motivação para a realização, o chamado AMTP ("Achievement Motive Training Program"), conduzido na Universidade de Brown. O treinamento baseou-se nos seguintes conceitos teóricos:

1) *Identificação*: A aprendizagem ocorre através da imitação de modelos eficientes, sendo reforçada através da experiência afetiva vicária (BANDURA & WALTERS, 1963).

2) *Expectância*: As expectâncias mantidas pelo experimentador e o sujeito, ou pelo terapeuta e o paciente, afetam o resultado da terapia.

3) *Respostas ideomotoras*: Esta é a noção de que o pensamento determina a ação. Nesta linha teórica, ensinar construtos de realização, levando o sujeito a pensar em termos de categorias de realização, deveria levá-los a melhor desempenho acadêmico. McClelland acredita que ensinar aos sujeitos o sistema de avaliação da medida projetiva de motivação para a realização leva os sujeitos a pensarem em termos de categorias de realização e consequentemente a agir dessa forma.

4) *Jogos*: Os jogos são considerados como situações em que se pode tentar novas maneiras de pensar e de se comportar sem envolver os riscos da vida real. Têm sido muito usados no treinamento de administradores, militares, executivos e diplomatas.

O AMTP foi realizado como parte de um programa de verão para meninos de realização abaixo da esperada, na Universidade de Brown. O projeto visava dar instrução estimulante, utilizando professores excepcionais e conteúdo interessante. Utilizaram também modelos de identificação positivos, monitores ou conselheiros, todos rapazes universitários que se distinguiam em rendimento escolar e atletismo. O projeto durou seis semanas, com atividades durante cinco dias por semana, com aulas de História, Matemática e Inglês, e com recreação nos parques e praias nos fins de semana. Os meninos residiam em três andares de um dormitório da universidade e faziam as refeições no refeitório. Os sujeitos da pesquisa foram 57 meninos de várias escolas de New England, com QI alto (120 ou mais) e rendimento escolar baixo (média C, ou menos). Não foram aceitos sujeitos com defeitos graves de leitura nem com problemas psiquiátricos sérios. Os meninos de classe social mais alta pagaram as despesas e os de classe mais baixa receberam bolsas de estudo. A idade variava entre 12 e 16 anos, sendo a média 14 anos. Vinte dentre os 57 alunos foram sorteados para participar do AMTP, além do programa regular. Os outros 37 tiveram apenas o programa de verão regular. Foram colhidos dados de idade, escolaridade, QI, média escolar, e nível socioeconômico. Ambos os grupos foram submetidos a pré-testes e pós-testes de medidas de motivação para a realização, rendimento escolar e escalas de ansiedade.

O treinamento experimental consistiu de atividades baseadas nos conceitos teóricos discutidos acima. Assim, os meninos tiveram modelos de identificação positivos, foram treinados a pensar em termos de categorias de realização, participaram de jogos em que se enfatizou a vantagem de riscos moderados, e a responsabilidade pessoal também foi enfatizada, tudo visando um aumento de motivação para a realização.

Os resultados indicaram, em linhas gerais, aumentos de motivação para a realização, tanto no *follow-up* feito um ano depois, como no que foi feito dois anos depois. As notas escolares (média geral) aumentaram significantemente mais no grupo experimental do que no grupo de controle, apenas no *follow-up* de dois anos depois. Houve aumento em algumas matérias e em outras não houve. Analisando-se os dados de acordo com classe social, vê-se que os meninos de classe social mais alta lucraram mais com o AMTP do que os de classe baixa. O autor acha que o programa regular não foi suficiente para melhorar o rendimento escolar (o que se verifica nos resultados do grupo de controle um ano depois), mas que a suplementação com o AMTP parece ter causado mudanças mais duradouras. Outro resultado interessante foi o fato do AMTP ter tido mais resultado com os sujeitos de nível socioeconômico alto. É possível que, ao retornar a seu ambiente diário, os jovens de nível socioeconômico baixo tenham perdido o impulso, faltando-lhes o estímulo dado pela família. Já os de nível socioeconômico alto provavelmente eram estimulados pelos pais, no sentido de saírem-se bem nos estudos, e conseguiram assim manter os ganhos.

O AMTP parece-nos extremamente interessante como um modelo de projeto em que se tenta aumentar o nível de motivação para a realização. Seus resultados, porém, como admite o autor, não deixam claro qual das técnicas foi a responsável pelos ganhos obtidos (uso de modelos, aprendizagem das categorias de realização, utilização de jogos, etc.) e mais pesquisas seriam necessárias para verificação das maneiras mais eficientes de se obter aumento da motivação para a realização.

Biaggio (1978) replicou o estudo de Kolb no Brasil, com modificações substanciais que possibilitassem sua utilização em nosso meio. Uma das modificações centrais consistiu em substituir os dois meses de internato de verão em dormitório de universidade por seis meses de sessões semanais no horário do Serviço de Orientação Educacional. As tarefas, embora baseadas nos mesmos princípios, foram também modificadas. Os resultados indicaram aumento da motivação de realização, porém não houve um ganho nítido nas notas escolares, o que pode ser atribuído à baixa fidedignidade das avaliações escolares.

Como vimos, McClelland (1961, 1971, 1978, 1982) afirma ser a motivação de realização um traço inconsciente que resulta principalmente das experiências infantis de como as crianças são tratadas pelos pais. McClelland acredita que as primeiras experiências têm um papel amplo e perene nas situações de realização futuras. Porém, muitos outros teóricos não supõem que a motivação de realização seja estável, da infância até a vida adulta, e conceptualizam a motivação de realização como um conjunto de crenças e valores conscientes. Essa alternativa enfatiza os efeitos das experiências recentes (por exemplo, a quantidade de sucesso e fracasso) nas situações de realização e os efeitos de variáveis do ambiente imediato sobre as crenças relacionadas à realização. Assim, uma pessoa pode ter um motivo forte para ter sucesso em História e não em Matemática, por causa de experiências nessas respectivas aulas. Essa segunda concepção, mais atual, implica que os professores têm oportunidades consideráveis (e portanto maior responsabilidade) para maximizar a motivação de realização.

Stipek (1987) discute as contribuições da teoria do reforço e dá exemplos da aplicação de princípios de reforço para maximizar o esforço dos alunos na sala de aula. Discute também os possíveis efeitos negativos de se basear exclusivamente no reforço extrínseco, bem como o uso do elogio e o papel das cognições como mediadoras dos efeitos do reforço sobre o comportamento.

Discute noções de motivação intrínseca como os conceitos de competência de White (1959), de curiosidade, e ainda noções da teoria de Piaget a respeito da satisfação que a criança sente ao realizar tarefas. Nesse importante livro, Stipek discorre sobre as teorias de motivação de realização, incluindo não apenas as tradicionais de McClelland e Atkinson, como o conceito de *locus* de controle de Rotter (1966). (Cf. tb. BIAGGIO, 1985) e a teoria de atribuição de causalidade de Weiner (1985). Finaliza com o conceito de autopercepção da capacidade, no contexto da teoria de autoeficácia de Bandura (1977, 1982), tratando ainda do problema da ansiedade infantil com relação à realização ou desempenho. Vemos assim que motivação de realização é um tema que vai muito mais além da contribuição de McClelland, focalizada neste capítulo. Um tratamento mais amplo do tema escapa porém aos objetivos deste livro.

12

Identificação e aquisição do papel masculino e feminino*

Identificação

O construto "identificação" tem um papel central em várias teorias de desenvolvimento da personalidade. É através da identificação que a criança assimila os valores e atitudes da cultura em que vive, para assumir o seu papel na sociedade. "Identificação" pode ser definida como "a tendência de uma pessoa para reproduzir as ações, atitudes ou respostas emocionais de modelos reais ou simbólicos" (BANDURA & WALTERS, 1963: 89). Esses autores consideraram, na essência, identificação e imitação como o mesmo fenômeno, não havendo necessidade de se distinguir entre os dois construtos, embora outros autores o façam (MOWRER, 1950; LAZOWICK, 1955; OSGOOD, SUCI & TANNENBAUM, 1957).

Grande parte do que tem sido escrito a respeito de identificação é oriundo da teoria psicanalítica, embora mais recentemente psicólogos da corrente de aprendizagem social (behaviorismo estímulo-resposta aplicado a problemas mais complexos do desenvolvimento da personalidade) tenham dado bastante destaque ao assunto (MOWRER, 1950; SEARS, 1957, et al.).

Em seus primeiros trabalhos, Freud (1925) refere-se à *identificação anaclítica*, que ocorre quando uma mãe "gratificadora" começa a retirar ou reter recompensas que dantes incondicionalmente dispensava, nos primeiros meses de vida. À medida que a criança vai crescendo, começa o processo de socialização, e a mãe já não gratifica todos os desejos da criança.

* Parte deste capítulo foi reproduzido do artigo: "Identificação: principais hipóteses", da própria autora, publicado em *Arquivos Brasileiros de Psicologia*, 1968, 3, p. 9-23.

A algumas coisas ela diz "não", ou mostra desaprovação. A ameaça de perda do objeto de amor motivaria a criança a introjetar o comportamento e qualidades da mãe, assim se identificando com ela.

Mais tarde, Freud (1949) fala de *identificação defensiva* ou *identificação com o agressor*, que é relacionada com a hipótese edipiana. Anna Freud (1946) também trata extensivamente deste assunto. Segundo a hipótese de identificação com o agressor, o menino, tendo inveja do pai, identifica-se com ele a fim de obter as gratificações que a mãe dispense ao pai e de evitar o castigo. Anna Freud (1946) fala da identificação com o agressor como uma forma de evitar o medo. Ilustra o processo com o caso de uma menina que explicou ao irmão como tinha superado o medo de fantasmas, fingindo que ela própria era o fantasma, agindo e gesticulando "como o fantasma".

Bandura e Walters (1963), dois psicólogos da corrente de aprendizagem social, criticam tal hipótese de identificação com o agressor. Enquanto Freud explica o fato de um menino imitar as caretas e trejeitos da professora que o castigava, como identificação com o agressor a fim de reduzir ansiedade, Bandura e Walters (1963) acreditam que os colegas provavelmente estariam achando graça da imitação, assim "reforçando" a atitude do menino, de modo que não se poderia dizer que a identificação ou imitação teria a finalidade de reduzir ansiedade.

Bandura e Walters (1963) também criticam a interpretação que Bettelheim (1943) dá às reações de prisioneiros em campos de concentração nazistas, nos quais alguns prisioneiros imitavam os guardas, como evidência de identificação defensiva. Esses autores acreditam que os prisioneiros que se identificavam com os guardas nazistas, imitando seus comportamentos e atitudes, não estavam procurando identificar-se com o agressor a fim de reduzir ansiedade, pois o comportamento imitativo poderia até ser causa de punição; mas, sim, que esses fatos poderiam ser mais bem explicados por meio da teoria do "poder social", que será explicada adiante. Segundo ela, os prisioneiros estariam imitando os agentes do poder, os controladores dos "reforços" (prêmios, recompensas ou gratificações). Além disso, apenas em pequena minoria os prisioneiros se identificavam com os guardas. A imitação de uma elite poderosa é típica de pessoas com alta mobilidade social ascendente, que imitam os superiores apesar da desaprovação por parte dos membros do grupo a que pertençam. Há também evidência empírica de que crianças imitam os pais agressivos ou outros modelos em situações em que não haja ameaça (BANDURA, ROSS & ROSS, 1961). O sucesso do modelo a ser imitado parece ser um dos fatores mais importantes na ocorrência da identificação.

Os primeiros teóricos da corrente da aprendizagem social que tentaram traduzir conceitos psicanalíticos em termos de psicologia da aprendizagem também basearam suas explicações de identificação em conceitos semelhantes aos de identificação anaclítica (MOWRER, 1950; SEARS, 1957), ou identificação defensiva (WHITING, 1959, 1960).

Mowrer (1950) dá especial importância à identificação anaclítica, embora não negue a existência de identificação defensiva. Mowrer, por exemplo, explica a aprendizagem da linguagem dos pássaros falantes em termos de identificação anaclítica. Na primeira fase da aprendizagem, o treinador deve "gostar" do pássaro, cuidar dele, trazer água e alimento (reforços primários), de modo que, por estar associada com a redução dessas necessidades primárias (por continuidade), a presença do treinador adquire um valor positivo, tornando-se reforço secundário. Mowrer afirma que é razoável supor-se que o pássaro gostaria de reproduzir estímulos associados com o treinador, especialmente em sua ausência. O pássaro pode emitir sons, e se acontecer que, casualmente, produza um som semelhante à voz do treinador, este som se tornaria, por generalização, um reforço secundário. Mowrer chama esta teoria de autística, porque o reforço é autoadministrado. Parece negligenciar o efeito de reforços dispensados por outrem, tais como a expressão de satisfação que o treinador provavelmente exibe quando o pássaro imita a sua voz. Mowrer generaliza o processo para a identificação nos seres humanos. Para que haja identificação é preciso que a pessoa amada se ausente, pois quando há ameaça de perda do objeto de amor a criança se identifica com ele a fim de ter presente o objeto gratificado. Uma consequência dessa teoria é a explicação de Mowrer quanto à escolha de amor heterossexual, oposta à de Freud. Freud considerava a escolha do objeto de amor como consequência da situação edipiana: a criança ama o genitor do sexo oposto e identifica-se com o genitor do mesmo sexo a fim de resolver o conflito. Mowrer considera a escolha do objeto de amor como subsidiária à identificação, enquanto Freud considera a identificação como subsidiária à escolha do objeto. Assim, para Mowrer, a criança primeiramente se identificará com o genitor do mesmo sexo e, em consequência, passará a gostar do mesmo objeto de amor dessa pessoa, isto é, o genitor do sexo oposto.

Para Freud, como decorrência dessa hipótese, o desenvolvimento psicossexual dos meninos é mais facilmente explicado que o das meninas, pois a mãe é o primeiro objeto de amor. Freud não esclarece bem por que as meninas escolheriam o pai como objeto, se é com a mãe que têm contato, e dela que recebem as gratificações, da mesma forma que os meninos. Para Mowrer, primeiramente as crianças de ambos os sexos identificam-se com a mãe. Mais tarde, as meninas escolhem um objeto de amor masculino, mas não mudam o objeto de identificação. Mowrer acredita que sua hipótese explica melhor a homossexualidade do que a hipótese de Freud. Freud atribui a homossexualidade a uma ligação muito grande do menino com a mãe, porém, como se explica que o objeto de amor seja masculino? Para Mowrer, a homossexualidade pode ser melhor explicada em termos de uma identificação muito grande, que leva o menino a escolher o mesmo objeto de amor que a mãe tem, bem como a assumir suas atitudes, preferências, etc.

Outro teórico que se alinha com a hipótese anaclítica é R. Sears (1957). Sua visão é bem semelhante à de Mowrer, como se vê desta citação:

> Como o recém-nascido é incapaz de assegurar suas principais gratificações primárias sem auxílio, sua mãe entra imediatamente em um sistema de ação interpessoal com ele. Ela está quase sempre presente quando suas necessidades primárias são gratificadas. Assim, suas ações tornam-se parte necessária da sequência de comportamentos que leva à satisfação da criança. Suas ações são os eventos ambientais que se unem a seus atos em uma sequência frequentemente reforçada. Isto gradualmente produz na criança um sistema de necessidade secundária de dependência da mãe. O resultado final é que a presença da mãe, seus gestos e atitudes, bem como suas ações manipuladoras, tornam-se reforços secundários para a criança. O passo seguinte é a incorporação da mãe no sistema de ação da criança. A identificação é autorreforçadora (p. 153).

Sears também admite que a identificação seja responsável pelo desenvolvimento de dois mecanismos fundamentais, consciência ou controle interno, e adoção de um comportamento adequado ao sexo.

As hipóteses de Sears, Mowrer, e ainda outros, são geralmente chamadas de *hipóteses de reforço secundário*.

Outra hipótese sobre identificação, que tem recebido bastante atenção, é a de Whiting (1960), que a ela se refere como hipótese de *inveja do status*. Whiting assim a exprime:

> Se uma criança percebe que outrem possui um controle mais eficiente sobre recompensas (reforços) do que ela, se, por exemplo, ela vê outras pessoas que recebam reforços de grande valor para ela, enquanto ela não os recebe, a criança invejará essa pessoa e a imitará.

Segundo essa hipótese, a criança não invejará o *status* da pessoa que lhe dá os reforços, porque neste caso a própria criança já ocupa o *status* privilegiado. Mas a criança invejará o *status* de pessoas que a privem de reforços que antes lhe eram dispensados e os gozem em sua presença. Se o mediador dos esforços priva a criança de um reforço e o dá a uma terceira pessoa, esta terceira ocupará o *status* invejado, pelo que com ela é que a criança se identificará. Este seria o caso na situação edipiana.

Prediz-se que, quando a criança inveja um *status*, ela tentará desempenhar o papel associado àquele *status*. Entretanto, a sociedade prescreve papéis definidos para idade e sexo. Um menino que inveje a mãe e, consequentemente, identifique-se com ela, não será reforçado por seu comportamento feminino explícito, e isso conduzirá a conflitos. O menino pode continuar a exibir comportamento feminino, apesar dos reforços negativos; poderá inibir o comportamento feminino, ainda que continue a tê-lo implicitamente; ou então encontrará um modelo masculino com que se identifique. Whiting, Kluckhohn e Anthony (1958) afirmaram que os ritos de iniciação para adolescentes, em tribos primitivas, servem à finalidade de mudar a identificação sexual, atingindo certos objetivos como ruptura da ligação com a mãe, prevenção da revolta contra os homens e identificação com o papel masculino.

Em outros estudos, Whiting (1959) discute condições de educação infantil que propiciam o desenvolvimento da consciência. Uma das hipóteses desse estudo é que maior identificação e culpa devem existir em sociedades de famílias nucleares, a seguir em famílias monógamas extensas, depois em sociedades políginas; será menor em sociedades em que a relação mãe-filho seja exclusiva. Segundo a hipótese de inveja do *status*, a criança deveria identificar-se e, portanto, aceitar os valores morais da pessoa rival de sucesso, a qual receberá os reforços da criança menos em todas as sociedades em que a relação mãe-filho seja exclusiva. Segundo a hipótese de inveja do *status*, a criança deveria identificar-se e, portanto, aceitar os valores morais da pessoa rival de sucesso, a qual receberá os reforços que ela cobiça, sem possuir. A criança competiria com o pai por amor, afeição, comida, cuidado e, mesmo, gratificação sexual da mãe. Em situações em que o pai tenha sucesso, a criança se identificará mais facilmente com ele. A rivalidade máxima entre pai e criança deverá ocorrer em famílias nucleares, um pouco menos em famílias monógamas extensas, a seguir em políginas; será menor em famílias mãe-criança exclusivamente. A hipótese foi confirmada; porém, a medida de culpa usada pelo autor é de validade discutível. Whiting usou como indício de culpa o grau em que uma pessoa a si própria se culpa por doenças.

A hipótese do *poder social* tem sido mais salientada em psicologia social que nas teorias de identificação. No entanto, Maccoby (1959), Mussen e Distler (1959) e Parsons (1958) aplicaram-na à compreensão do fenômeno de identificação.

Em Psicologia do Desenvolvimento, desempenho de um papel refere-se ao processo pelo qual, através da imitação de comportamentos dos adultos, a criança adquire o domínio de certos padrões de comportamento que deverá possuir quando adulto (MACCOBY, 1959).

Mussen e Distler (1959), baseados em Parsons (1955) e outros autores, consideram que a identificação depende do *poder* do modelo da identificação, uma combinação de seu valor positivo (reforço) e de seu potencial punitivo. Mussen e Distler (1959) tentam avaliar a validade de três hipóteses sobre a identificação: a) a hipótese de reforço secundário, que afirma que a identificação com o pai ocorre porque a imitação de suas respostas adquire um valor de reforço secundário, se o pai for percebido como fonte de reforços positivos; b) a hipótese de identificação com o agressor, que sustenta que os meninos identificam-se com o pai, na resolução da situação edipiana, a fim de reduzir o medo do pai; c) a hipótese de poder social, que afirma que a identificação depende da percepção do pai como uma fonte de reforço tanto positivo como negativo (punição). De acordo com a hipótese de reforço secundário, os meninos muito identificados com o pai (muito masculinos) deveriam perceber o pai como gratificador e afetuoso; segundo a hipótese de identificação com o agressor, os meninos muito masculinos deveriam perceber o pai como punitivo; e, segundo a teoria de poder social, os meninos muito masculinos deveriam perceber o pai tanto como gratificador como punitivo. Os sujeitos da pesquisa foram meninos de jardim de infância. Medidas de masculinidade foram obtidas através da "IT Scale of Children" (BROWN, 1956), método projetivo que usa a escolha de brinquedos e atividades atribuídas a personagens de desenhos não estruturados quanto ao sexo da figura. Medidas de percepção dos pais foram obtidas também com métodos projetivos, mediante bonecos em uma situação familiar incompleta, de modo que a criança possa representar o pai e a mãe como gratificadores ou punitivos. Valores foram estabelecidos para a gratificação, o potencial punitivo e o poder do pai e da mãe. O escore de poder consistiu na soma dos escores obtidos em gratificação e punição. A capacidade de gratificação ou punição da mãe não diferenciou significantemente os meninos muito masculinos dos pouco masculinos; mas os meninos muito masculinos percebiam o pai como mais gratificador que os pouco masculinos ($p = .02$); os meninos muito masculinos também perceberam o pai como mais punitivo que os meninos, pouco masculinos ($p = .06$); e, finalmente, os meninos mais masculinos perceberam o pai como mais poderoso que os pouco masculinos ($p = .007$). Os dados coletivos confirmaram as três hipóteses, porém Mussen e Distler acreditam que a hipótese do poder social é a que melhor integra esses resultados, já que tanto gratificação quanto potencial punitivo estão significantemente associados com masculinidade no filho.

Heilbrun e Hall (1964) realizaram o que eles dizem seria o primeiro teste direto da hipótese do poder social, em termos do "índice mais crítico de identificação, isto é, a semelhança entre os pais e os filhos". Verificaram então as relações entre o poder social atribuído à mãe e o grau de similaridade dos filhos e filhas com a mãe. Um objetivo secundário é examinar as relações entre o poder social atribuído à mãe e a capacidade de gratificação e punição da mãe. Os sujeitos foram alunos universitários. Baseados na teoria do poder social, esses autores fizeram as seguintes predições:

1) Existe uma relação positiva entre a mediação de reforços da mãe (tal como percebida pelos filhos) e a identificação com a mãe, por parte de filhos e filhas.

2) Crianças de um e de outro sexo devem identificar-se mais com mães que sejam tanto gratificadoras como punitivas, que com mães que não possuam esses atributos.

3) Como a mediação de reforços negativos, segue-se que a mãe a quem seja atribuído maior poder social tenderá a punir mais do que aquela que é percebida como menos poderosa.

Os resultados foram consistentes com a hipótese do poder social, indicando que quanto mais os filhos normais, de qualquer dos sexos, percebem a mãe como predisposta a controlar seu comportamento durante seu desenvolvimento, tanto mais tenderão a escolhê-la como modelo principal para identificação. As conclusões de Heilbrun e Hall são basicamente as mesmas que as de Mussen e Distler, mas é interessante notar que Heilbrun e Hall usaram estudantes universitários dos dois sexos, estudando sua identificação com as mães; ao passo que Mussen e Distler usaram meninos de jardim de infância, estudando sua identificação com os pais.

Bandura, Ross e Ross (1963) também apresentam um teste comparativo das hipóteses de reforço secundário, inveja do *status* e poder social. Foi feito com grupos de três pessoas, representativo da família nuclear. Os sujeitos foram crianças de curso maternal. Em uma condição experimental, um adulto assumiu o papel de controlador de reforços e dispensou reforços positivos a outro adulto, o consumidor dos reforços. A criança (sujeito) foi ignorada. Esta condição corresponde a um teste de hipótese de inveja do *status*. Na segunda condição experimental, um adulto foi o controlador dos reforços e a criança (sujeito), o recebedor. O outro adulto foi ignorado. Depois do tratamento experimental, os adultos (modelos) exibiram diferentes padrões de comportamento, e o grau em que as crianças imitaram os comportamentos de cada modelo foi determinado. Os resultados indicaram que as "crianças identificaram-se com a fonte (o controlador) dos reforços e não com o competidor". Bandura, Ross e Ross afirmam que os resultados confirmam a teoria do poder social.

Parsons (1958) considera que a identificação abrange comportamentos que a criança aprende no contexto de desempenho de um *papel social recíproco*, de interação com os pais. Assim, os comportamentos que a criança imita não seriam necessariamente os do adulto-modelo, mas os comportamentos suscitados e reforçados pelo adulto, numa interação social. Para Parsons, tanto o menino quanto a menina formam inicialmente uma identificação com a mãe, e que perderá, independente de sexo. A seguir identificam-se com o pai, o qual forma relações diferentes com o filho e com a filha, fornecendo assim a base para a aprendizagem do papel masculino ou feminino das crianças de um e de outro sexo.

Parsons diz ainda que a diferença entre masculinidade e feminilidade é uma diferença de orientação instrumental ou expressiva. O papel feminino expressivo caracteriza-se por emitir respostas gratificadoras a fim de receber respostas gratificadoras. O papel instrumental masculino, em contraste, é definido como uma orientação do comportamento para objetivos que transcendem a realidade imediata. Assim é que a identificação com a mãe seria mais importante para o desenvolvimento da afetividade, ao passo que a identificação com o pai seria importante para o desenvolvimento da responsabilidade, tolerância à frustração, etc. Para Parsons, a mãe em geral é capaz apenas do papel expressivo, ao passo que o pai é capaz de expressar os dois papéis. O pai usa o papel expressivo principalmente quando lida com as filhas, e o instrumental quando lida com os filhos.

Heilbrun (1965), contudo, não acha necessária a hipótese de papéis recíprocos de Parsons e favorece uma hipótese de modelo, que prediz que as crianças aprendem os papéis próprios do seu sexo, observando-os nos pais. A questão investigada por Heilbrun (1965) foi se os princípios de modelo também seriam úteis para a predição do comportamento próprio do sexo, admitindo que o pai é mais capaz de diferenciação de papéis que a mãe, e que a distinção entre expressivo e instrumental representa uma base útil para a definição dos papéis feminino e masculino. Esse autor chama a atenção para o fato de que essa investigação não pretende comparar a validade da hipótese de papéis recíprocos com a de modelo, pois não tem dados referentes à primeira. Baseado na hipótese de modelo, Heilbrun predisse que a distinção dos papéis masculino e feminino seria máxima quando houvesse identificação com um pai altamente masculino, porque ele seria capaz de fornecer um modelo instrumental para os meninos e um modelo expressivo para as meninas. Os dados confirmaram a hipótese.

Entre os estudos sobre identificação, parece ainda digno de menção o de Jacobson (1954), que distingue entre identificação infantil e identificação de ego:

> Identificações de ego são realísticas, enquanto resultam em mudanças permanentes do ego, que justificam um sentimento de ser, parcialmente pelo menos, como o objeto de amor. Identificações infantis são mágicas por natureza; representam uma fusão temporária parcial ou total do "eu", com as imagens do objeto, fundada em fantasias, ou mesmo na crença temporária de ser um com o objeto, ou transformar-se no objeto, sem consideração pela realidade.

Bronson (1959) supõe que identificações de ego surjam de uma relação de apoio e aceitação entre pais e filhos, e que as identificações infantis prevaleçam quando a relação seja marcada por conflito. As seguintes predições foram feitas a respeito de identificação com o papel masculino, baseada em identificações de ego ou infantis:

I. Identificações do ego, com um pai ajustado, deverão resultar em:
a) Aceitação, em níveis implícitos, de atitudes e necessidades masculinas.
b) Comportamento masculino explícito, caracterizado por moderação.
c) Semelhança moderada entre o comportamento masculino do pai e do filho.

II. Identificações infantis com um pai desajustado deverão resultar em:
a) Rejeição de atitudes e necessidades masculinas, em níveis implícitos.
b) Comportamento explícito extremamente masculino ou extremamente não masculino.
c) Alto grau de semelhança ou de dessemelhança entre o comportamento masculino do pai e do filho.

Os sujeitos foram pré-adolescentes do sexo masculino. Todas as hipóteses tiveram confirmação.

Ausubel (1952) distingue entre "satelização", em que os valores dos pais são aceitos por uma lealdade pessoal aos pais com quem se tenha uma boa relação, e "incorporação", na qual os valores parentais são aceitos por sua "capacidade objetiva de valorizar o *status* do ego, sem a formação de um laço emocional ao modelo".

Embora o fenômeno de identificação pareça ter grande importância na adolescência, poucos são os estudos empíricos sobre o assunto nessa fase. Carlson (1963) investigou a estrutura pessoal e identificação em pré-adolescentes, adotando o esquema de satelização *versus* incorporação de Ausubel. Os resultados indicaram que crianças identificadas com pais que dão apoio possuíam maior autoaceitação, eram mais aceitas pelos colegas, e menos dependentes das relações sociais. Outro resultado interessante deste estudo foi que os padrões de identificação diferencial com genitores do mesmo sexo, ou do sexo oposto, não se correlacionam significantemente com medidas de personalidade das crianças. Carlson interpretou este resultado como confirmador da sugestão de Slater (1961), assim enunciada:

> [...] faz muito pouca diferença com que genitor a criança mais se identifique. Uma identificação pessoal adequada com ambos os pais pressupõe um clima satisfatório para que a criança faça a escolha correta, e a própria escolha será feita através da internalização das normas culturais dos pais! (p. 123).

G.W. Bronson (1959) realizou um estudo sobre difusão de identidade na adolescência, baseado na noção de Erikson (1956), da adolescência como fase de crise de identidade, ou na qual os indivíduos lutam por atingir uma redefinição final do "eu". A difusão de identidade é definida como a experiência de incerteza entre as muitas imagens do "eu", derivadas de autoconceitos anteriores, e as imagens ideais, entre as quais ele próprio verdadeiramente se reconheça. No estudo de G.W. Bronson (1959), quatro características de difusão de identidade foram levadas em consideração:

a) O "eu" atual é menos enraizado em identificações anteriores.

b) Sentimentos sobre o "eu" têm maior variabilidade no tempo.

c) A noção do "eu" é menos firmemente concebida em termos de modos interpessoais de comportamento.

d) Um estado de ansiedade elevada prevalece.

Medidas destas características foram obtidas através de julgamentos de entrevistas e de técnicas de diferencial semântica. Os sujeitos eram alunos universitários. Os resultados revelaram que os sujeitos considerados com pouca difusão de identidade apareceram aos avaliadores da entrevista como tendo um sentido de "eu" estável enraizado em identificações anteriores, com pouca ansiedade. Nas técnicas de diferencial semântica, eles se revelaram relativamente seguros a respeito de suas características pessoais dominantes e demonstraram estabilidade temporal em seus sentimentos sobre o "eu". As características opostas foram encontradas no grupo com alta difusão de identidade.

Heilbrun e Fromme (1965) investigaram a relação entre identificação com os pais e a) masculinidade-feminilidade do modelo (pai ou mãe); e b) a ordem de nascimento, sexo e nível de ajustamento dos filhos. Os sujeitos eram alunos universitários. Os resultados indicaram que rapazes ajustados tendem a identificar-se mais com modelos paternos masculinos, ao passo que rapazes desajustados tendem a identificar-se com modelos menos masculinos. Moças ajustadas identificaram-se com mães pouco femininas e moças desajustadas identificaram-se com mães muito femininas. Esses resultados opostos para moças e rapazes talvez se expliquem em termos de problemas socioculturais relativos à posição da mulher na sociedade ocidental moderna. O homem masculino é o ideal indiscutivelmente aceito, mas a mulher extremamente feminina tem um papel que entra em conflito com o da mulher universitária, que trabalha, papel também valorizado. Os resultados deste estudo também indicaram que filhos únicos do sexo masculino eram mais identificados com suas mães do que rapazes que tinham outros irmãos e irmãs. Filhas mais velhas são mais identificadas com a mãe do que as filhas nascidas depois e as mais moças.

Acima foram expostas as principais hipóteses a respeito de identificação, bem como vários estudos empíricos. Entre as diversas explicações sugeridas, a hipótese de poder social parece ser a que melhor integra os dados, sendo também a que apresenta maior evidência empírica para suas afirmações, inclusive evidência do tipo propriamente experimental, como os estudos de Bandura, Ross e Ross (1963) e de Mussen e Distler (1959). As dicotomias postuladas por Ausubel, Slater, Jacobson e outros são interessantes, mas de pouca utilidade ou verificabilidade.

A identificação é um fenômeno considerado de grande importância na infância, quando há a formação e aquisição de valores, e também na adolescência, quando se dá uma redefinição da personalidade. No entanto, a maior parte das hipóteses, e mesmo estudos empíricos, concentram-se no estudo da identificação na infância. Os estudos que se referem à identificação em sujeitos adolescentes, em geral, realmente investigam a identificação infantil, de modo retrospectivo. Portanto, o campo está praticamente aberto a estudos sobre identificação na adolescência, que respondam a perguntas como estas: Quais são os novos modelos de identificação por quem os adolescentes substituem os pais? (colegas, heróis idealizados, etc.).

É interessante notar que os estudiosos do assunto, em geral, usam o termo identificação quando se referem a crianças, e autoidentidade, à adolescência. Esta diferença em terminologia talvez queira indicar que a identificação na infância é um processo mais passivo, ao passo que, na adolescência, será mais ativo, pessoal, menos dependente dos modelos. Mas no momento é impossível afirmar-se se esta diferença realmente existe ou se é fictícia, tratando-se apenas de uma substituição de modelos. Neste caso, seria interessante investigar-se que tipo de modelo o adolescente coloca em lugar dos pais: o modelo poderoso, o punitivo, o invejado, o gratificador? Em que medida diferem os novos modelos e os pais? Talvez quando chegue a adolescência, os valores dos pais já tenham sido tão bem assimilados que o adolescente vá escolher novos modelos que possuam valores semelhantes aos dos pais.

Se a hipótese de poder social se firmar como a explicação mais plausível para o fenômeno de identificação, será interessante investigar-se qual a combinação ótima de capacidade gratificadora e punitiva do modelo, que conduza a melhor identificação. O poder social é definido como a soma de potencial gratificador e punitivo do modelo. No entanto, se houver grande desequilíbrio entre os dois potenciais, gratificador e punitivo, talvez as consequências sejam diferentes. É possível que o potencial punitivo seja mais importante na infância, pois a identificação com o agressor parece ser do tipo mais primitivo e emocional, ao passo que na adolescência, com o desenvolvimento maior do pensamento abstrato e racional, este componente decresça em importância.

Em suma, vemos que o fenômeno de identificação tem recebido bastante atenção da parte de psicólogos, pois dela parece depender grande parte da formação da personalidade, principalmente no que diz respeito à aquisição de atitudes e valores do papel masculino ou feminino.

Aquisição do papel masculino e feminino

Como vimos na seção anterior, em que foram revistas as várias teorias de identificação, o fenômeno de identificação é de grande importância para compreendermos o processo de aquisição do papel masculino e feminino. A maioria das culturas espera que homens e mulheres tenham papéis e comportamentos diferentes na sociedade. As crianças aprendem cedo quais são os padrões de comportamento masculinos e femininos, embora os padrões da criança pré-escolar sejam menos delineados do que os da criança mais velha ou do adulto. Esses padrões estão de acordo com a classificação de Parsons (1955), do papel masculino como instrumental e do feminino como expressivo. Espera-se que os homens sejam fortes, independentes, agressivos, competentes, competitivos e dominantes. Espera-se que as meninas sejam mais dependentes, sensíveis, afetuosas e que suprimam impulsos agressivos e sexuais. Tolera-se mais a expressão do afeto em mulheres do que em homens (BENNETT & COHEN, 1959). Embora esses papéis pareçam antiquados, pesquisas recentes comprovam a existência desses estereótipos em crianças de primeiro grau (HARTLEY, 1960) e em várias subculturas como demonstrou D'Andrade (1966).

A grande controvérsia neste campo de pesquisa diz respeito novamente ao problema de nativismo *versus* ambientalismo. Nos anos pré-científicos da Psicologia acreditou-se piamente na base constitucional e nos instintos como determinantes das diferenças psicológicas de sexo em comportamentos e atitudes. Freud (1950) veio corroborar essa posição, atribuindo à mulher papéis diferentes e inferiores ao homem, como consequência das distinções anatômicas e dos rumos consequentes tomados pela libido ou instinto sexual. O behaviorismo, e em particular no campo da Psicologia do Desenvolvimento a teoria da aprendizagem social, veio contra essas noções, com sua visão da natureza aprendida dos comportamentos sociais. Assim, passou-se a considerar que os comportamentos adequados ao sexo são aprendidos através de imitação (ou identificação) e reforçamento. A criança imita os comportamentos de adultos significantes de seu meio. Ela recebe reforços positivos quando imita ou manifesta comportamentos adequados ao sexo, e não recebe aprovação, ou às vezes é punida por comportamentos inadequados. Por exemplo, a menina que empurra um carrinho de boneca, imitando a mãe ou outros modelos femininos que empurram carrinhos de bebê, geralmente recebe aprovação sob formas de atenção, olhares carinhosos, comentários como "Que gracinha!", etc., mas se o menino faz o mesmo, é rapidamente desencorajado: "Homem não faz isso!", "Vai jogar futebol!", e assim por diante. Desta forma são moldados os estereótipos relativos ao papel masculino e feminino e são adquiridos pelas crianças os comportamentos adequados. É importante notar que, na socialização das crianças, a menina está geralmente mais exposta a modelos femininos (mães, avó, babá, professora) do que o menino é exposto a modelos masculinos, uma vez que tipicamente o pai está ausente a maior parte do tempo trabalhando fora. Assim, o menino precisa aprender o papel masculino sem observar muito modelos masculinos. A aprendizagem é feita mais baseada em reforços, isto é, quando o menino apresenta algum comportamento tipicamente masculino é elogiado; se apresenta um comportamento feminino é criticado, ao passo que a menina aprende por imitação e também por meio de reforços. Isto deveria fazer com que as meninas tivessem mais facilidade em adquirir o papel adequado ao sexo do que os meninos. As meninas têm o modelo de identificação mais disponível; porém, há mais pressão social para que os meninos sejam "masculinos" do que para que as meninas sejam "femininas" (BROWN, 1958; HARTLEY, 1959; LYNN, 1961). Tolera-se mais a menina pouco feminina do que o menino pouco masculino. Em vista do papel masculino ser mais prestigiado, não é surpreendente que os meninos desenvolvam uma preferência pelo papel masculino mais cedo do que as meninas desenvolvem a preferência pelo papel feminino, conforme foi verificado nas pesquisas de Brown (1958) e Hetherington (1965), em que a medida utilizada foi a escala IT descrita anteriormente. Outras pesquisas verificaram que meninas desenvolvem rapidamente preferências femininas entre as idades de três a quatro anos (HARTUP & ZOOK, 1960), mas que uma mudança no sentido de preferência por brincadeiras masculinas ocorre entre 4 e 10 anos (BROWN, 1957), o que poderia ser atribuído à percepção que a menina nessa fase tem do prestígio maior do papel masculino. Esses padrões de desenvolvimento das preferências por papéis masculinos e femininos são diferentes nas classes sociais baixa e média. Rabban (1960) verificou que a maior parte dos meninos de classe baixa mostrava uma preferência acentuada por brinquedos "apropriados" ao sexo masculino por volta da idade de 4 ou 5 anos, que as meninas de classe baixa e os meninos de classe média preferiam os brinquedos apropriados a seu sexo mais ou menos por volta de 7 anos e que as meninas de classe média o faziam por volta de 9 anos.

Estas diferenças de classe podem ser atribuídas à maior clareza dos papéis sexuais, menos permissividade para com a violação desses padrões, e modelos masculinos e femininos mais estereotipados que apresentam os pais de classe baixa. O pai de classe baixa geralmente trabalha em ocupações que envolvem trabalho pesado, tipicamente masculinas, enquanto que a mãe se restringe a cuidar da casa e dos filhos, ou, se trabalha fora, isto se faz em ocupações que envolvem cozinhar, lavar, costurar, etc. Já na classe média, o pai cada vez mais participa do cuidado dos filhos, de idas ao supermercado, e a mãe muitas vezes trabalha fora em ocupações não exclusivamente femininas. É importante notar que esses estudos de diferenças de classe social foram realizados nos Estados Unidos, e não sabemos se os mesmos padrões de comportamento típicos a uma e outra classe social são também típicos às classes sociais da sociedade brasileira. Padrões de interação familiar nas diversas classes sociais ainda constituem um problema a ser investigado em futuras pesquisas.

Inúmeras pesquisas têm sido levadas a efeito com o objetivo de estabelecer *relações entre características maternas e paternas e a masculinidade ou feminilidade dos filhos*. Segundo Hetherington (1970), os três construtos mais estudados com relação à masculinidade e feminilidade das crianças têm sido a *afetuosidade*, a *dominância* e a *agressão* dos pais. Há bastante evidência de que a afetuosidade do genitor do mesmo sexo facilita a identificação e aprendizagem do papel masculino e feminino (MUSSEN & DISTLER, 1959, 1960; MUSSEN & RUTHERFORD, 1963). Também os estudos de modelação confirmam que as crianças imitam mais um modelo afetuoso ou gratificante do que um modelo distante e frio (BANDURA & HUSTON, 1961; HETHERINGTON & FRANKIE, 1967).

Como vimos ao discutir as teorias de identificação, o "poder" dos pais é outra variável importante. Meninos que percebem o pai como competente e como poderoso dispensador de reforços positivos e também de punições são mais masculinos do que os meninos que não percebem o pai dessa forma (HETHERINGTON, 1965).

A dominância da mãe é uma variável que prejudica o desenvolvimento da masculinidade em meninos, embora não afete muito as meninas. Já a dominância do pai não prejudica o desenvolvimento das meninas. Famílias em que o pai está ausente, seja permanentemente, como nos casos de morte, separação, divórcio, seja temporariamente, como nos casos de guerra, ou devido à natureza da ocupação dos pais, assemelham-se às famílias em que a mãe é dominante: Os meninos separados do pai na idade pré-escolar são geralmente menos agressivos, menos dependentes e menos interessados em esportes agressivos do que os meninos criados com o pai presente (HETHERINGTON, 1966; STOLZ, 1954). Naturalmente, se outros modelos masculinos estão presentes, tais como irmão mais velho, tio, etc., estes efeitos podem não ser encontrados.

Quanto à agressão dos pais e seus efeitos sobre a masculinidade e ou feminilidade das crianças, há poucos estudos e os resultados são um tanto inconsistentes. A punição por parte dos pais não está relacionada com feminilidade em meninas (MUSSEN & RUTHERFORD, 1963). Bandura e Walters (1959) verificaram que os meninos adolescentes com pai punitivo e não afetuoso não se percebiam como semelhantes ao pai ou como o emulando. Ao que tudo indica, a situação pai punitivo e agressivo não conduz à identificação do filho com o pai (como já vimos, a afetuosidade do modelo é uma variável importante), de forma que o filho não se torna muito masculino.

As pesquisas mencionadas acima, efetuadas dentro do modelo behaviorista da teoria de aprendizagem social, indicam que a aquisição do papel masculino e feminino é basicamente uma questão de aprendizagem, dependendo de fatores ambientais de modelação e reforço. Mas esses resultados não elucidam totalmente a questão, e a linha de pesquisa mais fundamentada na biologia e na fisiologia deixa bastante margem para se supor que fatores constitucionais desempenham um papel importante, pelo menos no que se refere à predisposição à aprendizagem de papéis tipicamente masculinos ou femininos.

A argumentação biológica baseia-se substancialmente em estudos de animais. Vemos, por exemplo, que os papéis da abelha e do zangão, da formiga macho e da formiga fêmea, do galo e da galinha, são diferentes. Harlow (1962) afirma que as diferenças de comportamento social e em comportamentos precursores dos comportamentos sexuais já são evidentes nos macacos Rhesus aos dois meses de idade, sendo os machos mais agressivos. Harlow e Harlow (1965) também relatam diferenças de sexo em interação com companheiros, entre macacos Rhesus. Diferenças de sexo quanto ao comportamento em relação aos filhotes da espécie também foram observadas em várias espécies de primatas (SCHALLER,

1963). No entanto, devemos lembrar aqui o ponto para o qual chama atenção Bandura (1973), discutido no capítulo em que tratamos da agressão, de que o fato de determinados comportamentos estarem sob controle instintivo, ou dependerem mais de fatores genéticos e constitucionais em animais, não implica necessariamente que isto também ocorra no ser humano.

Nos seres humanos, diferenças fisiológicas entre homens e mulheres são reconhecidas há muito tempo. Já em 1897 Geddes e Thomson falavam em diferenças de metabolismo, sendo as mulheres mais anabólicas e os homens mais catabólicos. Há diferenças de concentração de potássio (ANDERSON & LANGHAM, 1959) que estão relacionadas com desenvolvimento muscular. Williams (1956) chama a atenção para uma interessante diferença muscular: A mulher tipicamente não atira uma bola da mesma forma que o homem. A mulher atira a bola de trás para a frente, verticalmente, apoiando o peso no pé direito, ao passo que o homem atira a bola com um movimento horizontal, lateral, apoiando o peso sobre o pé esquerdo. Goldberg e Lewis (1969) relatam que meninos de um ano de idade são mais ativos e têm um comportamento exploratório mais desenvolvido do que as meninas. Os meninos são biologicamente mais vulneráveis. Calcula-se que, para cada 100 meninas concebidas, são concebidos 120 meninos, porém, ao nascer, a proporção já é de 100 para 105, apenas. No primeiro ano de vida morrem 25% mais bebês do sexo masculino do que do sexo feminino, em qualquer cultura. Nos Estados Unidos, a expectativa de vida é de 67 anos para homens e 73 anos para mulheres. Como essa diferença em expectativa de vida poderia ser atribuída a fatores ambientais (maior *stress* para o homem), foi estudada a expectativa de vida para monges e monjas enclausurados (com o mesmo grau de *stress* presumido) e a diferença ainda foi encontrada. Também são relatadas diferenças no sistema nervoso de homens e mulheres, que resultariam em diferenças de desempenho de várias tarefas. Ford e Beach (1951) afirmam que o sistema nervoso central do homem é mais evoluído. Embora os testes de inteligência sejam construídos de forma a não se obterem diferenças de sexo, Nash (1970) afirma que embora, quanto a QI total, não haja diferenças de sexo no Wechsler, estas aparecem nos subtestes. As meninas são geralmente superiores em fator verbal e memória. Torrance (1962) verificou que os meninos eram mais criativos do que as meninas.

Meninos e meninas começam na escola em igualdade de condições quanto à matemática, mas, por volta dos 13 anos de idade, as meninas começam a ficar para trás e não conseguem mais alcançar os meninos. Muitas meninas sofrem de formas leves ou severas de "fobia de matemática" e geralmente não têm confiança em sua capacidade para essa matéria, não gostam dela e a acham mais difícil do que os meninos (FENNOMA & SHERMAN, 1977).

Como parte de seu projeto sobre crianças precoces em matemática, na Universidade Johns Hopkins, Camilla Benbow e Julian Stanley (1980) acompanharam durante cinco anos alunos de sétima e oitava série que se saíam no percentil 2 ou 5 em testes de matemática, isto é, eram melhores do que 98 ou 95% da população nessa matéria. As meninas, nesse grupo seleto, tiraram o mesmo número de cursos que os meninos, e tinham interesse em matemática. No entanto, os meninos saíram-se melhor que as meninas nos subtestes de matemática do Scholastic Aptitude Test (teste utilizado para admissão às universidades norte-americanas). É um teste de aptidão e não do que se aprende na escola. Os autores concluíram que as meninas que tiram notas boas em matemática estudam mais do que os meninos, os meninos têm mais facilidade para a matemática.

Diferenças de sexo em capacidade espacial também se tornam mais pronunciadas na adolescência (HARRIS, 1979). A capacidade espacial é a capacidade de imaginar ou visualizar objetos em diferentes planos e perspectivas. A maioria dos estudos (resumidos em MAcCOBY & JACKLIN, 1974) mostram que, iniciando na adolescência, os rapazes se saem melhor do que as moças nos testes padronizados de habilidades espaciais (McGUINNESS, 1985). Os meninos desenham mapas mais exatos do ambiente familiar, como do *campus* universitário, do que as meninas. Estas podem suprir mais detalhes, mas seu senso de distância é frequentemente pobre e tendem a omitir atalhos e caminhos. Os meninos também são melhores em jogos de vídeo que requerem que o jogador antecipe onde aparecerão imagens em movimento, seguindo-as com uma alavanca. A capacidade de lembrar objetos no espaço e imaginar três dimensões são úteis na matemática superior, especialmente na geometria.

Esse descompasso na matemática é a imagem reversa do descompasso entre meninos e meninas na leitura na infância (McGUINNESS, 1985). Pelo menos um número três vezes maior de meninos do que de meninas têm dificuldades de leitura. Por volta de 15 anos essa diferença desaparece.

As diferenças de sexo em capacidade matemática geralmente são atribuídas à socialização. Alguns afirmam que, na nossa cultura, a matemática é um domínio masculino. As meninas não devem "preocupar suas cabeças bonitinhas" com números. Competir com os meninos num campo masculino é visto como agressivo e não feminino. Uma menina que se sobressai na matemática pode pagar o preço disso em perda de popularidade. As diferenças de sexo aparecem na puberdade porque as meninas se tornam mais conscientes dos papéis sexuais tradicionais e mais preocupadas com as impressões que fazem nos meninos (TAVRIS & WADE, 1984).

Diane McGuinness (1985) questiona essa posição. Segundo ela, a socialização do papel masculino e feminino começa no começo da infância e não na adolescência. Se as meninas são ensinadas que a matemática é um campo masculino, por que elas se saem tão bem em aritmética quando são menores? Se elas acreditam que a competição não é feminina, por que competem tanto em biologia, história, línguas e outras matérias?

Scarr, Weinberg e Levine (1986) argumentam que o fato de gêmeos idênticos serem muito semelhantes quanto à capacidade espacial e aptidão matemática sugere que haja algum componente genético ainda não identificado que explicaria as diferenças de sexo. Outra linha de especulação a respeito das diferenças de sexo apoia-se na teoria de Piaget. Os meninos tendem a explorar o mundo em primeira mão, lidando com objetos, exercitando sua coordenação motora grossa. Já as meninas, que são verbalmente precoces, baseiam-se mais nas palavras, isto é, na experiência de segunda mão. Assim, as meninas se baseariam em regras verbais na matemática e os meninos no conhecimento sensório-motor. A imaginação verbal poderia interferir negativamente na manipulação de equações abstratas.

Finalmente, como sugere McGuinness (1985), as meninas mostram desde cedo um maior interesse em *pessoas*. Os meninos mostram mais interesse em *objetos*. Quando se pede a meninas pequenas que contem uma história em geral elas inventam histórias sobre pessoas. O que é interessante é que os meninos frequentemente inventam histórias sem pessoas. Os objetos os interessam mais. Enquanto os livros de aritmética são cheios de exemplos do mundo real, com pessoas, os de álgebra, geometria e cálculo não o são. Talvez as meninas fiquem para trás na matemática por falta de interesse no material.

Todas essas hipóteses são especulativas. O que parece ficar claro é que muitos meninos acham a leitura difícil e a matemática mais fácil, ao passo que as meninas acham a leitura mais fácil e a matemática mais difícil. Mas os dois sexos são capazes de aprender as duas coisas. McGuinness acredita que as diferenças são devidas em grande parte ao fato de que a sociedade não reconhece essas diferenças de sexo e não ajusta os métodos de ensino a essas diferenças.

Baseado em todas essas pesquisas citadas acima e em muito mais evidência não discutida aqui, Nash (1970) tem uma posição biológica, de que a base para a diferenciação de papéis masculino e feminino é fundamentalmente biológica. Esta é mais uma controvérsia na Psicologia do Desenvolvimento em que nos parece que a posição interacionista é a mais prudente. É possível que alguns comportamentos sejam predominantemente aprendidos e outros predominantemente biológicos. Porém o certo é que não herdamos comportamentos. Herdamos estruturas físicas que poderão facilitar a aprendizagem de comportamentos. Assim é que podemos especular que diferenças anatômicas e fisiológicas nas estruturas cerebrais de meninos e meninas (comprovadas por estudos de FORD & BEACH, 1951) talvez estejam associadas a maior ou menor aptidão para a linguagem, maior fluência verbal em meninas. Isto levaria a maior reforço de comportamento verbal nas meninas e assim já teríamos os dois fatores interagindo. Mais uma vez insistimos na ideia de que é inútil tentarmos separar totalmente a atuação dos fatores biológicos e ambientais. É de grande importância tentarmos descobrir *como* se faz a interação, ou seja, que efeito tem determinado fator ambiental quando atua sobre determinada base biológica, como salienta de maneira brilhante Anastasi (1958) no artigo clássico intitulado "Hereditariedade, meio e a questão como".

O assunto tratado neste capítulo é de grande atualidade e relevância para a sociedade atual, em que grupos feministas mais radicais questionam a desejabilidade da diferenciação de papéis masculinos e femininos. Tradicionalmente, o comportamento desejável e ajustado do ponto de vista psicológico era considerado o da menina que brinca com bonecas e panelinhas, e o do menino que joga bola, brinca com automóveis e revólveres. Estas crianças ter-se-iam identificado com o genitor do mesmo sexo, resolvido problemas edipianos e seriam os adultos tradicionais: o marido que trabalha e sustenta a família e a mulher que se realiza cuidando apenas do lar. Porém, uma vez que esses papéis atualmente são questionados, começando-se a valorizar a igualdade entre sexos, em que a mulher também se realiza profissionalmente e em que o marido compartilha de responsabilidades para com os filhos e o lar, a situação ideal da criança não seria aquela em que meninos e meninas brincam com os mesmos brinquedos? Este é um tópico bastante polêmico, de natureza mais de valores e filosofia social, de forma que o abandonamos aqui, mas lembramos que é possível que as noções sobre *identificação*, masculinidade e feminilidade sejam reformuladas num futuro próximo, tendo em vista essas mudanças sociais.

13

Ligação afetiva

Uma das áreas de pesquisa mais recentes em Psicologia do Desenvolvimento é a formação do *attachment* ou "ligação afetiva". A formação das primeiras relações entre a mãe e o bebê, protótipos de todas as relações sociais futuras, tem sido objeto de interesse há muito tempo, especialmente por parte de psicanalistas e behavioristas. Quando dizemos que esta é uma área de pesquisa recente, estamos nos referindo à novidade do enfoque que se tornou proeminente nos últimos anos, no estudo das relações mãe-bebê, e que tem sido chamado nas publicações inglesas e norte-americanas de estudos de *attachment*, que estamos traduzindo por "ligação afetiva" que se refere ao vínculo que uma pessoa ou animal forma com outro indivíduo específico. A fim de se compreender melhor em que aspecto o enfoque dos pesquisadores que estudam a ligação afetiva constitui uma contribuição nova, precisamos examinar o contexto em que evoluiu o estudo da formação das relações mãe-bebê. Ainsworth (1969), em excelente revisão dos vários enfoques teóricos sobre este assunto, discute três construtos centrais: *Relações de objeto, Dependência* e *Ligação afetiva.* Embora intimamente ligados, esses três conceitos não são sinônimos e cada um está ligado a uma formulação teórica.

1) *Relações de objeto*: O conceito origina-se da teoria psicanalítica e neopsicanalítica de instintos. Como vimos no capítulo 4, Freud considerava quatro propriedades dos instintos: a fonte, o objetivo, o objeto e o ímpeto. O objeto pode ser variável e sujeito a influências ambientais (FREUD, 1914: 122s., tradução inglesa de 1957). Em 1905 (tradução inglesa de 1953), Freud especificou que o objeto de amor da criança é o seio da mãe e referiu-se à primeira relação de sucção como o protótipo de todas as relações de amor. Em 1938, Freud reiterou a importância da mãe como

única, sem paralelo, estabelecida inalteravelmente para toda a vida como o objeto de amor mais forte e o protótipo de todas as relações de amor (1938: 188-189).

Mas Freud introduz aqui um novo conceito, um tanto contraditório, quando afirma:

> A fundação filogenética é tão prepotente [...] sobre a experiência acidental, que não faz nenhuma diferença se a criança realmente mamou no seio ou foi criada com mamadeira e nunca experimentou a ternura do cuidado materno. Em ambos os casos, o desenvolvimento da criança segue o mesmo caminho; pode ser que no segundo caso a necessidade da criança fique maior ainda (1938: 188-189).

Essas inconsistências na posição de Freud deixaram lugar para divisões teóricas subsequentes. Uma das correntes, chamada de *Psicologia do Ego*, incorpora a ênfase que Freud colocou na labilidade do objeto e em sua noção de que o bebê adquire a mãe como objeto através de sua dependência dela para a gratificação de suas necessidades. Este grupo de teoristas considera as relações de objeto como ligadas às funções do ego e dependendo da aquisição de estruturas cognitivas. Os principais nomes desta corrente que podemos citar aqui, considerando principalmente sua posição sobre o problema de relações de objeto são Escalona (1953), Anna Freud (1946, 1952, 1954, 1965), Spitz (1957, 1959, 1965a, 1965b).

Como também foi visto no capítulo 4, a Psicologia do Ego considera o desenvolvimento das relações de objeto como passando por três estágios:

1) Indiferenciado, narcisístico, ou sem objeto.
2) De transição.
3) De verdadeiras relações de objeto.

Os estágios propostos por Loevinger e Erikson também são ilustrativos do enfoque que a Psicologia do Ego assume quanto às relações mãe-bebê. A outra corrente psicanalítica, conhecida como *relações objetais*, originou-se da escola húngara de psicanálise, liderada por Ferenczi, e se caracteriza por recusar o conceito de narcisismo e afirmar que há verdadeiras relações de objeto desde o início. Esta tradição, mais influente na Inglaterra do que nos Estados Unidos (onde a Psicologia do Ego é a mais aceita), tem como representantes principais Melanie Klein (1952), Winnicott (1948, 1953, 1960) e Fairbairn (1952). Embora esta corrente enfatize as relações objetais, em oposição à redução de necessidades básicas como a fome, como nota muito perspicazmente Ainsworth (1969), a posição de M. Klein é ainda muito ligada à redução de impulsos instintivos:

> Melanie Klein (1952) descreveu bebês que, com três semanas de vida apenas, interrompiam a sucção para olhar o rosto da mãe, ou com talvez duas semanas mais respondiam à voz e sorriso da mãe com uma mudança de expressão facial, indicando que "a gratificação está tão relacionada ao objeto que dá alimento como com o próprio alimento" (KLEIN, 1952: 239). No entanto, sua descrição teórica do período inicial de desenvolvimento é dominada por temas de alimento, oralidade e o seio. A primeira relação de objeto do bebê é com "o seio – amado e odiado, bom e mau". Ela acreditava que o bebê tem um impulso inato para o seio: "O recém-nascido inconscientemente sente que um objeto de única bondade existe, do qual a gratificação máxima pode ser obtida, e que este objeto é o seio materno" (KLEIN, 1952: 265) (AINSWORTH, 1969: 978).

2) *Dependência*: A dependência é o segundo construto discutido por Ainsworth (1969) e representa a contribuição da teoria de aprendizagem social ao estudo do desenvolvimento das relações sociais. Grande parte dos estudos sobre dependência são discutidos no capítulo 12. Vimos que há uma divisão teórica entre aqueles autores que consideram dependência como um *drive* adquirido, ou seja, como um construto motivacional, seguindo um modelo hulliano de aprendizagem (DOLLARD & MILLER, 1950; SEARS e seus colaboradores, 1953, 1957, 1963, 1965; e BELLER, 1955, 1957, 1959). Esta posição, seguindo a intenção original de traduzir conceitos psicanalíticos em termos de teorias de aprendizagem, é bastante próxima à de Freud, pois assim como Freud enfatiza a importância da fase oral e da redução da fome na formação das relações entre a mãe e o bebê, os autores acima mencionados supuseram que a criança vem a gostar da mãe (estímulo inicialmente neutro) porque esta fica associada com o leite e a redução da fome (condicionamento clássico). Como exemplo dessa posição citamos Sears et al. (1957):

> A longo prazo, a criança parece desenvolver uma necessidade pelos aspectos circunstanciais (as circunstâncias que envolvem o alimento: a mãe falando, abraçando, sorrindo) que é separada

da necessidade de alimento. Estes aspectos circunstanciais tornam-se recompensas para ela, objetos e situações amados e desejados, que ela lutará para obter (p. 14s.).

Beller (1955) apresenta uma explicação detalhada e explícita de como o motivo de dependência é adquirido:

> A mãe e seu comportamento constituem uma situação estimuladora complexa para o bebê. Certos aspectos da situação provavelmente ocorrem regular e repetidamente quando a criança experiencia redução de *drive*, e, portanto, vão adquirir valor reforçador por associação. Por exemplo, o bebê experiencia contato físico com a mãe, enquanto também experiência a redução de *drive* de fome, através da ingestão de alimento. Assim, o contato físico com a mãe e mais tarde com outras pessoas em geral adquire propriedades semelhantes às do alimento. Exatamente como no caso da fome e sede, a criança eventualmente manifestará vários tipos de comportamento que serão terminados por mero contato físico com a mãe. Inversamente, quando tais comportamentos não conduzem ao contato físico, aparece a frustração. Quando isto ocorre pode-se dizer que a criança desenvolveu um *drive* secundário de *contato físico*. Em segundo lugar, à medida que o aparelho sensorial da criança se desenvolve e ela não precisa mais ficar no colo para ser alimentada, a *proximidade* aos pais adquire propriedades semelhantes às do contato físico (p. 25).

Atualmente, a maioria dos teóricos de aprendizagem social considera a dependência como um rótulo para certos tipos de comportamentos aprendidos e não como um *drive* secundário. Entre os representantes mais importantes dessa linha, mais ligada ao condicionamento operante, podemos citar Gewirtz (1969) e Bijou e Baer (1965). O conceito central para estes teoristas é o de "estímulo reforçador", que é

> qualquer evento estimulador que se segue a uma resposta e afeta alguns de seus aspectos, por exemplo, taxa de emissão, amplitude ou latência (GEWIRTZ, 1956).

Segundo Bijou e Baer (1965):

> A função essencial da mãe é fornecer reforços positivos à criança e remover os reforços negativos [...] Fazendo isso [...] a própria mãe, como um objeto-estímulo, torna-se discrimina-

tiva [...] para os dois processos de reforçamento que fortalecem o comportamento operante. Desta forma, ela adquire uma função de reforçador positivo, e estabelece o fundamento para o desenvolvimento social posterior de seu bebê (1965: 123s.).

O enfoque etológico: a ligação afetiva. O enfoque etológico está associado primordialmente com o nome de John Bowlby, que iniciou seus trabalhos dentro de uma perspectiva psicanalítica, na tradição da escola inglesa de relações objetais, mas que gradualmente desenvolveu uma posição bastante diferente, influenciado pela etologia (Lorenz, Tinbergen) e pela psicologia comparada (especialmente os trabalhos de Harlow (1958). Como influência da etologia, vemos que o ponto central da posição de Bowlby é que o comportamento de ligação afetiva tem um fundamento biológico, que só pode ser compreendido dentro de um contexto evolutivo (no sentido da teoria de evolução das espécies).

A tese básica de Bowlby, proposta em 1958, é que a ligação da criança à mãe origina-se de vários sistemas de comportamentos específicos à espécie, relativamente independentes uns dos outros no início, que surgem em épocas diferentes e organizam-se em torno da figura da mãe como objeto principal. Estes sistemas de comportamento são: *sugar, agarrar-se, seguir, chorar* e *sorrir.* Numa formulação mais recente, Bowlby (1969) mantém a importância desses cinco sistemas, mas introduz a ideia de "sistemas de controle". A posição de Bowlby revive de maneira mais sofisticada a noção de controle instintivo, se bem que ele considere os "sistemas de comportamento característicos da espécie" de maneira mais ampla e flexível do que os antigos psicólogos instintivistas. Da psicologia comparada, Bowlby foi influenciado principalmente pelos trabalhos de Harlow (1958) e seus colaboradores (HARLOW & ZIMMERMAN, 1959). Uma das contribuições mais conhecidas do trabalho de Harlow com primatas são seus estudos sobre a importância da variável "contato-conforto" (HARLOW, 1970). Criando macacos com mães substitutas, de pano ou de arame, Harlow notou uma série de efeitos importantes, entre os quais o fato de que os macacos preferem a mãe de pano à mãe de arame, mesmo se a de arame dá leite e a de pano não; que macacos criados com a mãe de pano têm um desenvolvimento emocional adequado ao passo que com a mãe de arame isto não acontece; que em situações de medo diante de estímulos novos, os macacos correm a se abraçar à mãe de pano e depois voltam a explorar os estímulos ou ambientes novos, ao passo que a mãe de arame não tem esse efeito de dar segurança. Uma das conclusões importantes dos estudos de Harlow é a de que a alimentação não é tão crucial quanto o contato físico com o corpo da mãe. Comentando a respeito da ênfase dada pela teoria psicanalítica à oralidade e a respeito da explicação behaviorista de que a mãe adquire propriedades reforçadoras por vir associada com o leite, Harlow (1974) diz: "Esta foi a única vez em que psicanalistas e behavioristas disseram a mesma coisa sobre um assunto e estavam errados!"

A necessidade primária de contato físico de que fala Harlow está bem próxima a pelo menos um dos sistemas de comportamento de que fala Bowlby: agarrar-se à mãe. Podemos dizer que a posição etológica de Bowlby é provavelmente a mais aceita entre os pesquisadores da formação da ligação afetiva mãe-bebê, que não é mais vista como subsidiária à experiência de alimentação como propuseram psicanalistas e behavioristas.

Do ponto de vista evolutivo, Bowlby distingue as seguintes fases no desenvolvimento da ligação afetiva:

1) *Orientação e sinais sem discriminação de figura.* (Apesar de não ser capaz de discriminar uma pessoa de outra nas primeiras semanas de vida, o bebê se comporta de maneiras típicas em relação a pessoas: orientando-se em direção a elas, acompanhando com os olhos, sorrindo, estendendo as mãos e parando de chorar quando vê um rosto.)

2) *Orientação e sinais dirigidos a uma ou mais figuras.* (Aqui o bebê ainda se orienta de maneira amigável em relação a pessoas, mas o faz de maneira mais acentuada com relação à mãe.)

3) *Manutenção de proximidade a uma figura discriminada por meio de locomoção e sinais.* (Nesta fase em que já se locomove, o *attachment* é mais evidente, pois o bebê segue, engatinhando, atrás, ou agarra-se à mãe.)

4) *Formação de uma relação recíproca.* (Aqui o bebê não só ajusta seu comportamento ao da mãe, mas também altera o comportamento da mãe em relação a ele.)

Bowlby afirma que a tendência do bebê é de ligar-se mais fortemente a uma figura (monotropia), mas facilmente se liga a outras figuras e mesmo a companheiros de idade.

Além de reviver a noção de que a ligação mãe-bebê tem fundamentos biológicos e mesmo instintivos no sentido amplo, o enfoque etológico caracteriza-se por uma metodologia de pesquisa típica em que se enfatizam a *observação natural controlada* e *estudos longitudinais*. Outra característica desse enfoque é a ênfase no estudo do comportamento do bebê *per se*, aqui e agora, ao invés da preocupação tradicional de verificar efeitos de interação mãe-bebê sobre a personalidade da criança mais velha e do adulto. Outro investigador que se tem destacado na linha iniciada por Bowlby é Blurton Jones (1972), que está conduzindo estudos longitudinais sobre o problema de ligação afetiva.

O enfoque etológico tem gerado grande número de pesquisas e contribuído para aperfeiçoar técnicas de observação. Mencionamos a seguir os resultados de algumas pesquisas, detendo-nos em detalhes de algumas delas como ilustração da metodologia utilizada.

Dois fenômenos bastante estudados pelos pesquisadores da ligação afetiva são os chamados "ansiedade de separação" e "ansiedade em relação a estranhos" (BOWLBY, 1973). Uma vez que a ligação afetiva esteja fortemente estabelecida, mais ou menos por volta do oitavo mês de vida, o bebê começa a manifestar ansiedade (protestos, choro) quando a mãe se ausenta e começa a "estranhar", ou seja, a mostrar medo em relação a estranhos.

Uma das pesquisas mais interessantes sobre ansiedade de separação e ansiedade em relação a estranhos, que ilustra a tendência atual de se estudar a relação mãe-bebê através de observações controladas e também o interesse na interação aqui e agora, sem preocupação com repercussões futuras é o estudo de Ainsworth e Bell (1970), que descrevemos em linhas gerais a seguir: Foram estudadas 56 crianças brancas, de classe média, entre 49 e 51 semanas de idade. Estas crianças foram colocadas em situações eliciadoras de reações de ansiedade de separação e ansiedade de estranhos. Estas situações tiveram lugar em uma sala experimental, mobiliada, porém, de tal forma que havia um espaço de 3m X 3m livre, traçado com 16 quadrados, para facilitar o registro de local e de locomoção do bebê. Em um canto da sala havia uma cadeira, com muitos brinquedos em cima e em volta. Perto de outro canto havia uma cadeira para a mãe, e, no canto oposto, uma cadeira para a "estranha". O bebê era colocado no meio da base do triângulo formado pelas três cadeiras e ficava livre para se loco-mover para onde quisesse. Tanto a mãe quanto a estranha eram instruí-das quanto ao que deveriam fazer. A situação consistia de oito episódios que podem ser resumidos da seguinte maneira:

Episódio 1 – (M,B,O): *A mãe (M), acompanhada por um observador (O), entra com o bebê (B) na sala e o observador sai.*

Episódio 2 – (M,B): M *coloca o bebê no lugar especificado e senta-se na sua cadeira, participando apenas se B procura sua atenção.*

Episódio 3 – (E,M,B): *Uma estranha (E) entra, senta-se quieta por um minuto, conversa com M por um minuto, gradualmente aproxima-se de B, mostrando-lhe um brinquedo. Ao final do terceiro minuto, M deixa a sala discretamente.*

Episódio 4 – (E,B): *Se B brinca satisfeito, E não participa ativamente. Se B fica inativo, ela tenta interessá-lo nos brinquedos. Se B manifesta perturbação, E tenta distraí-lo ou confortá-lo. Se B não se conforma, o episódio termina mais cedo; do contrário dura três minutos.*

Episódio 5 – (M,B): M *entra, para na porta, para dar a B a oportuni-dade de responder espontaneamente a sua presença. E sai discretamente. Depois de B se engajar novamente com os brinquedos, a mãe sai, dizendo "bye-bye" (Duração indeterminada).*

Episódio 6 – (B *sozinho*): B *é deixado a sós por três minutos, a não ser que fique perturbado demais, caso em que se termina o episódio mais cedo.*

Episódio 7 – (E,B): E *entra e comporta-se como no Episódio 4, por três minutos.*

Episódio 8 – M *retorna*: E *sai e a situação é terminada depois que este episódio de reunião é observado (AINSWORTH & BELL, 1969: 54).*

O comportamento dos bebês foi observado através de espelho unila-teral por dois observadores que ditavam narrativas contínuas em um gra-vador que também registrava o clique de um marcador de tempo a cada 15 segundos. As variáveis dependentes, cuidadosamente registradas, fo-ram várias: frequência de locomoção, manipulação, exploração visual e choro; intensidade de comportamentos de procura de proximidade e contato, manutenção de contato, esquiva de proximidade e de interação.

Os resultados principais foram os seguintes: Os comportamentos exploratórios (locomoção, manipulação e exploração visual) diminuíram de frequência do episódio 2 (*M,B*) para o 3 (*E,M,B*), e não atingiram o mesmo nível que em 2 nos episódios posteriores. O choro teve a frequência mais alta no episódio 6, em que *B* ficou sozinho, mais alta mesmo do que no episódio 4, em que *B* ficou com a estranha. A reaparição de *E* no episódio 7 diminuiu um pouco o choro. Comportamentos de procurar proximidade e contato e manter contato foram mais intensos no episódio 5 (*M,B*) e 8 (*M,B*), isto é, quando o bebê volta a estar com a mãe, depois de ter ficado a sós com a estranha. A resistência ao contato com a mãe ocorreu nos episódios 5 e 8, para aproximadamente 50% dos bebês, e isto foi interpretado como reação de raiva e ambivalência em relação à mãe, por esta o ter deixado. Em resumo, confirmou-se que a presença da mãe facilita o comportamento exploratório e que as separações da mãe e as respostas indicadoras de ansiedade em relação a estranhos ocorrem nessa faixa de idade estudada. Várias pesquisas mostraram que as reações a separações e a estranhos variam muito de situação para situação. Por exemplo, reações de medo de estranhos são menos intensas e menos frequentes em ambientes com que a criança está familiarizada do que em ambientes novos; reações a estranhos são menos intensas quando a mãe está presente (MORGAN & RICCIUTI, 1969). Também foi verificado que uma criança que reage com perturbação quando um estranho se aproxima pode, por iniciativa própria, aproximar-se ela mesma do estranho sem manifestar medo.

Yarrow (1967) distingue vários níveis de respostas diferenciadas à mãe e a estranhos. Nos primeiros tempos, por volta de 3 meses, o bebê mostra que discrimina entre a mãe e o estranho por meio de intensa concentração visual no estranho, ou ignorando o estranho e concentrando a atenção visual na mãe. Esta diferenciação relativamente passiva entre mãe e estranhos não apresenta manifestações de afeto negativo. Já por volta de 5 meses, os bebês geralmente manifestam inquietude, fazendo caretas, chorando, ou tentando afastar-se do estranho. O máximo de comportamento negativo em relação a estranhos ocorre por volta de 8 meses, mas mesmo nessa idade os bebês que abertamente manifestaram ansiedade em relação a estranhos constituíram menos de 50% da amostra estudada.

Yarrow (1967) também relata que há grande variabilidade na intensidade da reação em todas as idades. Outras pesquisas, como as de Tennes e Lampl (1964), Tulkin (1971), indicaram que a intensidade e tipo de resposta à separação são também influenciados pelas condições ambientais.

Várias explicações teóricas têm sido apresentadas para os fenômenos de ansiedade de separação e ansiedade em relação a estranhos. Basicamente, as explicações mais aceitas afirmam que uma vez que o bebê desenvolve expectativas em relação à mãe, qualquer violação dessas expectativas, tais como um estranho, um novo ambiente, uma nova babá, pode causar ansiedade. Os trabalhos de Hebb (1946) e de Littenberg, Tulkin e Kagan (1971) sugerem que os efeitos das violações de esquemas estabelecidos depende do grau de discrepância em relação a estímulos conhecidos. Violações pequenas podem ser estimulantes e levar à exploração, mas violações grandes podem causar medo. Também é interessante notar que a época em que a ansiedade de separação e a ansiedade em relação a estranhos atingem o auge coincide com a época em que a criança começa a procurar recapturar objetos escondidos, de acordo com as observações de Piaget (cap. 3). Segundo Piaget, esta procura indica que a criança atingiu a noção de permanência do objeto.

Outras pesquisas têm investigado fatores que influenciam o desenvolvimento da ligação afetiva. Estudos de crianças institucionalizadas indicam que estas crianças geralmente apresentam demora ou ausência de formação de ligações afetivas e não discriminam entre pessoas estranhas e pessoas que costumam cuidar delas (YARROW, 1961). A partir desses estudos e de outros, Yarrow (1972) infere que uma pessoa estável que cuida da criança e dá atenção individualizada é essencial à formação da ligação afetiva. Yarrow (1967) afirma, porém, que o cuidado de crianças em grupo, por si, não resulta necessariamente em ausência ou demora na formação da ligação afetiva. Bebês de 6 meses, que passavam períodos longos em creches, não revelaram diferenças, aos 30 meses de idade, de crianças criadas em casa (CALDWELL, WRIGHT, HONING & TANNENBAUM, 1970). Observações de crianças criadas nos *kibbutzim* em Israel, onde a maior parte dos cuidados de rotina estão a cargo da *metapelet*, indicam que estas são as principais figuras de *attachment* (SPIRO, 1958). As pesquisas de Schaffer e Emerson (1964a) indicam que compartilhar o cuidado da criança com outras pessoas da família não influencia a emergência nem a intensidade da ligação afetiva. Assim, parece que uma relação exclusiva mãe-criança não é essencial, porém, mesmo quando o cuidado da criança é dividido com outras pessoas, há sempre uma pessoa que predomina e que tem uma relação especial com a criança.

Yarrow (1972) relata também que a ligação afetiva parece depender do grau de responsabilidade da mãe. Crianças que mostram ligação afetiva intensa aos 18 meses tipicamente têm mães que respondiam dentro de poucos segundos ao choro do bebê (SCHAFFER & EMERSON, 1964a). Ainsworth, Bell e Stayton (1972) estudaram 23 pares de mães-bebês. A característica da mãe que se revelou mais significante no desenvolvimento da ligação afetiva foi sua sensibilidade aos *sinais* emitidos pelo bebê, sensibilidade em notar os sinais, interpretá-los corretamente e responder pronta e adequadamente.

Outro fator importante segundo Schaffer e Emerson (1964a) é o nível de estimulação. As mães dos bebês com ligação afetiva intensa geralmente interagiam socialmente mais com o bebê, falando, brincando com ele, levando-o a passear do que as mães dos bebês com ligação afetiva fraca. Caldwell et al. (1970) também encontraram correlações significantes entre medidas de ligação afetiva aos 30 meses e escores no "Home Stimulation Inventory".

O desenvolvimento da ligação afetiva também é afetado por características das crianças. Bell (1968) comenta que a psicologia apenas começou a considerar a contribuição da criança para a interação pais-criança e que a era de "culpar as mães" está terminando. Uma das pesquisas mais interessantes neste sentido é a de Schaffer e Emerson (1964b) que distinguiram entre *cuddlers* (bebês que gostam de contato físico) e *noncuddlers* (bebês que rejeitam contato físico, não gostando de colo ou de ser agarrado e preferindo relacionar-se visual ou auditivamente com a mãe): traço que parece ser inato. Schaffer e Emerson verificaram que, aos 12 meses, os *cuddlers* manifestavam maior ligação afetiva à mãe do que os *noncuddlers*, mas que aos 18 meses não se notavam diferenças em intensidade da ligação.

Outra característica mais geral que pode afetar a ligação afetiva é o sexo da criança. Há alguma evidência de que meninas são mais precoces quanto à manifestação dos comportamentos de ligação afetiva, tais como reações a estranhos (ROBSON, PEDERSEN & MOSS, 1969). Bell e Costello (1964) relatam que meninas são mais sensíveis à estimulação tátil. Brooks e Lewis (1974) relatam um estudo interessante sobre diferenças de sexo em que gêmeos de sexo oposto foram estudados, com relação à ligação afetiva à mãe. Como notam os autores, em todos os estudos que relatam diferenças de sexo, seja em comportamento do bebê em relação à mãe, seja da mãe em relação ao bebê, utilizaram-se duas amostras diferentes de díades mãe-bebê: uma consistindo de meninos e suas mães e outra de meninas e suas mães. Em contraste, neste estudo, os autores estavam interessados em verificar se crianças de sexo oposto manifestavam diferentes graus de ligação afetiva em relação à mesma mãe. Uma maneira de observar isto seria observar a mãe duas vezes, uma com um bebê de sexo masculino e outra com um bebê de sexo feminino. Isto seria impraticável, por três razões: 1) requereria um estudo longitudinal; 2) a idade do bebê seria difícil de controlar; 3) o efeito de ordem de nascimento sobre a interação mãe-bebê seria difícil de controlar. Um método melhor envolveria o estudo de gêmeos: Criando um bebê de sexo masculino e um bebê de sexo feminino ao mesmo tempo manteria constantes as variáveis que mudam com o tempo. A hipótese testada foi a de que meninas manifestariam maior ligação afetiva do que seus irmãos. A idade dos sujeitos variou entre 11,8 e 15,0 meses. Quatorze pares de gêmeos eram de raça branca e três pares de raça negra. A amostra era heterogênea quanto à classe social. O procedimento consistiu basicamente em observar as crianças em uma sala experimental. As variáveis medidas foram várias: Comportamentos de ligação afetiva (tocar a mãe, olhar para a mãe, vocalizações agradáveis dirigidas à mãe, proximidade da mãe), brincar com os brinquedos, preferências por determinados brinquedos e nível de atividade. Os resultados revelaram diferenças de sexo quanto aos quatro comportamentos de ligação afetiva: as meninas apresentando maior duração dos referidos comportamentos. Não foram encontradas diferenças de sexo nas variáveis relativas a padrões de brincadeira ou nível de atividade.

O experimento de Ainsworth e Bell foi repetido (BIAGGIO, 1978), tendo-se encontrado resultados bastante semelhantes. As únicas discrepâncias que vale a pena mencionar referem-se ao fato de que os bebês brasileiros pareceram mais perturbados quando deixados sozinhos (Episódio 6) do que os americanos, ao passo que estes, mais do que os brasileiros, pareceram perturbados e não consolados com a entrada do estranho. Estes resultados foram interpretados em termos de diferenças culturais: Os bebês brasileiros de classe média, como os da amostra estudada, geralmente são cuidados por outras pessoas além da mãe: avós, babás, empregadas, e outros parentes, ao passo que o bebê de classe média americana era tipicamente cuidado pela mãe. Além disso, como a mãe americana de classe média não dispõe de empregada, o bebê, embora fique com ela, é muito deixado a se entreter sozinho com brinquedos, no cercado, no berço, ou diante da televisão, ao passo que os brasileiros recebem mais atenção e interação, seja porque a mãe tem empregada para fazer as demais tarefas e pode brincar e passear com o bebê, seja porque há a figura da babá ocupando-se constantemente do bebê. Essas diferenças talvez expliquem por que os bebês brasileiros estranhavam menos a pessoa do "estranho" e por que se perturbavam mais ao serem deixados sozinhos. Atualmente, esse padrão deve estar se modificando nos Estados Unidos, dadas as transformações sociais (maior número de mães trabalhando fora, maior número de bebês deixados em creches ou outros arranjos que garantem ligações afetivas múltiplas, ao invés da tradicional ligação quase que exclusiva com a mãe, pressuposta pela teoria inicial da ligação afetiva). Como afirmam Howes, Rodning, Galuzzo e Myers (1987),

> Quando as mães vão trabalhar fora como o estão fazendo, em números cada vez maiores, a configuração tradicional da família é modificada. O velho padrão da mãe de cuidar da criança e do pai como ganhador do sustento transforma-se no de pai e mãe jogando com seus papéis de trabalhar e cuidar da criança, além de haver outras pessoas que cuidam da criança, tais como parentes, babás ou creches.

A criança adquire portanto pelo menos mais uma ligação significativa além da mãe. Essas mudanças ampliam e desafiam as teorias tradicionais da ligação afetiva.

Os últimos dez anos de pesquisa baseada nas teorias de ligação afetiva deram apoio à noção de que dentro das famílias tradicionais as primeiras relações afetivas são importantes para as relações sociais futuras com outras pessoas (BRETHERTON, 1986). No entanto, discutindo as direções atuais e futuras da teoria da ligação afetiva, Bretherton (1986) salienta um sério problema nessa generalização: Pressupõe-se que cada criança tem uma única e/ou mais importante ligação afetiva, que é a figura da mãe, ou que todas as outras ligações afetivas iniciais tomam a mesma forma. No entanto, alguns bebês formam relações afetivas não concordantes com a mãe e o pai (LAMB, 1977), com mãe, pai e metapelet (nos kibutzim de Israel) (SAGI,

LAMB, LEWKOWICZ, SHOHAM, DIVR & ESTES, 1985), e com a mãe e a atendente de creche ou babá (COLIN, 1986; KRENTZ, 1983).

De acordo com a teoria da ligação afetiva, a separação da mãe, devido ao trabalho desta, é causadora de estresse para o bebê e pode perturbar o estabelecimento de relações afetivas seguras e de competência social futura (VAUGHN, DEANE & WALTERS, 1985). No entanto, as pesquisas sobre as relações entre cuidados na infância, e consequências disso, é repleta de resultados contraditórios e defeitos metodológicos. Os resultados vão desde aqueles que relatam que o cuidado fora de casa não perturba a formação de ligações afetivas seguras e pode até promover maior competência social quando a criança chega à pré-escola, até evidência de que os bebês cuidados fora de casa em tempo integral são mais inseguros em suas relações com as mães do que aqueles que ficam meio-tempo na creche ou dos que são cuidados em casa pela mãe (BARGLOW, VAUGHN & MOLITORN, 1987; BENN, 1986; HOWES & STEWART, 1987). Alguns dos resultados contraditórios podem ser causados por problemas de medidas das variáveis. Se, como Main e Weston (1981) sugerem, relações afetivas alternativas e não concordantes podem compensar as relações inseguras com a mãe, é possível a uma criança ser classificada tanto como ligada inseguramente à mãe e parecer socialmente competente no ambiente da creche. Teoricamente, se o ambiente de creche prover atendentes estáveis e compreensivas, as crianças podem compensar o estresse da separação da mãe, formando ligações seguras com as atendentes da creche. Se a ligação com a mãe é desajustada, por exemplo no caso de pais que batem ou são hostis, a ligação positiva da criança com uma atendente fornece modelos alternativos de relações sociais, e, assim, pode contribuir para o desenvolvimento da competência. Mesmo se a ligação com a mãe ou com os pais for segura, uma fonte adicional de ligação pode talvez melhorar ainda mais o desenvolvimento da competência. Infelizmente, nem todas as creches são de boa qualidade para fornecer alternativas de atendentes estáveis e compreensivas. As crianças com ligações seguras com os pais podem ser protegidas dos estresses de atendentes instáveis e não compreensivas (ERICKSON, SROUFE & EGELAND, 1985), mas as crianças que têm ligações inseguras com a mãe ou pai sofrem maiores riscos quando colocadas em creches de má qualidade (GAMBLE & ZIGLER, 1986).

Slade (1987) investigou a relação entre a qualidade da ligação afetiva e o desenvolvimento do jogo simbólico, bem como diferenças nas maneiras pelas quais as mães de crianças seguras e ansiosas se envolviam nas brincadeiras. Quinze díades de mães-crianças (sete seguras e oito ansiosas) foram filmadas a intervalos regulares, numa situação de brincadeira livre, quando os bebês tinham de 20 a 28 meses. Os resultados indicaram que as crianças seguras tinham episódios mais longos de jogo simbólico do que seus companheiros ansiosos. Quando as variáveis do jogo simbólico foram contrastadas, viu-se que as crianças seguras tinham episódios mais longos e um nível mais alto de brincadeira quando as mães estavam ativamente engajadas na brincadeira com elas. Assim, o envolvimento da mãe pareceu ter uma função facilitadora para as crianças seguras, mas não para as ansiosas. Quando conversavam com a experimentadora, as mães das crianças seguras eram mais envolvidas com as brincadeiras das crianças e pareciam favorecer as brincadeiras em que elas interagiam ativamente com as crianças; em contraste, as mães das crianças ansiosas preferiam a participação passiva nas brincadeiras das crianças.

A discussão acima é suficiente para dar ao leitor uma ideia das posições teóricas e do tipo de pesquisa que tem sido feito a respeito do problema da ligação afetiva. É uma área de pesquisa relativamente nova que tem despertado grande interesse. Parece-nos que os méritos principais desses trabalhos consistem na metodologia de observação rigorosa e no estudo direto da relação mãe-bebê, ao invés dos estudos retrospectivos muito comuns na década de 1950. Estes estudos, quase todos de inspiração psicanalítica, geralmente tomavam a criança já crescida ou mesmo o adulto e tentavam correlacionar variáveis da personalidade desses indivíduos com experiências infantis conforme relatadas pelas mães, em questionários e entrevistas. A fidedignidade desse tipo de dado retrospectivo é bastante baixa como criticam Moss (1970) e Yarrow, Campbell e Burton (1964), de forma que estes estudos foram de pouca utilidade para elucidar relações entre variáveis relativas à interação mãe-bebê e comportamentos posteriores. À medida que tivermos estudos longitudinais sobre o *attachment*, alguns desses proverão ser elucidados; porém, de momento, as pesquisas sobre *attachment* têm revelado mais a natureza do desenvolvimento infantil sem focalizar efeitos a longo prazo de fenômenos como ansiedade de separação e ansiedade em relação a estranhos.

Referências*

ADAMSON, K. & TOWELL, M.E. (1965). "Thermal homeostasis in the fetus and newborn". *Anestesiology* 26, p. 531-548.

AEBLI, H. (1958). *Uma didáctica fundada en la psicologia de Jean Piaget.* Buenos Aires: Kapelusz.

AINSWORTH, M.D.S. (1969). "Object-relations, dependency and attachment: a theoretical review of the mother-child relationship". *Child Development* 40, p. 969-1.025.

AINSWORTH, M.D.S.; BELL, S. & STAYTON, D. (1972). Individual differences in strange-situation behavior of one-year-olds. In: SCHAFFER, H.R. (org). *The Origins of Human Social Relations.* Londres: Academic Press.

ALLINSMITH, W. (1960). The learning of moral standards. In: MILLER, D. & SWANSON, G.E. et al. (orgs). *Inner Conflict and Defense.* Nova York: Holt, p. 141-176.

ANASTASI, A. (1958). "Heredity, environment, and the question 'how?'" *Psychological Review* 65, p. 197-208.

ANDERSON, E.C. & LANGHAM, W.H. (1959). "Average potassium concentration in the human body as a function of age". *Science* 130, p. 713s.

ANGELINI, A.L. (1973). *Motivação Humana* – O motivo de realização. Rio de Janeiro: José Olympio.

ARAGÃO, W.M. (1975). "Efeitos dos processos de modelação e reforço na diminuição do comportamento agressivo e aumento do comportamento cooperativo". Rio de Janeiro: Pontifícia Universidade Católica do Rio de Janeiro [Tese de mestrado].

ARDREY, R. (1966). *The territorial imperative.* Nova York: Atheneum.

---

* As referências são feitas de acordo com a edição em que a obra foi consultada, embora certas obras já tenham tradução portuguesa.

ARONFREED, J. (1969). The concept of internalization. In: GOSLIN, D.A. (org.). *Handbook of Socialization Theory and Research*. Chicago: Rand McNally.

_____ (1968). *Conduct and Conscience*: The Socialization of Internalized Control over Behavior. Nova York: Academic Press.

_____ (1963). "The effects of experimental socialization paradigms upon moral responses to transgression". *Journal of Abnormal and Social Psychology* 66, p. 437-448.

ARONFREED, J.; CUTICK, R.A. & FAGAN, S. (1963). "Cognitive structure, punishment and nurturance in the experimental induction of selfcriticism". *Child Development* 34, p. 281-294.

ARONFREED, J. & PASCAL, V. (1972). Altruism, empathy and the conditioning of positive affect. University of Pennsylvania [apud ROSENHAM, 1972 – Manuscrito].

ARONFREED, J. & REBER, A. (1963). The internalization of social control through punishment. University of Pennsylvania [apud BANDURA & WALTERS, 1963 – Manuscrito].

ARONSON, E. (1971). Coordination of auditory and visual spatial information on early infant perception. *Developmental Psychology Today*. Del Mar, Califórnia: CRM Books [Manuscrito].

_____ (1966). The psychology of insufficient justification. In: FELDMAN, L. (org.). *Cognitive Consistency*. Nova York: Academic Press.

_____ (1958). The need for achievement as measured by graphic expression. In: ATKINSON, J.W. (org.). *Motives in Fantasy, Action, and Society*. Princeton, N.J.: Van Nostrand.

ARONSON, E. & CARLSMITH M.M. (1963). "Effects of severity of threat on the devaluation of forbidden behavior". *Journal of Abnormal and Social Psychology* 66, p. 584-588.

ASSOCIAÇÃO AMERICANA DE PSICOLOGIA (1973). *Ethical Principles in the Conduct of Research with Human Participants*. Washington, D.C.: American Psychological Association.

ATKINSON, J.W. (org.) (1958). *Motives in Fantasy, Action, and Society*. Princeton: Van Nostrand.

AUSUBEL, D.P. (1958). *Teorias and Problems of Child Development*. Nova York: Grune & Stratton.

_____ (1952). *Ego Development and the Personality Disorders*. Nova York: Grune & Stratton.

BAILEY, N. (1933). "Mental growth during the first three years. A developmental study of 61 children by repeated tests". *Genetic Psychology Monographs* 14, p. 1-92.

BALDWIN, A.L. (1967). *Theories of Child Development.* Nova York: Wiley.

BALTES, P.B. & SCHAIE, W. (orgs.) (1973). *Life-span developmental psychology*: Personality and Socialization. Nova York: Academic Press.

BANDURA, A. (1982). "Self-efficacy mechanism in human agency". *American Psychologist* 37, p. 122-147.

_____ (1978). "The self-system in reciprocal determinism". *American Psychologist* 33, p. 344-358.

_____ (1977). "Self-efficacy: Toward a unifying theory of behavioral change". *Psychological Review* 84, p. 191-215.

_____ (1973). *Aggression*: A Social Learning Perspective. Englewood Cliffs, New Jersey: Prentice-Hall.

_____ (1969). *Principles of Behavior Modification.* Nova York, Holt.

_____ (1965). Influence of models' reinforcement contingencies on the acquisition of imitative responses. *Journal of Personality and Social Psychology* 1, p. 589-595.

_____ (1963a). *Social Learning and Personality Development.* Nova York: Holt.

_____ (1963b). *Relationship of Family Patterns to Child Behavior Disorders.* In: BANDURA & WALTERS [s.n.t.].

BANDURA, A.; GRUSEC, J. & MENLOVE, F.L. (1967). "Vicarious extinction of avoidance behavior". *Journal of Personality and Social Psychology* 5, p. 16-23.

BANDURA, A. & HUSTON, A. C. (1961). "Identification as a process of incidental learning". *Journal of Abnormal and Social Psychology* 63, p. 311-318.

BANDURA, A. & MacDONALD, F.J. (1963). "The influence of social reinforcement and the behavior of models in shaping children's moral judgements". *Journal of Abnormal and Social Psychology* 67, p. 174-281.

BANDURA, A. & MENLOVE, F.L. (1968). "Factors determining vicarious extinction of avoidance behavior through symbolic modeling". *Journal of Personality and Social Psychology* 8, p. 99-108.

BANDURA, A. & MISCHEL, W. (1966). "Modification of self-imposed delay of reward through exposure to live and symbolic models". *Journal of Personality and Social Psychology* 3, p. 54-62.

BANDURA, A.; ROSS, D. & ROSS, S. "Imitation of film-mediatedaggressive models". *Journal of Abnormal and Social Psychology* 66, p. 3-11.

_____ (1963a). "A comparative test of the status-envy, social power, and secondary reinforcement theories of identificatory learning". *Journal of Abnormal and Social Psychology* 67, p. 527-634.

_____ (1963). (1961). "Transmission of aggression through imitation of aggressive models". *Journal of Abnormal and Social Psychology* 63, p. 573-582.

BANDURA, A. & WALTERS, R.H. (1959). *Adolescent aggression.* Nova York: Ronald Press.

BARASH, D.P. (1977). *Sociology of Behavior.* Nova York: Elsevier.

BARCUS, F.E. (1971). *Saturday Children's Television*: A Report of TV programming and Advertising on Boston Commercial Television. Boston: Action for Children's Television.

BARGLOW, P.; VAUGHN, B. & MOLITORN, N. (1987). "Effects of maternal absence due to employment on the quality of infant-mother attachment in a low-risk sample". *Child Development* 58, p. 945-954.

BARKER, R.; DEMBO, T. & LEWIN, K. (1941). "Frustration and Aggression: an experiment with young children". *University of Iowa Studies on Child Welfare* 18 [Whole n. 386].

BARNETT, S.A. (1967). Attack and defense in animal societies. In: CLEMENT, C.D. & LINDSLEY, D.B. (orgs.). *Aggression and Defense.* Los Angeles, Califórnia: University of California Press, p. 35-56.

BARON, J. (1971). "Is experimental psychology relevant?" *American Psychologist* 26, p. 713-716.

BART, W.M. (1972). "Construction and Validation of Formal Reasoning Instruments". *Psychological Reports* 30, p. 663-670.

BATESON, G. (1941). "The frustration-aggression hypothesis and culture". *Psychological Review* 48, p. 350-355.

BEACH, F.A. (1969). "It's all in your mind". *Psychology Today* 3, p. 33-35.

BEASLEY, W.C. (1933). "Visual pursuit in 109 white and 142 negro new-born infants". *Child Development* 4, p. 106-120.

BEECH, H.R. (1971). *Como alterar o comportamento humano*. São Paulo: Ibrasa [original 1969].

BEILIN, H. & FRANKLIN, I. (1961). "Logical Operations in Length and Area Measurement: Age and Training Effects". Maryland: Pennsylvania State University/University Park [Trabalho apresentado no congresso da Society Research in Child Development].

BELL, R.Q. (1968). "A re-interpretation of the direction of effects in studies of socialization". *Psychological Review* 75, p. 81-95.

BELL, R.Q. & COSTELLO, N.S. (1964). "Three tests for sex differences in tactile stimulation in the newborn". *Biologia Nenatorum* 7, p. 335-347.

BENBOW, C.P. & STANLEY, J.C. (1980). "Sex differences in mathematical ability – Fact or artifact?" *Science* 210, p. 58-59.

BENN, R.K. (1986). "Factors promoting secure attachment relationships between employed mothers and their sons". *Child Development* 57, p. 1.224-1.331.

BENNETT, E.M. & COHEN, L.R. (1959). "Men and women: Personality patterns and contrasts". *Genetic Psychology Monographs* 59, p. 101-105.

BERKOWITZ, L. (1965). The concept of aggressive drive: Some additional considerations. In: BERKOWITZ, L. (org.). *Advances in Experimental Social Psychology*. Vol. 2. Nova York: Academic Press. 301-329.

_____ (1962). *Aggression*: A Social Psychological Analysis. Nova York: McGraw-Hill.

BERKOWITZ, L. & CONNOR, W.H. (1966). "Success, failure and social responsibility". *Journal of Personality and Social Psychology* 4, p. 664-669.

BERNSTEIN, B. (1966). Elaborated and restricted codes: Their social origins and some consequences. In: SMITH, A.G. (org.). *Communication and Culture*. Nova York: Holt, Rinehart & Winston.

BETTELHEIM, B. (1943). "Individual and mass behavior in situations". *Journal of Abnormal and Social Psychology* 38, p. 417-452.

BIAGGIO, A. (1985). "Discussões de julgamento moral: Idiossincrasias do caso brasileiro". *Psicologia*: Teoria e Pesquisa 1, p. 195-204.

_____ (1985). "Em defesa da experimentação: Recorrendo a Piaget..." *Psicologia*: Teoria e Pesquisa 1 (2).

_____ (1985). "Relationships between state-trait anxiety and locus of control: Experimental studies with adults and children". *International Journal of Behavioral Development* 8, p. 153-166.

_____ (1983). "Desenvolvimento moral: Um estudo piloto". *Educação e Realidade* 3, 1, p. 25-33.

_____ (1978). "Survey and experimental training program to increase achievement motivation and school performance of Brazilian boys". *International Journal of Intercultural Relations* 2, p. 186-196. [Também em português em BIAGGIO, A. (1983). *Pesquisas em Psicologia do Desenvolvimento e da personalidade*. Porto Alegre: Editora da Universidade Federal do Rio Grande do Sul].

_____ (1975). "Uma comparação intercultural de estudantes universitários brasileiros e norte-americanos na medida de julgamento moral de Kohlberg". *Arquivos Brasileiros de Psicologia Aplicada,* 27(2), p. 71-81.

_____ (1969). "Internalized versus externalized guilt – A cross-cultural study". *Journal of Social Psychology* 78, p. 147-149.

BIAGGIO, A. & MOROSINI, M. (1987). "Reproducción, resistência y pensamiento pós-convencional: Una comparación entre las posiciones de Kohlberg y Giroux con rispecto al papel de la escuela en la transformación de la sociedad". *Boletín de Psicologia*. El Salvador, San Salvador: Universidade Centro Americana José Simeón Canas.

BIAGGIO, A. & RODRIGUES, A. (1971). "Behavioral compliance and devaluation of the forbidden object as a function of probability of detection and severity of threat". *Developmental Psychology* 4, p. 320-323.

BIAGGIO, A.; SIMPSON, S. & WEGNER, G. (1973). "A developmental study of cognitive dissonance as a function of level of intellectual performance on Piagetian tasks". *Genetic Psychology Monographs* 88, p. 173-200.

BIJON, S.W. & BAER, D.M. (1961). *Child Development*. New Jersey: Appleton. [Vol. 1. *Systematic and Empirical Theory*. Vol. 2. *The Universal State of Infancy*].

BJORK, E.L. & CUMMINGS, E.M. (1979). "The 'A", not 'B' search error in Piaget's theory of object permanence. Fact or artifact?" Phoenix, Arizona [Trabalho apresentado na *Psychonomic Society*].

BOWER, T.G.R. (1966). "The visual world of infants". *Scientific American* 215, p. 90-92.

BOWER, T.G.R. & WISHART, J.G. (1972). "The effect of motor skill on object performance". *Cognition* 1, p. 165-172.

BOWLBY, J. (1973). *Attachment and Loss*. Vol. II: Separation Anxiety and Anger. Nova York: Basic Books.

_____ (1965). *Child Care and the Growth of Love*. 2. ed. Londres: Penguin Books.

_____ (1960). "Separation Anxiety". *International Journal of Psychoanalysis* 41, p. 89-113.

_____ (1958). "The nature of the child's tie to his mother". *International Journal of Psychoanalysis* 39, p. 350-373.

_____ (1957). "An ethological approach to research in child development". *British Journal of Medical Psychology* 30, p. 230-240.

BOYLE, D.G. (1969). *A Student's Guide to Piaget*. Nova York: Pergamon Press.

BRAINE, M.D.S. (1963). "On learning the grammatical order of words". *Psychological Review* 70, p. 232-348.

BRANCO, A.U.A. (1978). "Estudo etológico do comportamento pró-social". Brasília: Universidade de Brasília [Dissertação de mestrado].

BRETHERTON, I. (1985). Attachment theory: Retrospect and Prospect. In: BRETHERTON, I. & WATERS, E. (orgs.). "Growing points in attachment theory and research". *Monographs of The Society for Research in Child Development* 30, p. 3-38.

BRIDGER, W.H. (1961). "Sensory habituation and discrimination in the human neonate". *American Journal of Psychiatry* 117, p. 991-996.

BRIDGMAN, P.W. (1927). *The Logic of Modern Physics*. Nova York: MacMillan.

BRISTOTI, N.C.P. (1985). "Relationships between maturity of moral judgement and altruism". *Interamerican Congress of Psychology*. Caracas.

_____ (1984). "Altruísmo infantil – Relações com percepção das atitudes maternas e paternas, sexo da criança, nível socioeconômico e tamanho da família. Porto Alegre: Universidade Federal do Rio Grande do Sul [Tese de doutorado].

BRONFRENBRENNER, U. (1977). "Toward and experimental ecology of human development". *American Psychologist* 32, p. 513-531.

_____ (1963a). Developmental theory in transition. In: STEVENSON (org.). *Child Psychology*. Chicago: Chicago University Press [62nd yearbook of the NSSE].

_____ (1963b). "The role of age, sex, class, and culture, in studies of moral development". *Religious Education* 57, p. 3-17.

BRONSON, G.W. (1959). "Identity diffusion in late adolescence". *Journal of Abnormal and Social Psychology* 59, p. 414-417.

_____ (s.d.). "Dimensions of ego and infantile identification". *Journal of Personality* 27, p. 532-545.

BROOKS, J. & LEWIS, M. (1974). "Attachment behavior in thirteen-month old opposite sex twins". *Child Development* 45, p. 248-251.

BROWN, D.G. (1958). "Sex-role preference in a changing culture". *Psychological Bulletin* 55, p. 232-242.

_____ (1957). "Masculinity-Femininity development in children". *Journal of Consulting Psychology* 21, p. 197-202.

_____ (1956). "Sex role preference in young children". *Psychological Monographs* 70, p. 14 [whole n. 421].

BROWN, R.W. (1973). "Schizophrenia, Language and Reality". *American Psychologist* 28, p. 395-403.

_____ (1965). *Social Psychology.* Nova York: Free Press.

_____ (1958). *Words and Things.* Glencoe, Ill.: Free Press.

BRUCK, K. (1961). "Temperature regulation in the newborn infant". *Biologia Neonatorum* 3, p. 65-119.

BRYAN, J.H. & LONDON, P. (1970). "Altruistic behavior in children". *Psychological Bulletin* 73, p. 200-211.

BURTON, R.V.; MACCOBY, E.E. & ALLINSMITH, W. (1961). "Antecedents of resistance to temptation in four-year old children". *Child Development* 32, p. 689-710.

BUSS, A.H. (1966). "Instrumentality of aggression, feedback and frustration as determinants of physical aggression". *Journal of Personality and Social Psychology* 3, p. 153-162.

BZUNECK, J.A. (1979). "Julgamento moral de adolescentes delinquentes e não delinquentes em relação à ausência paterna". São Paulo: Universidade de São Paulo [Tese de doutorado].

CALDWELL, B.; WRIGHT, C.; HONING, R. & TANNENBAUM, J. (1970). "Infant day care and attachment". *American Journal of Orthopsychiatry* 40, p. 397-412.

CAMINO, C.P.S. (1979). "Determinants cognitifs et sociaux du jugement moral". Lovaina: Universidade de Lovaina [Tese de doutorado].

CAMINO, C.P.S.; LEYENS, J.P. & CAVELL, B. (1979). "Les reactions aggressives de groupes minoritaires. I. Études préliminaires: L'attribuition de responsabilité, le sentiment de competence et le controle stratégique". *Recherches de Psychologie Sociale* 1, p. 83-97.

CAMINO, C.P.S. & TROCCOLI, B. (1981). "Categorization of violence, beliefin a just world, and political activism". João Pessoa: Universidade Federal da Paraíba [Manuscrito].

CARLSON, R. (1963). "Identification and personality structure in préadolescents". *Journal of Abnormal and Social Psychology* 67, p. 566-573.

CARMICHAEL, L. (org.) (1946). *Manual of Child Psychology.* Nova York: Wiley.

CARRAHER, T.N. (1986). *Aprender pensando.* Petrópolis: Vozes.

CARTHY, J.D. & EBLING, F.J. (orgs.) (1964). *The Natural History of Aggression.* Nova York: Academic Press.

CHAPMAN, M.; ZAHN-WAXIER, C.; COOPERMAN, G. & IANNOTTI, R. (1987). "Empathy and responsibility in the motivation of children's helping". *Developmental Psychology* 23, 1, p. 140-145.

CHARLESWORTH, W.R. (1964). "Instigation and maintenance of curiosity behavior as a function of surprise versus novel and familiar stimuli". *Child Development* 35, p. 1.169-1.186.

CHASE, W.P. (1937). "Vision in infants". *Journal of Experimental Psychology* 20, p. 203-222.

CHEYNE, J.A.; GOYECHE, J.R.M. & WALTERS, R.H. (1969). "Attention, anxiety and rules in resistance to deviation in children". *Journal of Experimental Child Psychology* 8, p. 127-139.

CHITTENDEM, G.E. (1942). "An experimental study in measuring and modifying assertive behavior in young children". *Monographs of the Society for Research in Child Development* 7, 1 [Serial n. 31].

CHOMSKY, N. (1965). *Aspects of the Theory of Syntax.* Cambridge, Mass.: M.I.T. Press.

_____ (1957). *Syntactic Structures.* Haia: Mouton.

CIBILS, Z. (1978). "Enurese infantil e agressividade". Porto Alegre: Pontifícia Universidade Católica do Rio Grande do Sul [Tese de mestrado].

CLARK, C. (1957). *The Conditions of Economic Progress.* Londres: MacMillan.

CLARK, G.R.; TELFER, M.A.; BAKER, D. & ROSEN, M. (1962). "Sex chromosomes, enzyme, and psychosis". *American Journal of Psychiatry* [apud BANDURA & WALTERS, 1963].

CLARKE-STEWART, A.; FRIEDMAN, S. & KOCH, J. (1985). *Child Development*: a Topical Approach. Nova York: Wiley.

COLIN, V. (1986). "Hierarchies and patterns of infant's attachments to employed mothers and alternative caregivers". Los Angeles, Califórnia [Trabalho apresentado na International Conference on Infance Studies].

COMMONS, M.L.; RICHARDS, F.A. & KUHN, D. (1982). "Systematic and metasystematic reasoning: A case for levels of reasoning beyond Piaget's stage of formal operations". *Child Development* 53, p. 1.058-1.069.

CONNER, R.L. & LEVINE, S.C. (1969). Hormonal influences on aggressive behavior. In: GARATTINI, S. & SIGG, E.B. (orgs.). *Aggressive Behavior*. Nova York: Wiley, p. 150-163.

CONSTANTINOPLE, A. (1969). "An Eriksonian measure of personality development in college students". *Developmental Psychology* 3, p. 357-372.

COWAN, P.A. & WALTERS, R.H. (1963). "Studies of reinforcement of aggression: I. Effects of scheduling". *Child Development* 34, p. 543-551.

CRANDALL, V.J.; PRESTON, K. & RABSON, A. (1960). "Maternal reactions and the development of independence and achievement in young children". *Child Development* 31, p. 243-251.

CUMMINGS, E.M. & BJORK, E.L. (1981). "The search behavior of 12 to 14 month-old infants on a five-choice invisible displacement hiding task". *Infant Behavior and Development* 4, p. 47-60.

D'ANDRADE, R.G. (1966). "Sex differences and cultural institutions". In: MACCOBY, E. & JACKLIN (orgs.). *The Psychology of Sex Differences*. [s.l.]: Stanford University Press, p. 174-204.

DEUR, J.L. & PARKE, R.D. (1970). "Effects of inconsistent punishment on agrression in children". *Developmental Psychology* 2, p. 403-411.

DEUTSCH, M. (1966). Early school environment: its influence on school adaptation. In: HECHINGER, F.M. (org.). *Preschool Education today*. Nova York: Doubleday, p. 13-24.

DEVEREUX, E.C. Jr. (1970). "Some reflections on research reporting in Psychology: an editorial". *Child Development* 41, p. 901-907.

DIENES, Z.P. (1972). *As seis etapas do processo de aprendizagem em matemática.* 3 vols. São Paulo: Herder [original 1970].

DOLLARD, J.; DOOB, L.W.; MILLER, N.E.; MOWRER, H. O. & SEARS, R.R. (1939). *Frustration and aggression.* New Haven: Yale University Press.

DOLLARD, J. & MILLER, N.E. (1950). *Personality and Psychotherapy.* Nova York: McGraw-Hill.

DUNN, J. & KENDRICK, C. (1982). "The speech of two and three-year olds to infant siblings: Baby talk and the context of communication". *Journal of Child Language* 9, p. 579-595.

DURKHEIM, E. (1953). *Sociology and Philosophy.* Glencoe, Ill:. Free Press [original 1900].

DWORETSKI, G. (1939). "Le test de Rorschach et revolution de la perception". *Archives de Psychologie* 27, p. 233-396 [resumido em DWORETSKI, G. Meili. The development of perception in the Rorschach. In: KLOPFER, B. *The Rorschach Technique.* Vol. 2: Fields of application. Nova York: World book, 1956, p. 104-176 (apud REESE & LIPSITT, 1970)].

EHRARDT, A.A.; EPSTEIN, Kr. & MONEY, J. (1968). "Fetal androgens and female gender identity in the early treated adrenogenital syndrome". *Johns Hopkins Medical Journal* 122, p. 160-167.

ELKIND, D.; KOEGLER, R.R. & GO, E. (1964). "Studies in perceptual development: II. Part-whole perception". *Child Development* 35, p. 81-90.

ELKIND, D. (1961). "The development of quantitative thinking: a systematic replication of Piaget's studies". *Journal of genetic Psychology* 98, p. 37-46.

ERIKSON, E.H. (1963). *Childhood an Society.* 2. ed. Nova York: W.W. Norton [tradução em português disponível].

_____ (1959). *Identity and the life cycle.* Nova York: International University Press.

_____ (1956). "The problem of ego identity". *Journal of the American Psychoanalytic Association* 4, p. 56-121.

ERICKSON, M.F.; SROUFE, L.A. & EGELAND, B. (1985). The relationship between quality of attachment and behavioral problems in preschool in a high-risk sample. In: BRETHERTON, I. & WATERS, E. (orgs.). Growing points in attachment theory and research. *Monographs of the Society for Research in Child Development.*

ESCALONA, S.K. (1950). "Emotional development in the first year of life". In: SENN, M.J.E. (org.). *Symposium on the Healthy Personality.* Nova York: Josiah Mary Jr. Foundation [Suplemento n. 2].

EVANS, W.F. & GRATCH, G. (1972). "The stage IV error in Piaget's theory of object concept development: difficulties in object conceptualization or spatial localization?" *Child Development* 43, p. 682-688.

FAIRBAIRN, K.R.D. (1952). *Psychoanalytic Studies of the Personality.* Londres: Tavistock.

FANTZ, R.L. (1965). "Visual perception from birth as shown by pattern selecting". *Annals of the New York Academy of Sciences* 118, p. 793-814.

FANTZ, R.L.; ORDY, J.M. & ULDELF, M.S. (1962). "Maturation of pattern vision in infants during the first six months". *Journal of Comparative and Physiological Psychology* 55, p. 907-917.

FEIN, O. (1979). "The effect of chronological age and model reward on imitation". *Developmental Psychology* 9, p. 283-289.

FENNOMA, E. & SHERMAN, J. (1977). "Sex-related differences in mathematics achievement, spatial visualization, and affective factors". *American Education Research Journal* 14, p. 51-71.

FERENCZI, S. (1938). "Thalassa". *Psychoanalytic Quarterly.* Albany, N.Y. (original alemão, 1924) [Traduzido para o inglês por H.A. Bunker].

FERSTER, C.B. & SKINNER, B.F. (1952). *Schedules of Reinforcement.* Nova York: Appleton-Century-Crofts.

FESHBACH, S. (1970). Aggression. In: MUSSEN, P.H. (org.). *Carmichael's Manual of Child Psychology.* Vol. II. Nova York: Wiley, p. 159-259.

_____ (1964). "The function of aggression and the regulation of aggressive drive". *Psychological Review* 71, p. 257-272.

FESTINGER, L. (1957). *A Theory of Cognitive Dissonance.* Evanston, Ill.: Row Peterson.

FINLEY, G.E.; KAGAN, J. & LAYNE, O. Jr. (1972). "Development of young children's attention to normal and distorted stimuli: a cross-cultural study". *Developmental Psychology* 6, p. 288-292.

FLAVELL, J.H. (1963). *The Developmental Psychology of Jean Piaget.* Princeton: Van Nostrand.

FLAVELL, J.H.; SPEER, J.R.; GREEN, F.L. & AUGUST, D.L. (1981). "The development of comprehension monitoring and knowledge about communication". *Monographs of the Society for Research in Child Development* 46 [Serial n.192].

FLECK, R. (1981). "Sociedade gera círculo vicioso que leva ao crime". *Correio do Povo*. Porto Alegre, 24 de fevereiro de 1981.

FLESCH, R. (1955). *Why Johnny can't read*. Nova York: Harper and Row.

FLORES, T.M.V. (1984). "Relações entre graus nutricionais de crianças de periferia e níveis alcançados em provas de Piaget sobre a contradição". São Paulo: Instituto de Psicologia/Universidade de São Paulo [Tese de doutorado].

FRASER, C.; BELLUGI, U. & BROWN, R. (1963). "Control of Grammar in imitation, comprehension, and production". *Journal of Verbal Learning and Verbal Behavior* 2, p. 121-135.

FREEDMAN, D.G. (1979). *Human Sociobiology*: a holistic approach. Nova York: Free Press.

FRENCH, E.G. (1955). "Some characteristics of achievement motivation". *Journal of Experimental Psychology* 53, p. 96-99.

FREITAG, B. (1986). *A teoria crítica*: Ontem e hoje. São Paulo: Brasiliense.

FREUD, A. (1965). *Normality and Pathology in Childhood*: Assessments of Development. Nova York: International University Press.

_____ (1957). "On narcisism: an introduction". Londres: Hogarth, p. 73-102 [*Standard Edition*, XIV (1914)].

_____ (1955). *Standard Edition of the Complete works of Sigmund Freud*. Londres: Hogarth [org. J. Strachey (20 volumes)].

_____ (1954). "Psychoanalysis and Education". *Psychoanalitc Study of the Child* 9, p. 9-15.

_____ (1952). "The mutual influence in the development of the ego". *Psychoanalytic Study of the Child* 7, p. 42-50.

_____ (1950a). Some psychological consequences of the anatomical distinction between the sexes. In: *Collected Papers*. Vol. V. Londres: Hogarth, p. 186-197.

_____ (1950b). Why War? In: STRACHEY, J. (org.). *Collected Papers,* Vol. V. Londres: Hogarth, p. 273-287.

_____ (1949). *An outline of Psychoanalysis*. Nova York: Norton.

_____ (1949). *Group Psychology and the Analysis of the Ego*. Nova York: Leveright [original 1922].

_____ (1946a). *The Ego and the Mechanisms of Defense.* Londres/Nova York: Hogarth/International University Press

_____ (1946b). "The psychoanalytic study of infantile feeding disturbances". *Psychoanalytic Study of the Child* 2, p. 119-132.

_____ (1925). Mourning and Melancholia. In: JONES, E. (org.). *Collected Papers.* Vol. IV. Londres: Hogarth, p. 152-170.

_____ (1920). *A general introduction to Psychoanalysis.* NovaYork: Boni & Leveright.

FURTH, H. G. (1971). *Piaget na sala de aula.* Rio de Janeiro: Forense.

_____ (1966). *Thinking without language:* Psychological implications of deafness. Englewood Cliffs, N.J.: Prentice-Hall.

GAMBLE, T.J. & ZIGLER, E. (1986). "Effects of infant day care: Another look at the evidence". *American Journal of Orthopsychiatry* 56, p. 26-42.

GARDNER, R. & HEIDER, K.G. (1969). *Gardens of War:* Life and Death in the New Guinea Stone Age. Nova York: Random House.

GARNER, J. & PLANT, E.L. (1972). "On the measurement of egocentrism. A replication and extension of Aebli's findings". *British Journal of Educational Psychology* 42, p. 79-83.

GEDDES, P. & THOMSON, J.A. (1897). *The Evolution of Sex.* Londres: Scott.

GEEN, R.G. & STONNER, D. (1971). "Effects of aggressiveness habit strength on behavior in the presence of aggression-related stimuli". *Journal of Personality and Social Psychology* 17, p. 149-153.

GERBNER, G. (1972). Violence and television drama: Trends and symbolic functions. In: COMSTOCK, G.A. & RUBINSTEIN, A. (orgs.). *Television and Social Behavior,* Vol. I. Media Content and Control. Washington, D.C.: US Government Printing Office.

GEWIRTZ, J.L. (1969). Mechanisms of Social Learning: some roles of stimulation and behavior in early human development. In: GOSLIN, D.A. (org.). *Handbook of Socialization Theory and Research.* Chicago: Rand McNally, p. 57-212.

GIBSON, E.J. & WALK, R.D. (1960). "The 'visual cliff'". *Scientific American* 202, p. 64-71.

GILLESPIE, W.H. (1971). "Aggression and instinct theory". *International Journal of Psychoanalysis* 52, p. 155-160.

GINSBURG, H.J. & OPPER, S. (1969). *Piage's Theory of Intellectual Development*. Englewood-Cliffs, N.J.: Prentice-Hall.

GIROUX, H. (1985). *Teoria crítica e resistência em educação*. Petrópolis: Vozes.

GOLDBERG, S. & LEWIS, M. "Play behavior in the year-old infant: early sex differences". *Child Development* 40, p. 21-31.

GRINDER, R. (1962). "Parental child-rearing practices, conscience and resistance to temptation of sixth-grade children". *Child development* 33, p. 803-820.

_____ (1961). "New Techniques for research in children's, temptation behavior". *Child Development* 32, p. 679-688.

GRUEN, G.E. & VORE, D.A. (1972). "Development of conservation in normal and retarded children". *Developmental Psychology* 6, p. 146-157.

GRUSEC, J.E. (1972). "Demand characteristics of modeling experiments: Altruism as a function of age and aggression". *Journal of Personality and social Psychology* 22, p. 139-148.

GRUSEC, J.E. & EZRIN, S.A. (1972). "Techniques of punishment and the development of self-criticism". *Child Development* 43, p. 1.273-1.288.

GRUSEC, J.E. & SKUBISKI, S.L. (1970). "Model nurturance, demand characteristics of the modeling experiment and altruism". *Journal of Personality and Social Psychology*, p. 352-359.

HALL, R.V. (1973). *Manipulação de comportamento*. São Paulo: Pedagógica Universitária [Vol. I. Mensuração e registro de comportamentos; Vol. II: Modificação de comportamento, princípios básicos; Vol. III: Aplicações na escola e no lar].

HARLOW, H.F. (1974). "Entrevista televisionada" – Canal 4. Rio de Janeiro: Rede Globo.

_____ (1962). "The heterosexual affectional system in monkeys". *American Psychologist* 17, p. 1-9.

(1958). "The nature of Love". *American Psychologist* 13, p. 673-685.

HARLOW, H.F. & HARLOW, M.K. (1965). The effect of rearing conditions on behavior. In: MONEY, J. (org.). *Sex Research*: New Developments. Nova York: Holt.

HARLOW, H.F. & SUOMI, S.J. (1970). "The nature of love simplified". *American Psychologist* 2, p. 161-168.

HARLOW, H.F. & ZIMMERMAN, R.R. (1959). "Affectional responses in the infant monkey". *Science* 130, p. 431-432.

HARRIS, D.B. (org.) (1957). *The Concept of Development*: An Issue in the Study of Human Behavior. Minneapolis: University of Minnesota Press.

HARRIS, F.R.; WOLF, M. & BAER, D.M. (1964). "Effects of adult social reinforcement on child behavior". *Young Children* 20, p. 8-17.

HARRIS, P. (1983). Infant Cognition. In: MUSSEN,P.H. (org.). *Handbook of Child Psychology*. Vol. 2. Nova York: Wiley.

HARTLEY, R.E. (1960). "Children's concepts of male and female roles". *Merrill-Palmer Quarterly* 6, p. 83-91.

_____ (1959). "Sex-role pressures and the socialization of the male child". *Psychological Reports* 5, p. 457-468.

HARTMANN, D.P. (1969). "Influence of symbolic modeled instrumental aggression and pain cues on aggressive behavior". *Journal of Personality and Social Psychology* 11, p. 280-288.

HARTMANN, H. (1958). *Ego Psychology and the Problem of Adaptation*. Nova York: International University Press.

HARTSHORNE, H. & MAY, M.A. (1928-1930). *Studies in the Nature of Character*. Nova York: MacMilan [3 vols.].

HARTUP, W.W. & ZOOK, E.A. (1960). "Sex-role preferences in three and four year old children". *Journal of Consulting Psychology* 24, p. 420-426.

HAVIGHURST, R.J. & NEUGARTEN, H. (1955). *American Indian and White Children*. Chicago: University of Chicago Press.

HEBB, D.O. (1946). "On the nature of fear". *Psychological Review* 53, p. 259-276.

HEICHELHEIM, F. (1938). *Wirtschaftsgeschichte des Altertums*. Leiden: A.W. Sitjhoff [apud BROWN, R., 1965].

HEIDER, F. (1958). *The Psychology of Interpersonal Relations*. Nova York: Wiley.

HEILBRUN, A.B. Jr. & FROMME, D.K. (1965). "Parental identification of late adolescents and level of adjustment: The importance of parental model attributes, ordinal position, and sex of the child". *Journal of Genetic Psychology* 107, p. 49-59.

HEILBRUN, A.B. Jr. & HALL, C.L. (1964). "Resource mediation in childhood and identification". *Journal of Child Psychology and Psychiatry* 5, p. 139-149.

HEINICKE, C.M. (1953). "Some Correlates of Guilt-Fear in Young Boys".Harvard: Universidade de Harvard [apud BANDURA & WALTERS, 1963 – Tese de doutorado].

HEINMAN, P. (1969). Sobre a teoria dos instintos de vida e de morte. In: *Os progressos da psicanálise*. Rio de Janeiro: Zahar.

HEMMENDINGER, L. (1953). "Perceptual organization and development as reflected in the structure of Rorschach test responses". *Journal of Projective Techniques* 17, p. 162-170.

HETHERINGTON, E.M. (1965). "A developmental study of the effects of sex of the dominant parent on sex-role preference, identification and imitation in children". *Journal of Personality and Social Psychology* 2, p. 188-194.

HETHERINGTON, E.M. & FRANKIE, G. (1967). "Effects of parental dominance, warmth, and conflict on imitation in children". *Journal of Personality and Social Psychology* 6, p. 119-125.

HINDE, R.A. (1960). "Energy models of motivation". *Symposium on Social Experimental Biology* 14, p. 199-213.

HOFFMAN, M.L. (1960). "Power assertion by the parent and the impact on the child". *Child Development* 31, p. 129-143.

HOLLINGSHEAD, A.B. & REDLICH, F.C. (1958). *Social Class and Mental Illness*. Nova York: Wiley.

HOWES, C.; RODNING, C.G. & MYERS, L. (1987). "Attachment and Child Care: Relationships with mothers and caregivers". *Early Childhood Research Quarterly*.

HOWES, C. & STEWART, P. (1987). "Child's play with adults, toys, and peers: An examination of family and child-care influences". *Developmental Psychology* 23, p. 423-430.

HULL, C.L. (1943). *Principles of Behavior*. Nova York: Appleton-Century-Crofts.

HUNT, J. McV. (1961). *Intelligence and Experience*. Nova York: Ronald.

INHELDER, B. (1957). Developmental Psychology. *Annual Review of Psychology* 8, p. 139-162.

ISEN, A.M. (1970). "Success, failure, attention and reaction to others: the warm glow of success". *Journal of Personality and Social Psychology* 15, p. 294-301.

ISEN, M.A.; HORN, N. & ROSENHAM, D.L. (1971). "Success, failure, and altruistic behavior". Stanford: Stanford University [apud ROSENHAM, 1972 – Manuscrito].

JABLONSKY, G. (1978). "Catarse de agressão: um exame crítico". Rio de Janeiro: Pontifícia Universidade Católica do Rio de Janeiro [Manuscrito].

JABOUR, D.C. (1977). "O método hipotético-dedutivo e as operações formais". Rio de Janeiro: Pontifícia Universidade Católica do Rio de Janeiro [Tese de Mestrado].

JACOBS, P.A.; BRUNTON, M. & MELVILLE, M.M. (1965). "Aggressive behavior, mental subnormality and the XYY male". *Nature* 208, p. 1.351-1.352.

JACOBSON, E. (1959). "Contribution to the metapsychology of psychotic identification". *Journal of Personality* 27, p. 532-545.

JARVIK, L.F.; KLODIN, V. & MATSUYAMA, S. (1973). "Human aggression and the extra Y chromosome: Fact or fantasy?". *American Psychologist* 28, p. 674-682.

JEFFERY, W.E. (1970). Perception, attention, and curiosity. In: SPENCER, T.D. & KASS, N. *Perspectives in Child Psychology*. Nova York: McGraw-Hill.

JENKINS, J.J. & PALERMO, D.S. (1964). Mediation processes and the acquisition of linguistic structure. In: BELLUGI, U. & BROWN, R. (orgs.). The acquisition of language. *Monographs of the Society for Research in Child Development* 29, (1) [Whole n. 92, p 141-169].

JENSEN, K. (1932). "Differential reactions to taste and temperature stimuli in newborn infants". *Genetic Psychology Monographs* 12, p. 361-479.

JEZARD, S. & WALTERS, R.H. (1960). "A study of some determinants of aggression in young children". *Child Development* 31, p. 739-747.

JONES, M.C. (1926). "The development of early behavior patterns in young children". *Journal of Genetic Psychology* 33, p. 537-585.

JONES, M.C. & MUSSEN, P. (1958). "Self-conceptions, motivation and interpersonal attitudes of late and early maturing girls". *Child Development* 29, p. 491-501.

JONES, M.C. & JONES, N.B. (orgs.) (1972). *Ethological Studies of Child Behavior*. Cambridge: Cambridge University Press.

KAGAN, J.; HUNKER, B.A.; HENTOV, A.; LEVINE, J. & LEWIS, M. (1966). "Infants differential reactions to famiiar and distorted faces". *Child Development* 87, p. 519-532.

KANTOR, J.R. (1935). *An Objective Psychology of Grammar*. Bloomington, Ind.: Principia Press.

KEATING, D.P. (1980). Thinking processes in adolescence. In: ADELSON, J. (org.). *Handbook of Adolescent Psychology*. Nova York: Wiley.

KESSLER, S. & MOSS, R.H. (1970). "The XYY karyotype and criminality: A review". *Journal of Psychiatric Research* 7, p. 153-170.

KIDD, A.H. & KIDD, R.M. (1966). The development of auditory perception in children. In: KIDD, A.H. & RIVOIRE, J.L. (orgs.). *Perceptual Development in Children*. Nova York: International University Press, p. 113-142.

KLEIN, M. (1952). Some theoretical conclusions regarding the emotional life of the infant. In: KLEIN, M.; HEIMANN, P.; ISAACS, S. & RIVIERE, J. *Developments in Psychoanalysis*. Londres: Hogarth, p. 198-236.

KNOBEL, M. (1972). *Infância, adolescência y família*. Buenos Aires: Granica.

KOHLBERG, L. (1984). *Essays on Moral Development*. Vol. 2. The Psychology of Moral Development. San Francisco: Harper and Row.

_____ (1981). *Essays on Moral Development*. Vol. 1: The Philosophy of Moral Development. San Francisco: Harper and Row.

_____ (1972). "Manual for issue-scoring the Moral Judgment Stories". Harvard: Harvard University [Manuscrito].

_____ (1970). Form is to ought: How to commit the naturalistic fallacy and get away with it in the study of moral development. In: MISCHEL, T.S. (org.). *Genetic Epistemology*. Nova York: Academic Press.

_____ (1964). The development of moral character and moral ideology. In: HOFFMAN, M. & HOFFMAN, L. (1964). *Review of Child Development Research* 50. Nova York: Russell Sage Foundation.

_____ (1963). "The development of children's orientation toward a moral order: I. Sequence in the development of moral thought". *Vita Humana* 6, p. 11-33.

KOHLBERG, L. & CANDEE, D. (1984). The relationship of moral judgement to moral action. In: KURTINES, W. & GEWIRTZ, J. (orgs.). *Morality, Moral Behavior and Moral Development*. Nova York: Wiley.

KOHLBERG, L. & KRAMER, R. (1969). "Continuities and discontinuities in children and adult moral development". *Human Development* 12, p. 93-129.

KOHLBERG, L. & TURIEL, E. (orgs.) (1971). *Recent Research in Moral Development*. Nova York: Holt, Rinehart and Winston.

KRENTZ, S. (1983). "Qualitative differences between mother-child and care-giver-child attachments and infants in family day-care". Detroit, Ill. [Trabalho apresentado na Reunião Bienal da Society for Researcn ih Child Development].

KRIS, E. (1951). On preconscious mental processes. In: RAPPAPORT, D. (org.). *Organization and Pathology of Thought.* Nova York: Columbia University Press, p. 474-493.

KUHN, T. (1962). *The structure of scientific revolutions.* Chicago: University of Chicago Press.

KUHN, T.D.Z.; MADSEN, C.H. & BUKER, W.C. (1967). "Effects of exposure to an aggressive model and 'frustration' on children's aggressive behavior". *Child Development* 38, p. 739-745.

KUO, Z.Y. (1938). "The genesis of the cat's responses to the rat". *Journal of Comparative Psychology* 25, p. 1-8.

KURTINES, W. & GEWIRTZ, J. (orgs.) (1984). *Morality, Moral Behavior, and Moral Development.* Nova York: Wiley.

LAMB, M.E. (1977). "Father-infant and mother-infant interaction in the first year of life". *Child Development* 48, p. 167-181.

LANGER, J. (1969). *Theories of Development.* Nova York: Holt.

LA VOIE, J.C. (1974). "Type of punishment as a determinant of resistance to temptation". *Developmental Psychology* 10, p. 181-189.

_____ (1973). "The effects of an aversive stimulus, a rationale, and sex of child on punishment effectiveness and generalization". *Child Development* 8, p. 16-24.

LAZARUS, A. (1963). "The results of behavior therapy in 126 cases of severe neurosis". *Behavior Research and Therapy* 1, p. 63-78.

_____ (1960). The elimination of children's phobias by de-conditioning. In: EYSENCK, H.J. (org.). *Behavior Therapy and the Neuroses.* Nova York: Pergamon, p. 114-122.

LAZOWICK, L.M. (1955). "On the nature of identification". *Journal of Abnormal and Social Psychology* 51, p. 175-183.

LE COMTE, G.R. & GRATCH, G. (1972). "Violation of a rule as a method of diagnosing infant's level of object concept". *Child Development* 43, p. 385-396.

LEFKOWITZ, M.; ERON, L.; WALDER, L. & HUESMAN, L.R. (1972). Television violence and child aggression: a follow-up study. In: COMSTOCK, G.A. & RUBINSTEIN, A. (orgs.). *Television and Social Behavior.* Vol. III: Television and Adolescent Aggressiveness. Washington, D.C.: US Government Printing Office.

LEHRMAN, D.S. (1953). "A critique of Konrad Lorenz's theory of instinctive behavior". *Quarterly Review of Biology* 28, p. 337-363.

LENNEBERG, E.H. (1967a). *Biological Foundations of Language.* Nova York: Wiley.

_____ (1967b). "Biological foudations of Language". *Hospital Practice* 2, p. 59-67.

LEVY, R.I. (1969). On getting angry in the Society Islands. In: CAUDILL, W. & LIN, T.Y. (orgs.). *Mental Health Research in Asia and the Pacific.* Honolulu: East West Center Press, p. 358-380.

LEWIN, Z.G. (1987a). "Televised Aggression: Facts and myths". Los Angeles: University of California.

_____ (1987b). "Children television advertising, policy issues and practices: a cognitive-developmental perspective". *ARD-Forschungsdienst.*

_____ (1987c). "Educational Television in Brazil: The State of the Art". *Crossroads.* Ucla.

LEWIN, Z.G.& BERRY, G. (1987). Parental mediation, the child and television: securing positive psycho-social messages from the medium. Proceedings of the Conference on Channeling Children's Anger. In: VESIN, P. (org). *Programme on Development of information on Early childhood.* Paris: International Children's Center.

LIEBERT, R. & BARON, R.A. (1972). Short-term effects of television and other media. In: RUBINSTEIN, E.A.; COMSTOCK, G.A. & MURRAY, J.P. (orgs.). *Television and Social Behavior.* Vol. II: Television and Social Learning. Washington, D.C: US Government Printing Office.

LIPSITT, L.P. & DE LUCIA, C. (1960). "An apparatus for the measurement of specific responses and general activity of the neonate". *American Journal of Psychology* 73, p. 630-632.

LIPSITT, L.P.; KAYE, H. & ENGER, T. (1963). "Developmental changes in the olfactory threshold of the neonate". *Child Development* 34, p. 371-376.

LIPSITT, L.P & LEVY, N. (1959). "Electrotactual threshold in the neonate". *Child Development* 30, p. 547-554.

LITTENBERG, R.; TULKIN, S.R. & KAGAN, J. (1971). "Cognitive components of separation anxiety". *Developmental Psychology* 4, p. 387-388.

LOEVINGER, J. (1966). "The meaning and measurement of ego development". *American Psychologist* 21, p. 195-206 [apud LANGER, 1969].

LOEW, C.A. (1967). "Acquisition of a hostile attitude and its relationship to aggressive behavior". *Journal of Personality and Social Psychology* 5, p. 335-341.

LOEWENSTEIN, R.M. (1953). *Drives, affects, and Behavior.* Nova York: International University Press.

LORENZ, K. (1957). Companionship and bird life. In: SCHILLER, C.H. (org.). *Instinctive Behavior.* Nova York: International University Press.

LORENZ, K. (1961). *On Aggression.* Nova York: Harcourt, Brace & Janowitz.

LOVAAS, O.I. (1967). A behavior therapy approach to the treatment of childhood schizophrenia. In: HILL, J. *Minnesota Symposium on Child Psychology.* Minneapolis: University of Minnesota Press.

_____ (1961). "Effect of exposure to symbolic aggression on aggressive behavior". *Child Development* 32, p. 37-44.

LOWELL, E.L. (1952). "The effect of need for achievement on learning and speed of performance". *Journal of Psychology* 33, p. 31-40.

LUNDIN, R.W. *Personalidade* – Uma análise do comportamento. São Paulo: Herder [original, 1969].

LUNZER, E.A. (1960). *Recent Studies in Britain based on the Work of Jean Piaget.* Londres: National Foundation for Educational Research in England.

LURIA, A.R. (1969). Speech development and the formation of mental processes. In: COLE, M. & MALTZMAN, I. (orgs.). *Handbook of contemporary Soviet Psychology.* Nova York: Basic Books.

_____ (1961). *The role of speech in the regulation of normal and abnormal behavior.* Londres: Pergamon Press.

LYLE, J. & HOFFMAN, M.R. (1972a). Children's use of television and other media. In: RUBINSTEIN, E.A.; COMSTOCK, G.A. & MURRAY, J.P. (orgs.). *Television and Social Behavior.* Vol. IV: Television in day-to-day life: Patterns of use. Washington, D.C: US Government Printing Office [apud MURRAY, 1973].

_____ (1972b). Explorations in patterns of television viewing by preschool age children. In: RUBINSTEIN; COMSTOCK & MURRAY (orgs.). *Televisi-*

on and Social Behavior. Vol. IV: Television in day-to-day life: Patters of use. Washington, D.C.: US Government Priting Office.

LYNN, D.B. (1961). "Sex differences in identification development". *Sociometry* 24, p. 372-383.

MACCOBY, E.E. (1959). "Role-taking in childhood and its consequences for social learning". *Child Development* 30, p. 239-252.

MACCOBY, E.E. & JACKLIN, C.N. (1974). *The Psychology of Sex Differences*. Stanford, Califórnia: Stanford University Press.

MacDOUGALL, W. (1908). *An Introduction to Social Psychology*. Londres: Methuen.

MACEDO, L. de. (1983). "Nível operatório de escolares (11-15 anos) conforme a EdPL de Longeot: Estudo intercultural, transversal e longitudinal". São Paulo: Universidade de São Paulo [Tese de livre-docência].

MANICAS, P.T. & SECORD, P.F. (1983). "Implications for Psychology of the New Philosophy of Science". *American Psychologist* 4, p. 399-411.

MARATSON, M. (1983). Some current issues in the study of the acquisition of grammar. In: MUSSEN, P.H. (org.). *Handbook of Child Psychology,* Vol. III. Nova York: Wiley.

MARX, M. (1963). The general nature of theory construction. In: MARX, M. (org.). *Theories in Contemporary Psychology*. Nova York: Mac Millan.

McCLELLAND, D.C. (1978). "Managing motivation to expand human freedom". *American Psychologist* 33, p. 201-210.

_____ (1972). "What is the effect of achievement motivation training in the schools?" *Teacher's College Record*. Columbia University 74, p. 129-145.

_____ (1971a). *Assessing Human Motivation. Module*. Nova York: General Learning Press.

_____ (1971b). *Motivational Trendis in Society*. Nova York: General Learning Press.

_____ (1969). "Reports on achievement motivation, Barpali, India". In: FRASER Jr., T.M. *American Anthropologist* 71, p. 333-334.

_____ (1965). "Achievement motivation can be developed". *Harvard Business Review,* nov.-dez.

_____ (1961). *The Achieving Society*. Princeton: Van Nostrand.

_____ (org.) (1955). *Studies in Motivation.* Nova York: Appleton-Century-Crofts, 1955.

McCLELLAND, D.C.; ATKINSON, J.W.; CLARK, R.A. & LOWELL, E.L. (1953). *The Achievement Motive.* Nova York: Appleton-Century-Crofts.

McCORD, W.; McCORD, J. & ZOLA, I.K. (1959). *Origins of Crime*: a New Evaluation of the Cambridge-Sommerville Youth Study. Nova York: Columbia University Press.

McGUINESS, D. (1985). *When children don't learn*: Understanding the biology and psychology of learning disabilities. Nova York: Basic Books.

McKENZIE, B.E., TOOTELL, H.E. & DAY, R.H. (1980). "Development of visual size-constancy during the first year of human infancy". *Developmental Psychology* 16, p. 163-174.

McNEILL, D. (1968). On theories of language acquisition. In: DIXON, T.R. & NORTON, D.L. (orgs.). *Verbal Behavior and General Behavior Theory.* Englewood-Cliffs, N.J.: Prentice-Hall, p. 406-420.

_____ (1966a). Developmental Psycholinguistics. In: SMITH, F. & MILLER, G.A. (orgs.). *The Genesis of Language*: a Psycholinguists Approach. Cambridge, Mass.: MIT Press, p. 15-84.

McNEILL, D. (1966b). The creation of language by children. In: LEJONS, J. & WALES, R.J. (orgs.). *Psycholinguistics Papers.* Edinburgh: Edinburgh University Press, p. 99-115.

MEAD, G.H. (1934). *Mind, Self, and Society.* Chicago, Ill.: University of Chicago Press.

MEHLER, J. & BEVER, T.G. (1967). "Cognitive capacity of very young children". *Science* 158, p. 141-142.

MENNINGER, K. (1971). *Eros e Thanatos*: O Homem contra si mesmo. São Paulo: Ibrasa.

MIDLARSKY, E. (1968). "Aiding responses: an analysis and review". *Merrill-Palmer Quarterly* 14, p. 229-260.

MIDLARSKY, E. & BRYAN, J.H. (1967). "Training charity in children". *Journal of Personality and Social Psychology* 5, p. 408-415.

MILGRAM, S. (1974). *Obedience to authority*: an experimental view. Nova York: Harper and Row.

MILLER, N.E. (1959). Liberalization of S-R concepts: Extension to conflict behavior, motivation, and social learning. In: KOCH, S. (org.). *Psychology*: A Study of a Science. Vol. II. Nova York: McGraw-Hill, p. 196-292.

_____ (1941). "The frustration-aggression hypothesis". *Psychological Review* 48, p. 337-342.

MILLER, N.E. & DOLLAND, J. (1941). *Social Learning and Imitation*. New Haven: Yale University Press.

MISCHEL, W. (1973). "Toward a cognitive social learning theory of personality". *Psychological Review* 80, p. 252-284.

_____ (1961). "Preference for delayed reinforcement – An experimental study of a cultural observation". *Journal of Abnormal and Social Psychology* 63, p. 116-124.

MONTAGU, M.F.A. (org.) (1968). *Man and Aggression*. Nova York: Oxford University Press.

MORGAN, G.A. & RICCIUTI, H.N. (1969). Infants' responses to strangers during the first year. In: FOSS, B.M. (org.). *Determinants of Infant Behavior*. Vol. IV. Londres: Methuen, p. 253-272.

MORGAN, S.S. & MORGAN, J.J.B. (1944). "An examination of the development of certain behavior patterns in infants". *Journal of Pediatrics* 25, p. 168-177.

MOROSINI, M.C. & BIAGGIO, A. (1986). "O resgate do sujeito na transformação social". *Psicologia*: Reflexão e crítica 1, 1,p. 1-21.

MOSS, H. (1970). Early environmental effects: Mother-child relationships. In: SPENCER, T.D. & KASS, N. *Perspectives in Child Psychology*. Nova York: McGraw-Hill.

MOWRER, O.H. (1960). *Learning Theory and the Symbolic Process*. Nova York: Wiley.

_____ (1950). *Learning Theory and Personality Dynamics*. Nova York: Ronald.

MURCHISON, C. (org.) (1931). *A Handbook of child Psychology*. Worcester, Mass.: Clark University Press.

MURRAY, J.P. (1973). Television in inner-city homes: Viewing behavior of young boy. [In: COMSTOCK; RUBINSTEIN & MURRAY, 1972].

_____ (s.d.). "Television and violence – Implications of the Surgeon General's Research Program". *American Psychologist* 28, p. 472-478.

MUSSEN, P. (1960). *Handbook of Research Methods in Child Development.* Nova York: Wiley.

MUSSEN, P.H. & DISTLER, L. (1963). "Child-rearing antecedents of masculine identification in kindergarten boys". *Child Development* 31, p. 89-100.

_____ (1959). "Masculinity, identification, and father-son relationships". *Journal of Abnormal and social Psychology* 59, p. 350-356.

MUSSEN, P.H. & RUTHERFORD, E. (1963). "Parent-child relations and parental personality in relation to young children's sex-role preferences". *Child Development* 34, p. 589-607.

NASH, J. (1970). *Developmental Psychology:* A psychobiological Approach. Englewood Cliffs, N.J.: Prentice-Hall.

NEIMARK, E.D. (1982). Adolescent Thought: Transition to formal operations. In: WOLMAN, B.B. & STRICKLER, G. (orgs.). *Handbook of Developmental Psychology.* Englewood Cliffs, N.J.: Prentice-Hall.

NOVAES, M.H. (1968). "A influência da segregação perceptiva na aprendizagem escolar". Rio de Janeiro: Pontifícia Universidade Católica do Rio de Janeiro [Tese de doutorado em Psicologia].

OLDS, J. & MILNER, P. (1954). "Positive reinforcement produced by electrical stimulation of the ceptal area and other regions of the rat brain". *Journal of Comparative Physiology and Psychology* 47, p. 419-427.

OSGOOD, C.L. (1963). "On understanding and creating sentences". *American Psychologist* 18, p. 735-751.

_____ (1953). *Method and Theory in Experimental Psychology.* Londres: Oxford University Press.

OSGOOD, C.L.; SUCI, G.J. & TANNENBAUM (1957). *The Measurement of Meaning.* Urbana, Ill.: University of Illinois Press.

OSTFELD, B. & KATZ, P. (1969). "The effect of severity of threat on children of varying socio-economic levels". *Developmental Psychology* 3, p. 205-210.

OWEN, D.R. (1972). "The 47, XYY male: a Review". *Psychological Bulletin* 77, p. 209-233.

PAPOUSEK, H. (1967). Conditioning during early postnatal development. In: BRACKBILL, Y. & THOMPSON, G.G. (orgs.). *Behavior in infancey and Early Childhood.* Nova York: Free Press.

PARKE, R.D. (1970). The role of punishment in the social process. In: HOPPE, R.A. et al. (orgs.). *Early Experience and the Process of Socialization.* Nova York: Academic Press.

_____ (1969). "Effectiveness of punishment as an interaction of intensity, timing, agent nurturance, and cognitive structuring". *Child Development* 40, p. 213-235.

PARKE, R.D. & SLABY, R.G. (1983). The development of aggression. In: MUSSEN, P.H. (org.). *Handbook of Child Psychology.* Nova York: Wiley.

PARKE, R.D.; EWALL, W. & SLABY, R.G. (1972). "Hostile and helpfulverbalizations as regulators of non-verbal aggression". *Journal of Personality and Social Psychology* 23, p. 243-348.

PARSONS, T. (1958). "Social structure and the development of personality: Freud's contribution to the integration of Psychology and Sociology". *Psychiatry* 21, p. 321-340.

_____ (1955). Family structure and the socialization of the child. In: PARSONS, T. & BALES, R. (orgs.). *Family, socialization, and the interaction process.* Glencoe, Ill.: Free Press.

PATTERSON, G.R. (1982). *Coercive family process.* Eugene, Ore.: Castalia Press.

PATTERSON, G.R.; LUDWIG, M. & SOMODA, B. (1961). Reinforcement of aggression in children. Oregon: University of Oregon [apud BANDURA & WALTERS, 1963 – Manuscrito].

PETERSON, F. & RAINEY, L.H. (1910). "The beginning of mind in the newborn". *Bulletin Lying in Hospital of New York City* 7, p. 99-102.

PHILLIPS, J.L. Jr. (1969). *The Origins of Intellect*: Piaget's Theory. San Francisco: W.H. Freeman.

PIAGET, J. (1967). *Biologie et Connaissance.* Paris: Gallimard.

_____ (1965). *Études sociologiques.* Genebra: Librairie Proz.

_____ (1964). *Six Études de Psychologie.* Genebra: Gunthier.

_____ (1952). *Essai sur les transformations des opérations logiques* – Les 256 opérations tertiaires de la Logique bivalente des propositions. Paris: Presses Universitaires de France.

_____ (1950). *Introduction à l'Epistémologie Génétique.* 4 vols. Paris: Presses Universitaires de France.

_____ (1947). *La Psychologie de l'intelligence*. Paris: Librairie A. Collin.

_____ (1946a). *Le Développement de la notion du temps chez l'enfant*. Paris: Presses Universitaires de France.

_____ (1946b). *Les notions de mouvement et de vitesse chez l'enfant*. Paris: Presses Universitaires de France.

_____ (1946c). *La Formation du symbole chez l'enfant*. Neuchâtel: Delachaux et Niestlé.

_____ (1942). *Classes, relations et nombres*. Paris: Librairie J. Vrin.

_____ (1936a). *La Naissance de l'intelligence chez l'enfant*. Neuchâtel: Delachaux et Niestlé.

_____ (1936b). *La Construction du Réel chez l'enfant*. Neuchâtel: Delachaux et Niestlé.

_____ (1932). *Le Jugement Moral chez l'enfant*. Paris: Librairie Z. Alcan.

_____ (1927). *La causalité physique chez l'enfant*. Paris: Librairie Z. Alcan.

_____ (1926). *La Représentation du monde chez l'entant*. Paris: Librairie Z. Alcan.

_____ (1924). *Le Jugement et le Raisonnement chez l'enfant*. Neuchâtel: Delachaux et Niestlé.

_____ (1923). *Le Langage et la pensée chez l'enfant*. Neuchâtel: Delachaux et Niestlé.

PIAGET, J. & INHELDER, B. (1968). *Mémoire et Intelligence*. Paris: Presses Universitaires de France.

_____ (1966a). *La Psychologie de l'enfant*. Paris: Presses Universitaires de France.

_____ (1966b). *L'Image Mentale chez l'enfant*. Paris: Presses Universitaires de France.

_____ (1959). *La Genèse des structures logiques élémentaires*. Neuchâtel: Delachaux et Niestlé.

_____ (1955). *De la logique de l'enfant à la logique de l'adolescent*. Paris: Presses Universitaires de France.

_____ (1951). *La Genèse de l'idée du hasard chez l'enfant*. Paris: Presses Universitaires de France.

_____ (1948). *La Representation de l'espacechez l'enfant*. Paris: Presses Universitaires de France.

_____ (1941). *Le Développement des quantités physiques chez l'enfant*. Neuchâtel: Delachaux et Niestlé.

PIAGET, J.; INHELDER, B. & SZEMINSKA, A. (1948). *La Géométrie spontanée de l'enfant*. Paris: Presses Universitaires de France.

PIAGET, J. & SZEMINSKA, A. (1941). *La Genèse du nombre chez l'enfant*. Neuchâtel: Delachaux et Niestlé.

PINARD, A. & LARENDEAU, M. (1964). "A scale of mental development based on the theory of Piaget: description of a project". *Journal of Research in Science Teaching* 2, p. 253-260 [Traduzido para o inglês por A.B. Givens].

PRATT, K.C.; NELSON, A.K. & SUN, K.H. (1930). *The Behavior of Newborn Infants*. Columbus: Ohio State University Press.

PRENTICE, N.M. (1972). "The influence of live and symbolic modeling on promoting moral judgments of adolescent juvenile delinquents". *Journal of Abnormal Psychology* 80, p. 157-161.

PRICE, W.H. & WHITMORE, P.B. (1967). "Behavior disorders and pattern of crime among XYY males identified at a maximum security hospital". *British Medical Journal* 1, p. 533-536.

RABBAN, M. (1950). "Sex-role identification in young children in two diverse social groups". *Genetic Psychology Monographs* 42, p. 81-158.

RADER, N.; SPIRO, D.J. & FIRESTONE, P.B. (1979). "Performance on Stage IV object permanence task with standard and nonstandard covers". *Child Development* 50, p. 908-910.

RAMOZZI-CHIAROTTINO, Z. (1984). *Em busca do sentido da obra de Jean Piaget*. São Paulo: Ática [Coleção Ensaios].

RAPPAPORT, D. (1960). Psychoanalysis as a Developmental Psychology. In: KAPLAN, B. & WAPNER, S. *Perspectives in Psychological Theory*: Essays in Honor of Heinz Werner. Nova York: International University Press, p. 209-255. • In: LEITE, D.M. *O desenvolvimento da criança* – Leituras básicas. São Paulo: Companhia Editora Nacional/Editora da Universidade de São Paulo.

_____ (1951). "The autonomy of the Ego". *Bulletin of the Menninger Clinic* 15, p. 113-123.

RAYMOND, M.S. (1956). "A case of fetichism treated by aversion therapy". *British Medical Journal* 2, p. 854-856.

REESE, H.W. & LIPSITT, L.P. (1970). *Experimental Child Psychology*. Nova York: Academic Press.

REST, J. (1974). *Manual for the Defining Issues Test*. Minneapolis, Minn.: University of Minnesota Press.

RHEINGOLD, H.L.; GEWIRTZ, J.L. & ROSS, H.W. (1973). "To rear a child". *American Psychologist* 28, p. 42-46.

_____ (1959). "Social conditioning of vocalizations in the infant". *Journal of Comparative and Physiological Psychology* 52, p. 68-73.

RICKARD, A.H. & MUNDY, M.B. (1965). Direct manipulation of stuttering behavior: an experimental clinical approach. In: ULLMANN, L.P. & KRASNER, L. (orgs.). *Case studies in Behavior Modification*. Nova York: Holt.

RIEGEL, K.F. (1976). "The dialectics of human development". *American Psychologist* 31, p. 689-699.

ROBSON, K.S.; PEDERSEN, F.A. & MOSS, H.A. (1969). "Developmental observations of diadic gazing in relation to the fear of strangers and social approach behavior". *Child Development* 40, p. 619-627.

RODRIGUES, A.D.B. (1977). "O desenvolvimento do julgamento moral em situação de sala de aula: um estudo quase-experimental". Porto Alegre: Pontifícia Universidade Católica do Rio Grande do Sul [Tese de mestrado].

RODRIGUES, A.D.B. & COMREY, A.L. (1974). "Personality structure in Brazil and the United States". *Journal of Social Psychology* 92, p. 19-26.

RODRIGUES, A.D.B. & JOUVAL, M.V. (1969). "Phenomenal causality and response to frustrating interpersonal events". *Interamerican Journal of Psychology* 3, p. 193-194.

ROSEN, B.C. & D'ANDRADE, R.G. (1959). "The psychosocial origins of achievement motivation". *Sociometry* 22, p. 185-218.

ROSENHAM, D. (1969). Some origins of concern for others. In: MUSSEN, P.H.; LANGER, J. & COVINGTON, M. (orgs.). *Trends and Issues in Developmental Psychology*. Nova York: Holt.

ROSENHAM, D.L. & WHITE, G. (1967). "Observation and rehearsal as determinants of prosocial behavior". *Journal of Personality and Social Psychology* 5, p. 424-431.

ROSENKOETTER, L.I. (1973). "Resistance to temptation: Inhibitory and disinhibitory effects of models". *Developmental Psychology* 8, p. 80-84.

ROSS, S.A. (1962). "The effect of deviant and non-deviant models on the behavior of children in a temptation situation". Stanford: Stanford University [apud BANDURA & WALTERS, 1963 –Tese de doutorado].

ROTHBALLER, A.B. (1967). Aggression, defense, and behavior. In: CLEMENTE, C.D. &. LINDSLEY, D.B (orgs.). *Aggression and Defense.* Berkeley, Cal.: University of California Press, p. 135-150.

ROTTER, J. (1966). "Generalized expectancies for internal versus external control of reinforcement". *Psychological Monographs* 1, [whole n. 609].

RUSHTON, J.P. & SORRENTINO, R.M. (1981). *Altruism and Helping Behavior.* Hillsdale, N.J: Lawrence Earlbaum Associates.

SAGI, A.; LAMB, M.E.; LEWKOWICZ, K.; SHOHAM, R.; DIVR, R. & ESTES, D. (1985). Security of infant-mother, father, and metapelet attachments among Kibbutz-reared Israeli children. In: BRETHERTON, I. & WATERS, W. (orgs.). Growing ponts in attachment theory and research. *Monographs of The Society for Research in Child Development* 50, p. 257-275.

SALTZ, E.; CAMPBELL, K.S. & SKOTIKO, D. (1983). "Verbal control of behavior: The effects of shouting". *Developmental Psychology.*

SATTLER, M. (1979). "Acidente infantil e agressão". Porto Alegre: Pontifícia Universidade Católica do Rio Grande do Sul [Tese de mestrado].

SCARR, S.; WEINBERG, R.A. & LEVINE, A. (1986). *Understanding Development.* San Diego, Califórnia: Harcourt, Brace & Janovich.

SCHACHTER, S. & SINGER, J.E. (1962). "Cognitive, social, and physiological determinants of emotional state". *Psychological Review* 69, p. 379-399.

SCHAEFER, E. (1965). "Children Report of Parental Behavior: An Inventory". *Child Development* 36, p. 413-424.

SCHAFFER, H.R. & EMERSON, P. (1964). "The development of social attachments in infancy". *Monographs of the Society for Research in Child Development* 29 [3, Serial n. 94].

SCHALLER, G. (1963). *The Mountain Gorilla:* Ecology and Behavior. Chicago: University of Chicago Press.

SCOTT, J.P. (1972). Hostility and aggression. In: WOLMAN, B. (org.). *Handbook of Genetic Psychology.* Englewood-Cliffs, N.J.: Prentice-Hall.

SEARS, R.R. (1957). Identification as a form of behavioral development. In: HARRIS, D.B. (org.). *The Concept of Development.* Minneapolis: University of Minnesota Press, p. 149-151.

_____ (1941). "Non-aggressive reactions to frustration". *Psychological Review* 48, p. 343-346.

SEARS, R.R.; MACCOBY, E. & LEVIN, H. (1957). *Patterns of Child Rearing.* Nova York: Harper and Row.

SEARS, R.R.; RAU, L. & ALPERT, R. (1965). *Identification and Child-Rearing.* [s.l.]: Stanford University Press.

SEARS, R.R.; WHITING, J.W.M.; NOWLIS, V. & SEARS, P. (1953). "Some child-rearing antecedents of dependency and aggression in young children". *Genetic Psychology Monographs* 47, p. 135-234.

SHAH, S.A. (1970). *Report on the XYY Chromosomal Abnormality.* Washington, D.C: U.S. Government Printing Office.

SHATZ, M. (1978). "Children's comprehension of their mother's question-directives". *Journal of Child Language* 5, p. 39-46.

_____ (1974). "The comprehension of indirect directives. Can you shut the door?" Amherst, Massachusetts [Trabalho apresentado na Reunião Anual da Linguistic Society of America].

SHERIFF, M. (1970). "On the relevance of social Psychology". *American Psychologist* 25, p. 144-156.

SIDMAN, M. (1960). *The Tactics of Scientific Research.* Nova York: Basic Books.

SIEGLER, R.S. (1983). Information processing approaches to development. In: MUSSEN, P.H. (org.). *Handbook of Child Psychology,* vol. 1. Nova York: Wiley.

SKINNER, B.F. (1971, 1972). *O mito da liberdade.* Rio de Janeiro: Bloch.

_____ (1957). *Verbal Behavior.* Nova York: Appleton-Century-Crofts.

_____ (1948). *Walden Two.* Nova York: MacMilan [Em português: *Walden II*: Uma sociedade do futuro. São Paulo: Herder/EPU, 1973].

SLOBIN, D.I. (1966). The acquisition of Russian as a native language. In: SMITH, F. & MILLER, G.A. (orgs.). *The Genesis of Language*: A Psycholinguistic Approach. Cambridge, Mass.: MIT Press, p. 129-148.

SMEDSLUND, J. (1961). "The acquisition of conservation of substance and weight and of the operation of subraction and addition". *Scandinavian Journal of Psychology* 2, p. 71-94.

SMITH, J.M. (1936). "The relative brightness values of three hues for newborn infants". *University of Iowa Studies on Child Welfare* n. 12.

SMITH, J.M. & M.B. (1973). "Is Psychology relevant to new priorities?" *American Psychologist* 28, p. 463-467.

SNAREY, J. (1985). "Cross-cultural universality of social-moral development: a critical review of Kohlbergian research". *Psychological Bulletin* 97, 202-232.

SOCCI, V.M.V. (1977). "Efeitos da observação de modelos agressivos em adolescentes de nível socioeconômico cultural inferior". Rio de Janeiro: Pontifícia Universidade Católica do Rio de Janeiro [Tese de mestrado].

SORDI, R.O. (1983). "Relações entre maturidade de julgamento moral e locus de controle em crianças de diferentes níveis socioeconômicos". Porto Alegre: Universidade Federal do Rio Grande do Sul [Tese de Mestrado].

SPIKER, C.C. (1966). The concept of development: Relevant and irrelevant issues. In: STEVENSON, H.W. (org.). Concept of Development. *Monographs of the Society for Research in Child Development* 31, p. 40-54.

SPIRO, M.E. (1958). *Children of the Kibbutz.* Cambridge, Mass.: Harvard University Press.

SPITZ, R.A. (1965a). *The First Year of Life.* Nova York: International University Press.

_____ (1965b). The evolution of dialogue. In: SCHUR, M. (org.). *Drives, Affects, and Behavior.* Vol. II. Nova York: International University Press, p. 170-190.

_____ (1957). *No and Yes:* On the Genesis of Human Communication. Nova York: International University Press.

_____ (1949). "Motherless infants". *Child Development* 20, p. 145-155.

STAATS, A.W. (1968). Conditioned stimuli, conditioned reinforcers, and word meaning. In: STAATS, A.W. (org.). *Human Learning.* Nova York: Holt.

_____ (1964). *Learning, Language, and Cognition.* Nova York: Holt.

_____ (1961). "Verbal habit-families, concepts, and operant conditioning of word classes". *Psychological Review* 68, p. 190-204.

STAATS, A.W.; STAATS, C.K. & HEARD, W.C. (1961). "Denotative meaning established by classical conditioning. *Journal of Experimental Psychology* 61, p. 300-303.

STAATS, A.W. & STAATS, C.K. (1963). *Complex Human Behavior*. Nova York: Holt.

STAATS, A.W.; STAATS, C.K. & CRAWFORD, H.L. (1962). "First-order conditioning of meaning and the parallel conditioning of GSR". *Journal of Genetic Psychology* 67, p. 159-167.

STEIN, A. & FRIEDRICH, L.K. (1972). Televison content and young children's behavior. In: MURRAY, J.P.; RUBINSTEIN, E.A. & COMSTOCK, G.A. (orgs.). *Television and Social Behavior*. Vol. II: Television and Social Learning. Washington, D.C.: US Government Printing Office.

STEVENSON, H.W. (1963). *Child Psychology* – Sixty-Second Yearbook of the National Society for the Study of Education. Chicago: Chicago University Press.

STIPEK, D. (1987). *Motivation to learn*: From Theory to Practice. [s.l.]: Prentice-Hall.

STOLZ, L.M. (1954). *Father Relations of War born children*. Stanford, Califórnia: Stanford University Press.

STRODBECK, F.L. (1958). Family interaction, values, and achievement. In: McCLELLAND, D.C.; BALDWIN, A.L.; BRONFREBRENNER, U. & STRODBECK, F.L. *Talent and Society*. Princeton: Van Nostrand.

SULLIVAN, E.V. (1984). *Critical Psychology*. Nova York: Plenum.

TAVRIS, C. & WADE, C. (1984). *The longest war*: Sex differences in perspective. 2. ed. San Diego, California: Harcourt, Brace & Janovich.

TENNES, K.H. & LAMPL, E.E. (1964). "Stranger and separation anxiety in infancy". *Journal of Mental and Nervous Disorders* 139, p. 247-254.

TINBERGEN, N. (1951). *The Study of Instinct*. Londres: Oxford University Press.

TORRANCE, E.P. (1960). "Sex-role identification and creative thinking. Research memo. Ber 59-10". Minneapolis: University of Minnesota Press [apud NASH, 1970].

TULKIN, S.R. (1971). "The effects of experience on infants reactions to separation from their mothers". Nova York [Trabalho apresentado no Congresso anual da Eastern Psychological Association].

TURIEL, E. (1969). *Developmental Psychology Today*. Del Mar, Califórnia: CRM Books.

ULRICH, R.E.; HUTCHINSON, E.E. & AZRIN, N.H. "Pain-elicited aggression". *Psychological Record* 15, p. 111-126.

UNITED STATES DEPARTMENT OF LABOR, MANPOWER AND ADMINISTRATION (1965). *Dictionary of Occupational Titles*. 3. ed. Vol. I: Definitions of Titles. Washington, D.C: US Government Printing Office [apud RHEINGOLD, 1973].

VAN LAWICK-GOODALL (1971). "Some aspects of aggressive behavior in a group of free living chimpanzees". *International Social Science Journal* 23, p. 89-97.

VAUGHN, B.; DEANE, K.E. & WALTERS, E. (1985). The impact of out-of-home care on child-mother attachment quality: Another look at some enduring questions. In: BRETHERTON, I. & WALTERS, E. (orgs.). Growing points in attachment theory and research. *Monographs of the Society for Research in Child Development* 650, p. 110-135.

VINH-BANG (1957). "Elaboration d'une Echelle de développement du raisonnement". Atas do 15º Congresso Internacional de Psicologia, p. 333-334.

VOETGLIN, W.L. & LEMERE, F. (1942). "The treatment of alcoholic addiction". *Quarterly Journal for the Study of Alcohol* 2, p. 717-808.

VYGOTSKY, L.S. (1979). The Genesis of higher Mental functions. In: WERTSCH, J. (org.). *The concept of activity*. Nova York: M.E. Sharpe.

WALK, R.D. (1966). The development of depth perception in animals and human infants. In: STEVENSON, H.W. (org.). Concept of development. *Monographs of the Society for Research in Child Development* 31, p. 82-108 [5, Serial n. 107].

WALK, R.D.; GIBSON, E.J. & TIGHE, T.J. (1957). "Behavior of light and dark-reared rats on a visual cliff". *Science* 126, p. 80-81.

WALTERS, R.H. & BROWN, M. (1963). "Studies of reinforcement of aggression. III. Transfer of responses to an interpersonal situation". *Child Development* 34, p. 563-571.

WALTERS, R.H. & DEMKOW, L. (1963). "Timing of punishment as a determinant of resistance to temptation". *Child Development* 34, p. 207-214.

WALTERS, R.H. & PARKE, R.D. (1967). The influence of punishement and related disciplinary techniques on the social behavior of children: Theory and empirical findings. In: MAHER, B.A. (org.). *Progress in Experimental Personality Research.* Vol. IV. Nova York: Academic Press.

WEBER, M. (1904; 1950). *The Protestant Ethic and the Spirit of Capitalism.* Nova York: Scribner [Primeira edição alemã de 1904 – Traduzido para o inglês por T. Parsons].

WEINER, D. (1985). "An attributional theory of achievement motivation and emotion". *Psychological Review* 92, p. 548-573.

WEISBERG, P. (1963). "Social conditioning of infant vocalizations". *Child Development* 34, p. 377-388.

WENDT, H.W. (1955). Motivation, effort and performance. In: McCLELLAND, D.C. (org.). *Studies in Motivation.* Nova York: Appleton-Century-Crofts.

WERNER, H. (1940). *Comparative Psychology of Mental Development.* Nova York: Harper and Row [Republicado: Nova York, Science Editions (1961)].

WERTHEIMER, M. (1962). "Psychomotor coordination of auditory and visual spacee at birth". *Science* 134.

WHITE, G.M. (1972). "Immediate and deferred effects of model observation and guided and unguided rehearsal on donating and stealing". *Journal of Personality and Social Psychology* [apud ROSENHAM, 1972].

WHITE, R.W. (1960). Competence and the psychosexual stages of development. In: JONES, M.R. (org.). *Nebraska Symposium on Motivation.* Lincoln, Nebraska: University of Nebraska Press.

_____ (1959). "Motivation reconsidered: The concept of competence". *Psychological Review* 66, p. 297-333.

WHITING, J.W.M. & CHILD, I.L. (1960). Resource mediation and learning by identification. In: ISCOE, I. & STEVENSON, H.W. (orgs.). *Personality Development in Children.* Austin, Texas: University of Texas Press, p. 112-126.

_____ (1959). Sorcery, Sin, and Superego. In: JONES, M.R. (org.). *Nebraska Symposium on Motivation.* Lincoln, Nebraska: University of Nebraska Press, p. 174-195.

_____ (1953). *Child Training and Personality.* New Haven: Yale University Press.

WHITING, J.W.M.; KLUCKHOHN, R. & ANTHONY, A. (1958). The function of male initiation ceremonies at puberty. In: MACCOBY,E.; NEW-

COMB, T. & HARTLEY, E.L. (orgs.). *Readings in Social Psychology*. Nova York: Holt, p. 359-370.

WILKENING, F. (1981). "Integrating velocity, time, and distance information". *Cognitive Psychology* 13, p. 231-247.

WILLEY, G.R. (1953). "Prehistoric settlement patterns in the Viru Valle, Peru". Washington, D.C. *Bureau of American Ethnology Bulletin,* p. 155.

WILLIAMS, C.D. (1959). "The elimination of tantrum behavior by extinction procedures". *Journal of Abnormal and Social Psychology* 19, p. 260.

WILLIAMS, R.J. (1956). *Biochemical Individuality*. Nova York: Wiley.

WINNICOTT, D.W. (1960). "The theory of the parent-infant relationship". *International Journal of Psychoanalysis* 41, p. 585-595.

_____ (1953). "Transitional objects and transitional phenomena". *International Journal of Psychoanalysis* 34, p. 1-9.

_____ (1948). Pediatrics and Psychiatry. *British Journal of Medical Psychology* 21, 229-240.

WINTERBOTTOM, M.R. (1953). "The relation of childhood training in independence to achievement motivation" [apud McCLELLAND et al., *The Achievement Motive,* 1953].

WOHLWILL, D.F. & LOWE, R.C. (1962). "An experimental analysis of the conservation of number". *Child Development* 33, p. 153-167.

WOLFF, T.M. (1973). "Effects of televised modeled verbalizations and behaviors on resistance to deviation". *Developmental Psychology* 9, p. 851-856.

WOLPE, J. (1958). *Psychotherapy by Reciprocal Inhibition*. Stanford, California: Stanford University Press.

WRIGHT, D. (1971). *The Psychology of Moral Behavior*. Baltimore, Md.: Penguin Books.

WRIGHT, M.E. (1943). The influence of frustration upon the social relations of young children. *Character and Personality* 12, p. 117-122.

_____ (1942). "Constructiveness of play as affected by group organization and frustration". *Character and Personality* 11, p. 40-49.

YARROW, L.J. (1967). The development of focused relationships during infancy. In: HELLMUTH, J. (org.). *Exceptional Infant*. Vol. I. Seattle, Washington: Special Child Publications, p. 429-442.

_____ (1961). "Maternal deprivation: Toward an empirical and conceptual re-evaluation". *Psychological Bulletin* 58, p. 459-490.

YARROW, L.J. & PEDERSEN, F.A. (1972). Attachment: Its origin and course. In: HARTUP, W.W. (org.). *The Young Child-Reviews of Research.* Vol. II. Washington, D.C: National Association for the Education of Young Children.

YARROW, M.R.; CAMPBELL, J.D. & BURTON, R.V. (1964). "Reliability of maternal retrospection: a preliminary report". *Family Process* 3, p. 207-218.

ZIEGLER, E. (1963). Metatheoretical issues in Developmental Psychology. In: STEVENSON, H. (org.). *Child Psychology.* Sixtysecond Yearbook of the National Society for the Study of Education. Chicago: University of Chicago Press.

CULTURAL

Administração
Antropologia
Biografias
Comunicação
Dinâmicas e Jogos
Ecologia e Meio Ambiente
Educação e Pedagogia
Filosofia
História
Letras e Literatura
Obras de referência
Política
Psicologia
Saúde e Nutrição
Serviço Social e Trabalho
Sociologia

CATEQUÉTICO PASTORAL

Catequese
Geral
Crisma
Primeira Eucaristia

Pastoral
Geral
Sacramental
Familiar
Social
Ensino Religioso Escolar

TEOLÓGICO ESPIRITUAL

Biografias
Devocionários
Espiritualidade e Mística
Espiritualidade Mariana
Franciscanismo
Autoconhecimento
Liturgia
Obras de referência
Sagrada Escritura e Livros Apócrifos

Teologia
Bíblica
Histórica
Prática
Sistemática

VOZES NOBILIS

Uma linha editorial especial, com importantes autores, alto valor agregado e qualidade superior.

REVISTAS

Concilium
Estudos Bíblicos
Grande Sinal
REB (Revista Eclesiástica Brasileira)
SEDOC (Serviço de Documentação)

VOZES DE BOLSO

Obras clássicas de Ciências Humanas em formato de bolso.

PRODUTOS SAZONAIS

Folhinha do Sagrado Coração de Jesus
Calendário de mesa do Sagrado Coração de Jesus
Agenda do Sagrado Coração de Jesus
Almanaque Santo Antônio
Agendinha
Diário Vozes
Meditações para o dia a dia
Encontro diário com Deus
Guia Litúrgico

CADASTRE-SE
www.vozes.com.br

EDITORA VOZES LTDA.
Rua Frei Luís, 100 – Centro – Cep 25689-900 – Petrópolis, RJ
Tel.: (24) 2233-9000 – Fax: (24) 2231-4676 – E-mail: vendas@vozes.com.br

UNIDADES NO BRASIL: Belo Horizonte, MG – Brasília, DF – Campinas, SP – Cuiabá, MT
Curitiba, PR – Fortaleza, CE – Goiânia, GO – Juiz de Fora, MG
Manaus, AM – Petrópolis, RJ – Porto Alegre, RS – Recife, PE – Rio de Janeiro, RJ
Salvador, BA – São Paulo, SP